ハマ貝塚と縄文社会

阿部 芳郎 編

国史跡中里貝塚の
実像を探る

雄山閣

序 文

　中里貝塚は東京低地とも呼ばれる海を臨む砂洲上に残された巨大な貝塚である。その場所に貝殻が落ちているのは古くから知られ、明治時代には貝殻を焼いて石灰や胡粉が作られたりしていた。

　明治時代よりこの場所が石器時代の貝塚ではないかと疑われ、多くの考古学者が鍬をふるったが、遺物も少なく一説には自然の貝の堆積とする考えさえあった。貝殻ばかりのこの場所が、特異な性格をもつ縄文時代の貝塚であることがわかったのは、最近になってからのことである。

　1996年に本格的な調査が行われ、浜辺での貝加工場跡が発見され、ハマ貝塚としてその重要性が広く周知されたのである。この重大な調査成果から、遺跡は2000年に国史跡に指定された。また、中里貝塚の形成背景や時代変遷を知る上で西ヶ原貝塚をはじめとした、至近の台地上に残された遺跡も等しく重要な意味をもつことが明らかにされつつある。

　本書は中里貝塚国史跡10周年を記念して開催されたシンポジウム『中里貝塚と縄文社会』の記録と、これまで中里貝塚とその周辺の遺跡の研究に携わった研究者が、貝塚をとりまく縄文社会についての研究をまとめ、さらに区内の貝塚にかかわる学史的な事跡とそこから得られた今日的な研究の成果を一書としたものである。

　本書が中里貝塚に生きた人々と、それをとりまく縄文社会の理解に役立てば幸いである。

2014年6月30日

明治大学日本先史文化研究所所長
阿部芳郎

ハマ貝塚と縄文社会―国史跡中里貝塚の実像を探る―　目次

序　文………………………………………………………………… 阿部芳郎　i

第Ⅰ章　都内貝塚の研究の歴史………………………………………………… 1

1　ムラとハマの貝塚論―大森貝塚と中里貝塚―……………… 阿部芳郎　3
近代考古学の幕開けと大森貝塚の実像　4／低地の巨大貝塚　7／ムラ貝塚とハマ貝塚　8／中里のハマとムラの関係　10／中里貝塚の終焉とムラ貝塚の変容　11／社会の中の貝塚　12

2　中里貝塚の発見………………………………………………… 安武由利子　15
記された中里貝塚　15／『東京人類学会』による探求　18／急速な都市化と中里貝塚　26／和島誠一による調査　28／大規模発掘調査前夜の中里貝塚　30

3　北区の貝塚……………………………………………………… 牛山英昭　35
袋町貝塚（袋低地遺跡）　35／清水坂貝塚（清水坂遺跡）　39／滝野川八幡社裏貝塚　41／七社神社裏貝塚（七社神社裏遺跡）　42／西ヶ原農事試験場構内貝塚（御殿前遺跡）　47

第Ⅱ章　中里貝塚の発掘 ………………………………………………………… 53

1　浜辺の巨大貝塚を掘る………………………………………… 中島広顕　55
世紀を超える再発見―1996（平成 8）年の調査―　55／広がる貝塚の範囲―1999（平成 11）年の調査―　64

2　中里遺跡の発掘（新幹線部分）……………………………… 古泉　弘　71
東北新幹線建設に伴う中里遺跡の発掘調査　71／遺跡の概要　72／縄文時代中期の遺構　76／中里遺跡の再評価　79

3　中里貝塚の古植生と植物資源利用からみた古環境 ……… 佐々木由香　81
中里貝塚の古植生　82／中里貝塚の木材利用　88／関東地方の縄文時代中期からみた中里貝塚の植物利用と植生　91／おわりに　95

4　中里貝塚の保存の経緯………………………………………… 中島広顕　98
貝塚の中心部を探る　98／史跡指定と保存活用　101

第Ⅲ章　西ヶ原貝塚の発掘……………………………………… 107

1　昌林寺地点―國學院大学調査分― ………………………坂上直嗣　109
検出された遺構　109／出土した遺物　111／西ヶ原貝塚における
昌林寺地点の意義　112

2　東京都北区教育委員会調査分………………………………坂上直嗣　113
調査成果の概要　113／西ヶ原貝塚の地理的環境　125／西ヶ原貝
塚の変遷　126／おわりに　129

3　西ヶ原貝塚第Ⅲ地点―東京都教育委員会調査分― …………須賀博子　133
貝層部の調査―A地点―　134／貝層から中央凹地部にかけての
調査―B地点―　137／中央凹地部の調査―C地点―　139

4　堀之内式期集落の様相
　―平成19～20年度発掘調査の成果を中心として― …………西澤　明　141
後晩期集落の特性　141／堀之内式期集落の様相　145／堀之内式
期集落の構成と形成過程　151

第Ⅳ章　中里貝塚形成と貝塚の多様性……………………………… 153

1　低地における貝塚形成の多様性からみた中里貝塚 …………植月　学　155
低地性貝塚とは　155／低地性貝塚における貝類利用の特徴　157
／低地性貝塚の中における中里貝塚の位置づけ　163／低地性貝
塚からみた台地上大型貝塚の性格　164／おわりに　166

2　武蔵野台地の地域社会―集落の分布と消長から― …………奈良忠寿　169
集落分布から見た地域社会研究の動向　169／武蔵野台地におけ
る縄文時代中期中葉から後葉集落の分布　170／拠点集落と周辺
遺跡の関係　177／遺跡の分布と地域社会　185

3　中里貝塚の形成過程と石器組成からみた武蔵野台地の生業構造
　………………………………………………………………渡邊笑子　189
目的と方法　189／地域別にみる石器組成　191／武蔵野台地と下
総台地の様相　195／中里貝塚形成期における武蔵野台地の生業
構造と特性　200

4 中里貝塚の形成をめぐる生業活動と地域性
　　　―複合的生業構造と遺跡群の形成― ………………阿部芳郎 209
　　定住型狩猟採集社会の生業複合 209／中里貝塚の立地と形成過程 210／干貝の流通を必要とした社会 213／貝食文化の地域性 216／中里貝塚の終焉 218／貝食文化にみる地域性と縄文社会 222

第Ⅴ章　座談会　中里貝塚から縄文社会を考える
　　　………………辻本崇夫・樋泉岳二・植月　学・中島広顕・西澤　明 227
　　　　　　　　　　　　　　　　　司会　阿部芳郎

附編1　西ヶ原二丁目貝塚（大蔵省印刷局滝野川工場敷地内）
　　　緊急発掘調査概報（再録） ……………明治大学文学部考古学研究室 247
附編2　貝塚関連文献目録 ………………………………………安武由利子 255
あとがき……………………………………………………………阿部芳郎 265
執筆者紹介……………………………………………………………………… 267

第Ⅰ章　都内貝塚の研究の歴史

西ヶ原貝塚探究報告（坪井 1985 より）

1　ムラとハマの貝塚論―大森貝塚と中里貝塚―

阿 部 芳 郎

はじめに

　貝塚には「ハマ貝塚」と「ムラ貝塚」がある。こうした貝塚の類型区分は筆者が中里貝塚の調査にかかわり、縄文時代の水産資源の活用形態を考えた際に提案したものである（阿部1996b）。それは、なぜこの場所に貝塚が残されたのかということを解明するための、ごく基礎的な作業であった。
　その後「ハマ貝塚」の認識は定着したものの、「ムラ貝塚」との相互関係から地域社会を描く具体的な方法や、類型として指摘した両者の細別を含めた相互関係の検討が課題として残されたままになっている。
　ところで、東京には明治時代より文献上に古くから巨大な貝塚が2つあったことが知られている。その1つは品川区にある大森貝塚である。モースは報告の中で貝層の厚さは4m余りもあると述べている（近藤・佐原1977）。しかし、モースの発掘の規模や方法からして、4mもある貝層を掘ることができたのか大いに疑問が残る。この問題は大森貝塚の性格も含めて、今日的に検討を加えてみるべき重要な課題でもある。
　2つ目は北区に所在する中里貝塚である。中里貝塚のある東京低地の一角に多量の貝殻が散布しているのが人々の目にとまったのは、おそらく大森貝塚よりも古いであろう。明治時代の地図を見ると、その場所に「牡蠣殻山」や「貝焼き場」という名称が見られるからである。もっともこのように貝塚という認識以前に、地元の人々に周知されていた「貝塚」は相当に多く存在するらしく、著名な『常陸国風土記』に登場する大串貝塚にかかわる記述をはじめとして、時代は下るが千葉県に多く分布している環状貝塚などは、戦前・戦後を通じて地元の人々が貝殻を掘り出してその貝を焼いて石灰を作ったり、建築物の基礎や道普請のために貝殻を用いたりしたなどという伝聞は各地に残されている。
　坪井正五郎は中里貝塚の発掘をおこなった一人であったが、目ぼしい遺物は得られなかったようである。中里貝塚はこのようにして当初は貝殻山として周知されており、この場所を貝塚であろうという予測を立てて発掘に挑んだ考古

学者は数知れない。

　しかし、多くの貝殻は出土するものの、その当時の発掘の主だった目的である人骨や土器や石器などの遺物はほとんどと言っていいほど得られなかった。その結果、中里貝塚は「貧乏貝塚」や「迷惑千万な貝塚」という名称を欲しいままにしたのである。

　いくつかの類推がなされたものの中里貝塚が浜辺に形成された加工場跡をともなう特殊な貝塚であることがわかったのは、1996年になってからのことである。ここではまず、これらの貝塚をめぐる今日的な課題を整理して、学史上の2つの巨大貝塚の実像を検討する端緒としよう。

1　近代考古学の幕開けと大森貝塚の実像

　すでに広く知られているように、貝塚の科学的研究は1877年の大森貝塚の発掘によって幕が開けられた。モースは東海道線の車窓から台地下の線路際に散乱する貝殻を見つけて、貝塚として発掘を試みた。この発掘は、モースの精緻な遺物の観察と記述から近代考古学の幕開けとして評価されてきたが、大森貝塚自体の性格については具体的な検討が加えられたことは少なかった。実に不思議なことである。あるいはそのことは、「貝塚は海辺の石器時代人のゴミ捨て場」という、ごく一般的な認識のなかに埋没していたと見ることもできよう。

　筆者は大森貝塚のこれまでの調査成果や、断片的ではあるが新たに発見された戦前の調査写真などを用いて大森貝塚の遺跡としての実像解明を試みた（阿部2008）。

(1)「厚さ4mの貝層」は何を意味するのか

　モースは大森貝塚の報告書の中で、貝層の厚さが4mあまりもあると記述している（近藤・佐原1977）。この数値が正しいものとするならば大型貝塚の片鱗と見るべきかもしれない。事実この数字に貝塚の特殊性を読み取り、大森貝塚が浜辺の作業場的な貝塚であるという指摘もある（宮崎2008）。しかし、モースの報告書の巻頭に掲載された発掘調査の光景は、東海道線の線路脇を調査しているもので、どう見ても4m余りもあるとされる貝層の調査をしているようには見えない（図1）。

　さらに近年になって発見された1929（昭和4）年と1941（同16）年の大山柏らが発掘した当時の写真類を見ると、貝塚は台地の端部から斜面にかけて形成されたものであり、貝層の厚さも4mという規模を示すものではないらしい状況が、常識的な範囲のなかで推測されてくる（阿部2008）。大山柏は本山彦一の出資による記念碑の建立時にも発掘をおこなっているが、それは東海道線の

すぐ脇の位置に相当し、貝層は厚さが60cm余りであった（大山1967）。

また、大山らの2度目の調査は、貝塚以外に台地の上に集落を見つけるために発掘を計画したようだ。しかしながら、台地上にはすでに住宅が建っていたため、発掘を断念したことを大山が回顧している（大山1967）。大森貝塚の集

図1　モースによる大森貝塚の発掘状況
（『大森介墟古物編』より）

落としての意味を発掘によって確認しようとした大山の視点は戦後の考古学の中では等閑視されたが、大森貝塚の研究の歴史のなでは銘記されるべきであろう。奇妙なことに、これまで大森貝塚の遺跡としての実像解明を試みた研究は皆無に等しかった。

モースと大山らによる調査では、土器や石器などとともに、土偶や土版、シカやイノシシ、魚介類などの食料残滓、埋葬人骨などさまざまな遺物の出土がある。これらの遺物の構成は、大森貝塚が居住活動をともなう日常的な生活のなかで形成されたことを示唆している。

(2) 台地上の発掘成果

大森貝塚の史跡整備が進む中で、貝塚の位置の再確認とともに、台地上の調査がおこなわれた。往時とは異なり、台地上には旧国鉄の鉄筋の官舎が建てられて、遺跡は大きな攪乱を受けていたが、台地の端部付近には数回の建て替えを繰り返した後期の竪穴住居が見つかった。一部には急斜面に堆積した貝塚も確認されているので、大森貝塚はこうした集落のある台地の斜面に貝殻が投棄されて出来た斜面貝塚であることがわかってきた（図2）。

モースの報告書の巻頭には、発掘の光景を伝える口絵が掲載されている。これを見る限り、モースらの発掘の中心は東海道線の線路脇であったことがわかる。果たしてこのような場所が4mも掘り下げられるはずもない。これらの推測から、モースの「厚さ4mの貝層」とは、東海道線の敷設にともない、斜面貝塚の末端を垂直に切り落としたことによって見えた斜面貝層の露出部分の斜距離を計測したものと考えるのが妥当ではないか（阿部2008)[1]。

貝層からの多種多様な遺物の出土も、そこが単なる加工場ではなかったことを示す証拠である。こうして大森貝塚は丘陵上の台地の端部に住居が並び、東京湾に面した斜面に貝層が形成されたムラ貝塚であることがわかってきた。さ

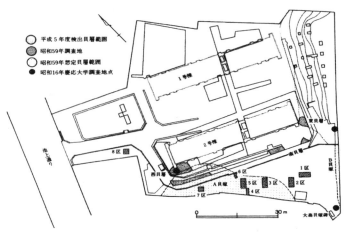

図2　大森貝塚の発掘区と貝層の範囲

らにこうした立地形態の集落は、筆者が「谷面並列型集落」と概念化したものに対応し（阿部2007）、居住空間が尾根状の狭い場所に占地した場合に見られる特徴的な集落形態で、狭小な地形への適応性が高い[2]。

(3) 遺物の示す集団の系統

　大森貝塚の特性を出土遺物から考える場合に、まず注意すべきは、軸の長い特有の形態をもつ釣針（図3）と土器の系統である。大森貝塚の縄文土器の検討を進めた鈴木正博は、一部の出土土器の中に常総台地や下総台地の地域性をもつ土器群が多数存在することに注意し、そうした背景の要因として東関東方面との集団間での婚姻関係の存在を指摘している（鈴木1980）。

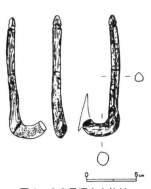

図3　大森貝塚出土釣針

　軸の長いタイプの釣針は、千葉県余山貝塚に類例が認められるという指摘がある（金子1980）。また、この指摘を踏まえるならば、土器と釣針の系統が一致していることは注意を要する点である。これらが単品で大森貝塚にもたらされたのではなく、特定集団の生活セットとしてもたらされた可能性もあるからである。

　東関東の土器の中には、精製土器や粗製土器の両者が存在すること、さらには東北地方に広域に広がる注口土器が存在し、より遠方との交渉関係を担う集団であったという指摘もある（安孫子2008）。安孫子による「東部関東の漁労民が

生活用具の一式を携えて大森ムラに移住してきたと考えたほうが無理がない」（安孫子前掲）という指摘は、今後より具体的に諸活動の復元を通じて検討すべき重要な指摘であろう。環状や斜面貝塚のような貝塚の外観的な分類ではなく、先史社会の中での貝塚集落論が必要である。

これまでの大森貝塚における議論の中で注意しておきたい点は、これら遠隔地の遺物の出土が沿岸部に近い遺跡において比較的多くの事例を掲げ得ること。その中でもこれらの異系統土器の多出現象が、地域的・面的な特性として把えられるのではなく、むしろそれぞれの地域社会の中で、ある種特定の社会的なレパートリーを演じて点的に存在していると考えられることである。

モースの発掘品が再びこのような視点から分析の機会を得た今日、型式学的な分析から導出された遺物の系統と遺跡形成にかかわった集団とを結びつける視点が、すでに大森貝塚の研究の歴史の中に確立していたことを確認しておきたい。

2　低地の巨大貝塚

中里貝塚の本格的な発掘は、近年の東京都北区教育委員会による発掘が実施される以前では千代田区史の編纂に際しておこなわれた和島誠一の調査が記録に残るものとしては唯一である（和島 1960）。

地表化1.5mまでの発掘であったが、貝層中から中期の土器片を発見するとともに、灰層の存在を確認している。和島はこれらの成果から、中里貝塚の一部を人工的な真正の貝塚と考えた。しかし、当時はまだハマグリとカキという同じ干潟では生息することがきわめてまれな、2種の貝類に限定されていたことに注意が向くことはなかったようで、より下層に続く貝層は自然貝層の可能性を指摘している（和島前掲）。

1996年から東京都北区教育委員会によって実施された調査は、調査面積と期間という点では、それ以前の規模の調査とは比較にならないものであった。調査の詳細は別項に譲ることにするが、最大層厚4.5mの貝層の規模やその大半の部分がハマグリとカキの互層から構成されていることがわかった。

さらに特筆されることは、この巨大な貝塚に近接した砂地の上に「木枠付土坑」と命名され、熱した礫で貝を蒸し上げる施設が多数見つかり、加工場と廃棄の場が一体化した構造をもつことが明らかにされたのである（東京都北区教育委員会1999）。

中里貝塚の広がりは、かつての貝殻山の広がりなどを参考にすると、長さ500m余り、幅50mほどと推定され、日本で屈指の規模をもつことは間違いがないであろう。

このようにして明治時代より謎に包まれた中里貝塚の実態が、次第に解明されてきたのは、比較的最近になってからのことであった。

3　ムラ貝塚とハマ貝塚

(1) 貝塚の類型区分

　台地上の集落に付随して形成された西ヶ原貝塚と中里貝塚の違いを概念化するために、筆者は「ムラ貝塚」と「ハマ貝塚」という類型区分をおこなった（阿部 1996a）（図 4）。ムラ貝塚とは居住空間に付随して設けられた廃棄空間の 1 つであり破損した土器や石器などの不用となった生活資材や食物残滓などの多様な廃棄物から構成されている。小規模な堆積物が累積した場合が多い。

　ハマ貝塚としての中里貝塚では、ハマグリとカキがきわめて均質的なサイズを維持しており、その背後に縄文人の計画的な資源管理を予測できた。おそらく資源管理がおこなわれたハマの存在がなければ、中里貝塚は形成されなかったに違いない。つまり、中里貝塚は、ただ眼前に海が存在したからできたわけではなかったのだ。しかも泥深い干潟に生息するカキと、砂の綺麗な外海に面した砂浜に生息するハマグリを交互に採取する行為は、採貝カレンダーともいうべき、特定の採集季節、つまり食材の旬を意識した資源利用形態として説明されるべきものである。

　ハマグリの採取季節には強い季節的な偏りが存在することは、樋泉岳二の貝殻成長線分析による成果が証明している（東京都北区教育委員会 1999）。中里貝塚の人々にとっては、干潟は自然の恵みを一方的に享受する環境ではなく、資源管理をともなう生産空間として意識されていたはずである。こうした考えから、筆者は海浜部生態系（ハマ）の管理をおこない、その資源をムラとは異なる空間で加工した貝塚として「ハマ貝塚」の概念化をおこなった。もちろん、ハマ貝塚の形成史を考える場合、ハマの管理形態にも一定の利用形態の変化が想定される。その場合、もっとも初期的な状況を示すのは、採取貝種が特定化していないことや、貝種ごとの死亡年齢構成が幅広い状況、貝加工施設の未発達な状況などであろう。この想定を念頭に置いて考えた場合、中里貝塚はハマ貝塚の変遷史のなかでも一定の段階に達していたことになる。

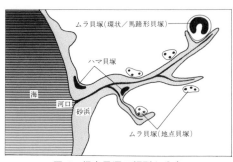

図 4　縄文貝塚の類型と分布

一方、こうした関東地方の研究動向とも関連してか、近年では東海地方の晩期の貝塚研究の中で、筆者の指摘したハマ貝塚の概念ときわめて類似した概念を「加工場型貝塚」とし、集落に付随する貝塚を「居住地型貝塚」と呼ぶ考えがある（岩瀬2004）。一見すると筆者の概念と同一のようであるが、実はきわめて異質な概念であるので、混乱のないようにここで明確にしておきたい。
　「加工」という行為は、貝を資源として利用するためにはさまざまな目的をもつもので剥き身にしても、蒸し上げにしても、貝自体に直接的に加えられる行為の全般を示すと考えるのが正しい。干潟で採取された貝は、殻剥きや煮沸をともなう調理などでさまざまな加工が加えられるため、厳密な意味で「加工」はハマでもムラでも目的と方法を違えておこなわれた行為の全般を含み込んでおり、結果として加工場と呼ばれる空間は多様な場所に形成され、さらにその内容も多岐になる。したがって、「加工場型貝塚」と「居住地型貝塚」とは定義の上で重複した内容をもつ概念であり、貝塚の類型化としては有効ではない。
　筆者はこうした研究とは距離を置き、ムラ貝塚とハマ貝塚の類型は、さらに細分が可能な概念であり、その細別から社会の多様性を読み取ることが今後の重要な課題であると認識している[3]。

(2) 中里貝塚の特徴

　中里貝塚の特徴は、中期後葉の加曽利EⅠ式期に形成時期をもち、以後後期初頭にいたるまで、連綿とハマグリとカキを採取・加工しており、さらにその加工に木枠付土坑が利用されたことである。しかもこの施設は貝層に付随するようにして形成されており、貝層の形成と一体化している点はハマ貝塚の性格を考える場合に重要な事実である。
　また、こうした場所に残された生活用具は、質・量ともに実に乏しく、その種類も比較的単純なものであった。しかし、これらの中で、注意しておくべき遺物もある。
　まず、第1点として、中期にはあまり類例を見ない礫器の出土である。この石器は、台地上のムラではほとんど類例を見ない。石器の機能部の形状からして何らかの対象物を加撃したものと考えられるが、中里貝塚の形成過程の中で想定されるのはカキ礁の割り取りである。カキ礁のある干潟での作業に特化した道具の1つであった可能性も指摘できる。
　第2点として、漁網の錘として利用されたと思われる土器片錘が存在する。出土量は多くはないが、中里のハマが漁労活動の場として利用されていたことを示す証拠である。貝層中からの魚骨の出土はきわめて微量なので、魚自体は集落へと持ち込まれて料理されたことが示唆される。

中里貝塚で加工されたハマグリとカキは、これまでの成果に基づくかぎり、その場で殻から身を取り出したことが確実であり、しかも貝肉はそのままでは腐敗が進むため、何らかの加工がおこなわれたに違いない。もっとも可能性の高いのは、干し貝の形態での持ち出しであろう。つまり、中里貝塚とはハマから採取した海の資源を運び出すための専業的なむき身の生産加工場としての性格を有した貝塚と考えることができる。

4　中里のハマとムラの関係

　中里貝塚の形成背景を考えるために、ムラとの関係について整理しておく。筆者は、中里貝塚の形成された武蔵野台地上に立地する七社神社裏貝塚に注目した（阿部1996a）。七社神社裏貝塚は、印刷局内貝塚や農事試験場内貝塚などという別名で記載されてきた貝塚である。これまでの調査では勝坂Ⅲ式期に形成がはじまり、加曽利EⅠ式期に盛期をもつ集落であることがわかっている（明治大学考古学研究室1968）。

　この遺跡の特徴は、複数の住居内貝層が存在したことである。その数は正確にはわからないが、明治大学考古学研究室が調査した際に3箇所が確認され、そのうちの遺存状況が良好な貝塚が調査されたとあることからもわかる（本書附編1参照）。

　ちょうど中里貝塚の形成の盛期にあたるこの時期に、中里貝塚を見下ろす台地上の集団が、ごくわずかで小ぶりなハマグリとカキを除いて、鹹水産貝類を持ち込まなかったのは奇異にも映る。

　しかし、中里貝塚での貝加工が至近のこの遺跡の集団の自給自足的な活動として考えることができないほどの規模をもつことを考えた場合、もちろん、剥身としての持ち込みは想定しなくてはならないが　むしろ七社神社裏貝塚を残した貝塚には、消費者としてよりも生産者としての側面が強く反映されたと考えるべきなのであろう。

　中期の武蔵野台地上には河川沿いに集落が群集するので、中里貝塚の成立を考える場合、当然想定されるもう一つの考え方として、これら流域の集団が直接的に中里貝塚の形成にかかわったという考えである（安孫子2014）。しかし、もしそうであるならば、下総台地のように、武蔵野台地上の多くの集落になぜムラ貝塚が形成されないのかという事実が説明できない。さらに、中里貝塚での貝類の集荷と殻むき、干貝の生産は、各集落の集団が短期間でできる労働とは考えにくく、きわめて規則的な貝層形成のあり方から見ても、中里貝塚を形成した集団は一定の約束事に従って、生産者の消費量を上回る膨大な干貝を生産したと考えるのが合理的である。

七社神社裏貝塚で主体を成すヤマトシジミは、中里貝塚の貝層下の自然貝層中において認められることから、おそらく周囲の台地から淡水が注ぎこむ汽水域が形成されており、そのわずかな空間に生息したヤマトシジミが自給的に採集されたのであろう。

　このように七社神社裏貝塚における貝層は、採貝活動に強い規制が働いたハマ貝塚を担う集団の残したムラ貝塚として説明することができる。同様にして七社神社裏貝塚に接するようにして残された御殿前遺跡は、加曽利EⅡ式期から同Ⅳ式期を中心に後期初頭の称名寺式期まで形成された集落であるが、ここでは、殻付の貝類の持ち込みは、より限定され、わずかな貝ブロックが遺構内に残されたに過ぎないのである。中里貝塚が形成された時期にほぼ対応する台地上の2遺跡は、このように巨大なハマ貝塚の形成を担った集団と考えることにより整合的に説明ができる。

　このムラとハマの関係が維持されたのは、勝坂Ⅲ式または加曽利EⅠ式期から同Ⅳ式を経て、規模は縮小するものの後期初頭の称名寺Ⅰ式期頃であることが確認されている。

　中里貝塚の形成背景には、さらに消費者集団を想定する必要があるが、筆者はそれが武蔵野台地上に高密度で分布する中期の集落の人々であることを指摘したが、その理由は、これらの集落形成の盛衰がほぼ共通することからも跡付けることができる。

5　中里貝塚の終焉とムラ貝塚の変容

　中里貝塚は、武蔵野台地上の中期の群集した集落群形成の終焉とともに終わりを迎える。水産資源の流通起点は、消費地である台地を刻む河川流域の集落群の動向とよく一致している。

　しかし、この頃、中里貝塚周辺の台地では、西ヶ原貝塚が後期前葉の貝塚を形成しはじめるのである。西ヶ原貝塚は中期後葉の貝層を残すことは古くから注目されていたことではあるが、中期は昌林寺貝塚とも称されたように、谷田川に面した台地端部を中心として形成されている。

　ところが、後期になるとその規模は大型化し、中央広場を囲むようにして馬蹄形に変化する。これまでの調査によると、堀之内1式の段階でほぼ環状を呈していたことがわかる。

　そして西ヶ原貝塚の堀之内式期から加曽利B式期にかけて鹹水種のなかで、中里貝塚に比べて量的には少ないものの、ハマグリやカキのサイズは、再び大型化する様子が確認できる。こうした状況は武蔵野台地上の遺跡の激減という現象と連動して、中里貝塚を中心とした中期の厳格な資源管理の形態が変容

し、規制が緩和されたかのような状況を示している。

　後期の西ヶ原貝塚の集団は、居住地の周囲に貝層を形成している点から見ても、水産資源の利用は第3者への流通を意図したというよりは、自給的な消費活動にとどまっていたことが理解できる。

　西ヶ原貝塚の形成は、武蔵野台地における中期から後期の水産資源の利用形態の変化を映し出しているものと考えられるが、とくに後期前葉以降では、集落の形態や形成期間に下総台地の環状貝塚と類似する点が多く指摘できる点も注目すべきである。

　西ヶ原貝塚の後期前葉以降に形成される環状の集落形態において中央広場は谷田川から入り込む小支谷の形成した窪地であり、環状の貝層はその縁辺部に形成され、その時期は主に堀之内式期から加曽利B式期の時期である。またその中心部に向かう部分からは晩期の土器や遺構が発見されており、貝層の形成後も引き続き晩期まで集落が継続して形成されたことがわかっている。

　このようなあり方は下総台地に群在している後晩期の環状貝塚とよく似ており、武蔵野台地では唯一ともいって良いであろう。また堀之内1式から加曽利B2式期にいたるまでの土器群に下総台地の地域的特性が強く認められる点も重要である。西ヶ原貝塚の形成にかかわる社会的な背景は、中期と後期では大きくその性質が異なっていたことが指摘できる。

6　社会の中の貝塚

　ハマ貝塚とムラ貝塚という貝塚の類型化によって見えてくるのは、水産資源の利用形態から映し出される縄文社会の特質が、これまでの一元的な理解ではなく、多様なあり方を示しているということである。

　中期から後期という時代変遷の中で、貝塚は常に台地上の集落との関係と連動している。中里貝塚の形成は武蔵野台地の中期の社会のなかで形成された水産資源の流通ネットワークの中核に位置し、七社神社裏貝塚や御殿前遺跡・西ヶ原貝塚昌林寺地点貝塚の集団は干貝の生産に直接的にかかわりをもった人々であったに違いない。

　ハマ貝塚としての中里貝塚の構造を考える際に注目しなければならないのは、近接して発見された中里遺跡との関係である。中里遺跡からは中期のハマが発見されているが、そこからは規模は小さいが貝層とともに丸木舟などが発見されており、船着き場とされる空間が至近の位置に存在したことが推測されている。そこからは多種類の土器や石器が出土していることから、同時期に存在した中里貝塚と中里遺跡は相互に関連しつつも場の使い分けが計画されていたことは確実である。

さらに出土型式は中里遺跡のほうが多く継続期間も長く、前期後半の諸磯b式期や中期前葉の勝坂式期など活動痕跡の形成が早い。つまり、中里貝塚ではハマ貝塚の形成に先行して、すでに低地での活動がおこなわれていたのである。現時点において中里貝塚の形成初期の状況はまだ明確にされておらず、将来的に前期の貝層が検出される可能性は捨てきれない。中里貝塚は奥東京湾の沖に突き出すように発達した砂帯上に形成されていたが、前期にはまだ砂帯の形成は発達していなかったと推測される。その発達は土砂の堆積が促進される中期以後であり、後背湿地が形成され、そこが船着き場的な機能を果たしたことが推測されている。

　また、貝加工が活発化する中期中葉から後期初頭にかけて豊富な遺物の出土が認められることからも、中里遺跡を中心とした活動空間と中里貝塚とは、お互いに低地に位置し全体として水産資源の利用という目的のもとで関係化し、機能を異にした空間から構成されていたことがわかる。

　今後のハマ貝塚研究はハマという空間の広がりから、貝塚だけを取り出して理解するのではなく、その周辺の活動空間との有機的な関係の解明が重要なテーマの1つとなるに違いない。

　海があったから貝塚ができた、という環境決定論的な説明と理解では縄文貝塚の多様性を理解することはできない。そこに人類社会があったからこそ、貝塚が形成されたという枠組みが、貝塚から縄文文化の多様性を考える場合に重要であろう。

註
1) 品川区による台地上の調査では台地端部から急斜面にかけて堆積する貝層の一部が確認されており、モースの時代に線路の敷設のために斜面の一部を削平し、斜面貝層の上部が露出したと考えると、この推測は整合的に理解できるであろう。
2) 想定される貝層の分布範囲から考えた場合、現時点で大森貝塚が環状の形態をとるとは考えにくい。
3) ムラ貝塚の類型的な区分と実例の検討事例としては阿部2005・2013などがある。

引用・参考文献
安孫子昭二 2008「出土遺物からみた大森貝塚」『東京の貝塚を考える』雄山閣
安孫子昭二 2014「分業と交易」『縄文時代（下）』青木書店
阿部芳郎 1996a「台地上の大きなムラ跡と海辺での活動」『北区史』通史編　北区

史編纂室
阿部芳郎 1996b「水産資源の利用形態」『季刊考古学』55、雄山閣
阿部芳郎 2005「貝食文化と貝塚形成」『地域と文化の考古学』明治大学考古学研究室
阿部芳郎 2007「縄文後晩期の集落構造」『「環状盛土」研究の現段階』
阿部芳郎 2008「大森貝塚の調査と大森ムラの実像」『東京の貝塚を考える』雄山閣
阿部芳郎 2013「持ち運ばれた海の資源」『人類史と時間情報』雄山閣
岩瀬彰利 2004「縄文時代の加工場型貝塚について」『関西縄文時代の集落・墓地と生業』
植月　学 2000「縄文時代における貝塚形成の多様性」『文化財研究紀要』14
大山　柏 1967「大森貝塚を顧みて」『大森貝塚』大森貝塚保存会
金子浩昌 1980「大森貝塚出土の動物遺存体と骨角器」『大田区史資料編考古Ⅱ』
近藤義郎・佐原　真訳 1977「大森貝塚」『考古学研究』24—3・4
清水潤三 1977「大森貝塚の発掘」『考古学研究（大森貝塚100年記念特集）24—3・4、考古学研究会
須賀博子 1996「大型貝塚を残した人々」『北区史』通史編、北区史編纂室
鈴木正博 1980「婚姻動態から見た大森貝塚」『古代』67
東京都北区教育委員会 1995『袋低地遺跡・道合遺跡』
東京都北区教育委員会 1999『中里貝塚』北区埋蔵文化財調査報告第26集
東京都北区教育委員会 2002『七社神社裏貝塚・西ヶ原貝塚Ⅲ・中里貝塚Ⅱ』
東京都北区教育委員会 1992『中里遺跡・仮称第2特養老人ホーム地点』
東京都北区教育委員会 1993『中里貝塚　東日本旅客鉄道株式会社東京地域本社ビル地点』
東京都北区教育委員会 1994『西ヶ原貝塚・東谷戸遺跡』
東北新幹線中里遺跡調査会 1988『袋低地遺跡自然科学編1』
東北新幹線赤羽地区遺跡調査会 1989『袋低地遺跡自然科学編2』
東京都教育委員会 1985『東京都心部遺跡分布調査報告　都心部の遺跡—貝塚・古墳・江戸—』
中村若枝 1996「海と縄文人」『北区史』通史編、北区史編纂室
宮崎　博 2008「東京都内の貝塚について—東京都心部遺跡分布調査から—」『東京の貝塚を考える』雄山閣
明治大学考古学研究室 1968『西ヶ原貝塚二丁目貝塚緊急発掘調査概報』
和島誠一 1960「中里貝塚の発掘」『千代田区史』上、千代田区

2　中里貝塚の発見

安 武 由 利 子

　「『水産加工場』示す大貝塚（1996年10月4日付・読売新聞）」・「全国最大級の貝塚を発見（1996年10月5日付・東京新聞）」など、新聞紙上をにぎわせた中里貝塚の発見は記憶にも新しい。しかし学術的な意味合いでの発見となると、時をさかのぼること今よりおよそ130年前。白井光太郎が「中里村介塚」との題目で、『人類学会報告』誌上に発表したことが挙げられる。

　この報告が出された時期とは、E. S. モースによる大森貝塚の発掘より10年もたたない頃であることから、中里貝塚は、比較的早い段階から学界の注目を集めてきた貝塚のひとつといえるだろう。

　本章では、近年までの一連の調査以前における中里貝塚を取り巻く状況について、白井光太郎による"発見"前夜の姿から概観したい。

1　記された中里貝塚

　海より遠く離れた地においての、おびただしい量の貝殻は、古来より多くの人の目を集めてきたようである。その痕跡は周辺の地名、伝説・伝承といった間接的なことから、地誌・絵図面といった直接的なことまで、さまざまなところで散見される。

　中里貝塚については、江戸期の地誌・絵図面にまでさかのぼれ、これらからは近代以前の本貝塚の様子を垣間見ることができる。

- 『江戸鹿子』「新堀山」（1687〈貞享4〉年）
  「谷中の後に有り、これ又太田道灌の城跡のよし、山中に諏訪権現の宮あり、二月の末つかたよりして江城の人ここの山にて遊興す、所々に谷有、これ昔のから堀なりと、所のものはいふ也、山上より北を見くだしてかきがら山など見ゆ」
- 『江戸砂子 温故名蹟志』「蜊売山」（1732〈享保17〉年）
  「三河島にあり すこしき山ながら悉かき殻也 むかし此邊入海なりしといひつたふ 数年此山のかきがらをとりしかども尽ずといふ」

・『江戸志』「蛎売山　道灌山の下」(書写年不明)
　「往古は十余町が程高き山にて皆蛎から也　誠に雪の降りたるが如し　遥かに遠目にも真白に見えし也　享保の初迄は此蛎からは掘て馬に負せ浅草の胡粉製する所へ日々日々に運びて胡粉とせしよし　今は大方その跡畑となりてわずかに五六丁が程蛎残れり」

　江戸時代、"かきがらやま"として記されている中里貝塚周辺では、『江戸志』「誠に雪の降りたるが如し」、「遥かに遠目にも真白に見えし也」、『江戸鹿子』(新堀山の)「山上より北を見くだしてかきがら山など見ゆ」などより、広範囲にわたって、多量の貝殻が露出していた情景が目に浮かぶ。『江戸鹿子』にある諏訪権現の宮とは、現在の諏方神社(東京都荒川区)と考えられることから、この新堀山より貝殻散布地までは、最も近いところでも2kmの距離を測る。記述のすべてに信が置けるとは限らないが、その距離をもってしても視認できると記述したくなるほど、この辺りのランドマークといえばかきがらやま及びその貝殻であったということなのだろう。

　また『江戸志』からは、蛎売山の貝殻を介した生活の営みもうかがえる。享保の初め頃まで人々は、これらの貝殻を焼いて胡粉などに用いる蛎殻灰を製造し、浅草へと運んでいたのだという。1674(延宝2)年「武州豊島郡宮外戸村寅御縄打帳」(平塚神社文書)より作成された「宮谷戸村検知(社領分)地字別集計表」では、この辺りの土地の等級は7階級中、最も低い下々畠として位置づけられている。極めて耕作に不向きな土地だったのである。土地活用の予備策として、この蛎殻灰製造が行われてきたものと考えられよう。

　1年にどれ程の頻度および規模で、この蛎殻灰製造が行われていたかはうかがう由もないが、この蛎殻灰製造が"かきがらやま"に与えた影響は甚大だったようである。「往古は十余町が程高き山」だったものが、「今」は「わずかに五六丁が程蛎残れり」の状態になってしまっていることが記されている。書写年不明の記述のため、この中で「今」とされる時期がいつなのかは定かではないが、時間の経過とともに規模が縮小された様子がうかがえよう。さらにこのような事態は、安政年間に中里貝塚周辺を描いた「武州豊島郡中里村絵図面」(図1)および「武州豊島郡田端村絵図面」、「武州豊島郡上中里村絵図面」から視覚的に拾うこともできる。これらの村絵図は村内の田畑の分布状況、村人の居住区域、河川、用水路、道路面、寺社などの展開が描き込まれたもので、中里貝塚にかかわるところとしては白地の「蛎から山」・「蛎から塚」が挙げられよう。だがこれらはごく限られた狭い範囲を指し示すもので、とても遠くからでも認められるような規模のものとは思われない。特に"塚"との表現から想起されるように、おそらく貝殻が一部分にだけこんもりと積み上げられ、小山

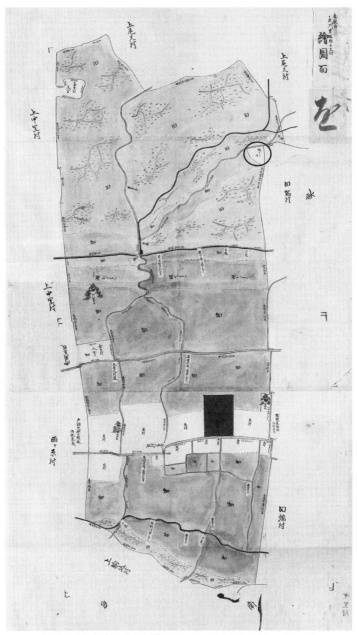

図1　武州豊島郡中里村絵図面（国立国会図書館蔵に一部加筆）

状・塚状を呈するような場所だったのだろう。蛎殻灰を製造する過程で人為的に貝殻が集積された結果、形成されたものではなかっただろうか。よってたとえ同じ"かきがらやま"でも、時期によりその名の持つ意味合いが異なってくることに留意せねばならないのである。なおこの蛎殻灰の製造はその後、いったん中断されたものの、明治時代の初めには再開されたようである。

いずれにしても近世以降の度重なる人為的活動によって、中里貝塚が著しくその姿を改変させられたことは疑いないが、それはあくまでも地表面に露出した貝殻の話である。「武州豊島郡中里村絵図面」に描きこまれた村内の土地利用状況からは、本来的な貝殻散布の範囲が浮かび上がってくるようである。この中で「蛎から山」は絵図面右上方に描かれており、その一部が「武州豊島郡田端村絵図面」に続くのだが、「蛎から山」周辺地の大部分が田とされている中にあって、左側へと延びる細長い土地は畑とされていることに注目したい。貝殻を多く含む地は畑とせざるを得なかったものと考えられるならば、地中に埋没している貝殻も含めて、この畑を含めた「蛎から山」の範囲が貝殻散布域と重なる可能性が高い。『江戸志』のいう「今は大方その跡畑となりて」にも合致するものであるし、この範囲であれば十分遠方からの視認にも耐えうる規模となってこよう。

このように江戸期の地誌・絵図面からは中里貝塚の往時の姿や、当時の人々の貝殻を介した営みをうかがうことができる。しかしこの時代、なぜこの場所から大量の貝殻が見つかるのかについてまで言及しているものは少なく、『江戸砂子』等が「むかし此邊入海なりしといひつたふ」と記述するに止まる。多量の貝殻散布地を明確に遺跡として捉え、その意義について検討されるようになるのは、明治時代に入ってからのことである。

2 『東京人類学会』による探求

明治期の中里貝塚を取り巻く研究動向としては、特に坪井正五郎を中心とする人類学会（のちに東京人類学会、現・日本人類学会）の活動およびその学会誌に引きうつしてみることができる。東京大学をはじめとする主要研究機関の至近に立地することも影響してか、会発足当初より中里貝塚に関する報告はしばしば本学会誌に掲載されている。したがって中里貝塚の研究は、本会の研究動向とともにあるといっても過言ではないだろう。

会の活動は当初、遺跡・遺物を発見すること自体に主眼が置かれていたが、回を経るに従って調査の方法や観点の明確化がなされ、貝塚研究においては次第に人種論・用途論など多岐にわたった追究が行われるようになっていく過程を見ることができる。

(1)「中里村介塚」の発表

　1886（明治19）年、人類学的観察をもって、はじめて中里貝塚のことを紹介したのは白井光太郎である。『人類学会報告』誌上に「中里村介塚」として発表されたこの報告は、本学会誌刊行以降、貝塚に関して、1遺跡に注目して論じられた最初のものである（白井 1886）。

　その規模については、「今實地ニ就テ其廣袤ヲ測ルニ（、）長サ大約二町（、）巾三十間（、）高サ最高ノ所ニテ三間（、）低キ所ニテ三四尺（、）通常一間許ノ高アリ（。）然レバ古ノ五分一ニモ足ラザル可シ（。）然レドモ尚其大サ近郊多ク其比ヲ見ズ」とある。長さ約220m、幅約55m、高さも最高で5m以上あるにもかかわらず、これでもかつての5分の1程度であることが示されている。

　白井は、1883（明治16）年冬に初めてこの地を訪れ、「古代陶器」の破片を十数個見つけたという。しかし「塚上圍ヲ開キ猥リニ検索スルヲ得ザリシ」ということから、それらは表面採集によって得られたものであったと考えられる。明治時代に入ってからのことであるので、おそらくこの採集地は前述のように、人々が商業用として便宜的に集積させた小山・塚の可能性が多分に疑われる類の場所といえるが、翌年には、坪井正五郎とともに再び訪れており、さらにそれ以降も「植物採集ノ為此邊ヲ過グル事アレバ必ズ此塚ニ登リ出現セル土器ヲ集ムルニ注意セリ」「殆ト塚上ニ在リシ物ヲ拾ヒ盡シタレバ」とあり、たびたび当地で採集活動を行っていた様子が読み取れる。

　白井はこの報告においてすでに、中里貝塚の立地の特異性とともに採集遺物の異質性を指摘している。白井による採集遺物には、縄紋土器と朝鮮土器が混在しており、それらの採集比率としては縄紋土器3に対して朝鮮土器7と朝鮮土器の方が高かったのだという。また石斧・石鏃などが含まれなかったことも大きな特徴として挙げられている。

　白井による一連の考察には、その後の流れと合致しない点が多々ある。しかし本貝塚の問題点を的確に指摘し、そして報告の最後で「中里村介塚ハ本邦考古学ニハ最枢要ナル一介塚ニシテ余輩人類学会員ノ最モ注意シテ探求ス可キノ一場」と称している点には注目したい。貝塚・土器塚の築成年代および、それらを造った人種の推測には、縄紋土器・朝鮮土器2種の関係を明らかにすることが肝要で、そのためには、複雑に両者が混在する本貝塚における研究が最も大切であると呼びかけたのである。のちに発表された「武蔵北豊島郡中里村貝塚取調報告」（佐藤・鳥居 1894a）内に、（白井報文が）「現ハルヽヤ否ヤ、此ノ中里貝塚ハ大ニ吾人ノ注目スル所トナリタリ」とあるように、この報告がその後の中里貝塚研究の先鞭をつけ、本貝塚が学界の注目を集めるきっかけとなったことは疑いない。

(2) 議論の的となった中里貝塚

　白井光太郎の報告を皮切りに、中里貝塚の名前はたびたび『東京人類学会報告』(のち『東京人類学会雑誌』)誌上に登場している。だが当初は、採集遺物の紹介を主とした事例報告型の発表のものが多く見られる傾向にある。

　白井の報告と同年に、木村政五郎の遺稿として発表された「眞砂樓遺稿」(坪井正五郎 識)では、「平方行中里行栗山行」の項にてドリルドストーン(凹みのある石器)・磨製石斧・埴輪片と思われるものが採取されたことが記されている(木村1886)。ただし石器の類がでないことを指摘した白井の先行報告を引き、坪井は「中里貝塚より石器の出でしは特に注意すべき事なり、本会報告第四号白井光太郎氏の説を参考す可し」と追記している。なお坪井は「貝塚とは何で有るか」内に「東京近傍貝塚総論」を転載した際にも、諸所の貝塚で発見された遺物についての分類で、あえて「中里村ノ貝塚ハ一種特別故除ク」と短い註を入れている(坪井1888)。また他にも、山崎直方が「河内國ニ石器時代ノ遺跡ヲ発見ス」(山崎1889)で、縄文土器の中に数多くの「波紋土器祝部土器」が見つかる遺跡として、そしてやや新しい時期の報告にはなるが、内山九三郎が「下沼部貝塚ヨリ胡桃ノ實出ヅ」(内山1894)で、焦げた胡桃の破片が1個発見された遺跡として、それぞれ中里貝塚の名を挙げている。こうしたいわば採集遺物列記の段階を経て、やがて1890年代中頃より徐々に白井の指摘する立地や採集遺物の特異性にまで踏み込んだ報告がなされるようになってくる。会発足より10数年。会員の各事例報告が、研究の蓄積となり、成果を現しはじめてきた時期のことである。

　その契機のひとつとなったのは、坪井正五郎「小金井博士の貝塚人骨論を讀む」(坪井1891)ではなかっただろうか。これは前年に発表された小金井良精「本邦貝塚ヨリ出タル人骨ニ就テ」(小金井1890)に苦言を呈する形で発表されたものである。この中で坪井は小金井報文の第一の問題点として「中里村貝塚を他の石器時代貝塚と同種の遺跡と見做されし事」と挙げる。そしてその根拠として他貝塚と中里貝塚との違いを、白井の指摘をさらに深めた形で、次のように整理し、まとめている。これにより、中里貝塚の抱える問題点がより明確となり、以後の研究の深化に一役買ったものと思われる。

> 【位置】道灌山の如き丘の上に対し、丘麓の平地。【獣骨】夥多に対し、稀有。【貝塚土器】夥多に対し、稀有。【渦紋土器】少に対し、多。【石器】多に対し、稀有。【鉄器】無に対し、有(但し後世混じりたるものか、未詳)。

　さらに同報告には「中里村貝塚の性質は未だ明かではござりませんが通常の石器時代貝塚と全く同とは為し難いと云ふ丈は実地探求者の同意する所でござります」ともある。中里貝塚は他とは一線を画して考察すべき遺跡であるとの

見方は、坪井一個人に止まる考え方ではなく、本貝塚を研究対象とする者の総意であることを強調したもので、非常に重みのある一文といえよう。

なお、この時期の遺物に関する報告としては、三宅米吉「雑案數件」が興味深い。遺物の出土状況を、層位学的視点をもって考察しているのである。かつて白井が縄紋土器と朝鮮土器との違いを使用する人種に求めたのに対して、三宅は「貝塚ヨリ出ヅル渦紋土器」の項で「同一所ニアレドモ同時代ノモノニアラザルベシ」とし、帰属する時代の違いに求めた（三宅 1892）。石器時代の遺跡に金属器時代の遺跡が重なっているゆえに同じ場所から見つかるのであって、共伴する遺物にも時期的な隔たりが認められる場合があるとの見方を下したものである。ちなみに山崎直方もこの頃、遺物を検討する際には、その出土層位をも考慮することの重要性を説く（山崎 1894a）。

また同報告で山崎は、貝塚の立地についても言及している。従来東京近傍貝塚の立地は、台地上（洪積層）・低地上（沖積層）に二分されることが多かった。しかしそのような中で立地環境の更なる細分化を行い、台地上にあるものはその端部に、そして中里貝塚も含めた低地部のものは台地に接近して立地する傾向にあるとまとめる。平面的に見た場合に、両者が非常に近接した場所に形成

図2 「東京近傍古跡指明図」（部分）（坪井1886に一部加筆し転載）

されていることを指摘したのである。
　しかし残念なことに、この段階では、まだその細分化した立地環境を遺跡の解釈に結び付けるまでには至っていない。低地部は貝塚を造るのに適さない地であるにもかかわらず、「數多ノ貝塚ハ高臺ノ上ニアルモ獨リ中里村ノ貝塚ハ何故ニ卑地ニアルカ」、「此貝塚コソ誠ニ迷惑千万ノ位置ニ立ツモノニシテ」と酷評している。中里貝塚を「本邦考古学ニハ最枢要ナル一介塚」と称した白井とは、対照的な評価といえよう。
　ときに中里貝塚をめぐる議論が交わされる中、1892（明治25）年12月には、本貝塚より坂をのぼって、わずかな距離にある西ヶ原貝塚で調査が行われている。この西ヶ原貝塚は、現在の東京都北区立飛鳥中学校校庭あたりを中心として東西約150m、南北約180mの範囲に広がる馬蹄形貝塚である。これまでの調査により、汽水産のヤマトシジミを中心とする貝層および住居跡、墓壙などから縄文土器や石器、骨角器などが多数見つかっている。出土土器から縄文時代中期後半〜晩期初頭に形成された貝塚であったことがわかっている。
　西ヶ原貝塚は、大森貝塚の報告書『Shell Mounds of "Omori"』に「チャプリン教授と石川氏によって王子でみいだされた貝塚は…」としてその存在が記されて以降、東京近郊にあり、かつ容易に遺物の採集ができることから、早い時期から貝塚の好例としてもてはやされてきた遺跡のひとつである。その位置が「東京近傍古跡指明図」（図2）に中里貝塚とともに、プロットされていることからも会員の関心の高さがうかがえよう（坪井1886）。
　いかにも貝塚らしい西ヶ原貝塚と、なかなか全容が明らかとなってこない中里貝塚とでは、近接する遺跡でありながら、その取り扱いについては発見当初より、はっきりと明暗が分かれた格好となっていたのである。西ヶ原貝塚における調査は、E. S. モースによる大森貝塚、そしてその2年後の陸平(おかだいら)貝塚の発掘（日本人によってはじめて手掛けられた調査）以後の調査として考古学史上に名高い。12月23日から3日間にわたって坪井正五郎により行われ、その成果は未完ながら『東京人類学会雑誌』に7回にわたり、「西ヶ原貝塚探求報告」として発表されている（坪井1893a・b・c・d・1894a・b・1895）。
　坪井は中里・西ヶ原の両貝塚については、本調査以前に「西ヶ原ノ貝塚ハ丘ノ上ニ在リテ中里村ノ貝塚ハ丘ノ下ニ在ルハ余程面白キ事ニテ」（坪井1888）と述べていることから、やや想像をたくましくすると、調査地として西ヶ原の地を選んだことの背景には、中里貝塚の実態解明をも見通した意図が含まれていたような気がしてならないのである。
　坪井はこの報告のなかで、出土遺物を部位ごとに細かく分類し、検討を加えている。その過程では"西ヶ原"の名が頭についた調査道具「西ヶ原角度計」

（図3）を考案している。坪井自身「最も便利で最も安上がりな道具」と称しているように、使用している材料は、いわゆる分度器・竹管・銅線とおもりである。

坪井は、これを使用し、注口土器の注ぎ口の取りつく角度などを計測したようである。また土器底の直径を測るにあたっては、「直径計」なるものも製作している。このような道具により計測されたデータをもとに、「西ヶ原貝塚探求報告（其七）」の最後で、土器に様式名を付け、分類することを提唱している。

報告の中では、西ヶ原第1～第6様式までが示されており、「他の遺跡から発見された土器に就いても、同様

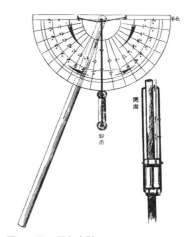

図3　西ヶ原角度計（坪井1893cより転載）

の調査を遂げ、其遺跡に多く有る土器で、右の六種と異つた物が有ったら、其遺跡の名の下に第1様式第2様式と云う事を添へて、別の様式名目とし、漸々新名目を設けて行く様に仕度と考へます」と、現代の型式学的視点につながる考え方を提示している。

中里貝塚と西ヶ原貝塚は、直線距離にしてわずか1kmほどしか離れていない。しかしその発見よりともに十数年という段階で、研究の深度においては大きく開きが生じたといわざるを得ない。だがその明暗を分けたものは、貝塚本来の性格に由来するものだけではないようにも感じ取れる節がある。

西ヶ原貝塚における検討は、掘ることをも含めた総合的な調査がなしえた成果である。しかしながら中里貝塚においては、拾うことを始めとする表面的な調査成果に依存したものであったことは、白井報文などからも明らかである。前述のように、胡粉製造による度重なる貝殻の搬出により、中里貝塚周辺は表層が大きく改変されている。ましてや胡粉製造の中断時には、長らく雑草がおい茂り、ゴミ捨て場のように使用されていた地である。一説によると板碑（表面摩耗のため、造立年代等は不明。現存せず。）なども見つかっているのだという（佐藤・鳥居1894a）。近接した西ヶ原貝塚での発掘、そしてその成果の発表が相次ぐなか、中里貝塚を"掘る"ことの必要性も急速に高まっていったものと考えられよう。

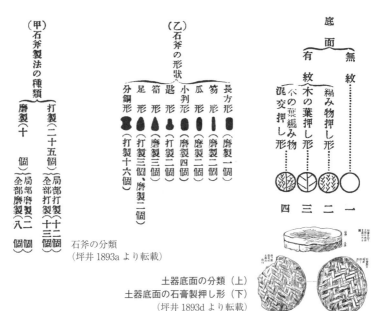

石斧の分類
（坪井1893aより転載）

土器底面の分類（上）
土器底面の石膏製押し形（下）
（坪井1893dより転載）

縁飾の種類（坪井1895より転載）
図4　「西ヶ原貝塚探求報告」挿入図版

(3)「武蔵(國)北豊島郡中里村貝塚取調報告」の発表

　1894(明治27)年、ついに中里貝塚でも発掘調査の機会が訪れる。この調査は佐藤傳蔵と鳥居龍蔵によって進められ、その成果は「武蔵(國)北豊島郡中里村貝塚取調報告」としてまとめられている(佐藤・鳥居1894ab、1896)。

　この報告には、その経緯として「教授茲ニ見ル所アリ、今回余等ヲシテ奮テ之ガ探求ニ従事セシム」とある。「本邦石器時代ノ遺跡中最モ其説明ニ困難ナルハ武蔵國北豊島郡中里村ノ貝塚ナリ」(緒言・冒頭)が示すように、大森貝塚の調査以後、次第に貝塚研究が進む中にあっても依然として、立地・出土遺物の2点において中里貝塚の様相は判然としない状態であった。この事態を鑑みた坪井正五郎が、佐藤・鳥居の両名に調査にあたらせたことが発端であったことがわかる。また同報告からは、調査費用および遺物観察(東京帝国大学人類学教室・東京人類学会所有)の便宜を坪井にはかってもらったことや、大野延太郎・若林勝邦・井上喜久治ら多くの人々の協力を得て、この調査が進められたものであったことが読み取れる。

　「余等此貝塚ヲ研究スルニ当リ、此処ヲ往来スル事前後十數回ノ多キニ達シ、且ツ其四近ノ遺跡ニシテ之ト関係ヲ有スル如キモノハ、悉ク之ヲ観、殊ニ中里ノ地質、貝殻堆積ノ有様ヲ知ランガ為メ、地中深ク発掘スル事再度ニ及ベリ」とあるように、古記録・研究史の集成から、立地(地形、地質)・遺物などの分析に至るまでを通してさまざまな方向から検討が加えられている。

　中でも、大きく紙幅が割かれているのが遺物についてである。これまでに集められた種々性質の異なる遺物の中から、曲玉や朝鮮土器及び祝部土器・埴輪といった、いわゆる金属器時代のものを抽出。その上で、貝塚との同時代性を細かく分析している。

　その結果、「中里村貝塚ハ金属時代ノ遺物トハ少シモ関係ナキモノト考フルナリ」として、中里貝塚のことを記載する際には、これらの遺物は除外すべきものと提唱している。これまでの検出遺物からこれら後世の混入とされた遺物を取り除くと、純粋に貝塚にともなう時期のものは数えるばかりとなることから、この作業によりはじめて中里貝塚の出土遺物の特異性は、多種多様な遺物が混在することではなく、同時代資料の希薄さにこそあったことが示されたのである。

　このような分析結果を受けて、「第六章結論」では、遺跡全体の性格について、発掘調査によって明らかとなった土層の状況や山崎直方の報告をひきながら、その立地も含めた考察がなされている。なおこの山崎の報告は、本報告にやや先行する時期に発表された前掲の「貝塚は何れの時代に造られしや」の続編として再度発表されたものである(山崎1894b)。

　従来、中里貝塚における立地の主要な問題点としては、"沖積層の低地にあ

ること"であった。しかし各地で貝塚が発掘され始めたことで得られるようになった新知見であろうか。研究の進展とともに、徐々に低地部貝塚の類例が増えることで新たに問題視・重要視されるようになったのは、その貝積層の性質となっていた。当時、その貝積層の性質としては、①純粋な貝塚である、②自然の貝層である、③自然の貝層の上に人工の貝層（貝塚）が造られたものである、と大きく分けて3つの立場から論じられていた。

　①の立場に立つ山崎は、中里貝塚を"海岸の洲渚中に造られた貝塚"とする。海浜で採集された貝類の荷揚げ場のような役目を果たした場所だったと想定したのである。さらにこの場所では、採集された貝類が吟味されたり、ムキ身にして持ち出したりされることもあったのではないかとする。浜辺であるがゆえに生活の場とは成りえず、またそれにともなって日常生活具の必要性が低かったために、必然的に同時代遺物の出土が僅少であることにつながると説いた。この意見に関しては、佐藤・鳥居も「概ネ其見ヲ同フスル」としている。ちなみにその貝塚形成した集団の拠点としては、近傍の西ヶ原貝塚を始めとし、農事試験所構内貝塚（東京都北区）、日暮里延命院貝塚（同、荒川区）、動坂遺跡（同、文京区）、また小豆沢貝塚（同、板橋区）などが想定されている。西ヶ原貝塚など、今ではその主要形成時期が中里貝塚とは異なるとされている貝塚も含まれてはいるものの、遺跡の解釈の仕方としては目を見張るものがある。このようにして、最終的には遺跡に帰属する遺物は、僅少かつ沖積低地に立地するものの自然貝層ではないとして、"中里貝塚とは縄文時代の浜辺に造られた人工的な貝塚"であることを積極的に支持するに至っているのである。

　なお同章では、大野延太郎の手によると思われる中里貝塚のスケッチが掲載されている（図5）。第一章（一）で「其有様恰モ未ダ足ヲ有セザルおたまじやくしガ、頭部ヲ東南ノ方ニ向ケ、尾部ヲ西北部ニ向ケテ横ハルガ如シ」と記された貝殻分布の情景がよくわかる（図中、黒点の集まったところが貝殻の散布部分）。このスケッチは後の調査により比較的正確に描かれていることがわかったもので、1911（明治44）年の地図と照らし合わせると、どのあたりからどの方向を描いたものかおおよその位置が推定できよう（図6）。

　この報告をもって中里貝塚をめぐる議論は一定の終結を見せたのか、『東京人類学会雑誌』上では見られなくなる。そしてその後、明治期においては『日本石器時代人民遺物発見地名表』をはじめとする遺跡表などに、他の遺跡と一括してその名が掲載される程度となってしまうのである。

3　急速な都市化と中里貝塚

　1911（明治44）年の地図では、中里貝塚周辺には「内貝塚」「西貝塚」「貝塚

図5 「中里貝塚ヲ飛鳥山丘続キヨリ望ミタル図」（佐藤・鳥居 1896 より転載）
（図中奥側に描かれている小山は下総台地と考えられる。）

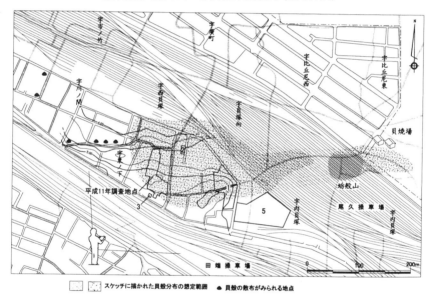

図6 スケッチに描かれた範囲（推定）（東京都北区教育委員会 2000 に一部加筆し、転載）

向」など、貝塚とつく小字名が見られる。さらに大正時代の終わり頃に貝塚の東側に設置された客車操車場の名も"貝塚"操車場であった[1]。この頃までは確かに、このあたりのランドマークといえば、中里貝塚だったのである。

しかし昭和時代に入ると、貝塚操車場は"尾久"操車場と改名されている。そしてその頃以降、1947（昭和22）年の北区発足前後の頃までの度重なる町名変更の中で、次第に小字名からも貝塚の文字が消えていくのである。現在では、わずかに町会名に残されているばかりである。

1929（昭和4）年には、中里貝塚の東側の尾久操車場隣接地に尾久駅が、そして1933（昭和8）年には、貝塚の西側に上中里駅が開業している。このような動きに前後して、どうやら長らく田園風景が広がっていたこの辺りでも、急速に市街地化が進んでいったようである。明治時代はじめに再開された蛎殻灰製造や鉄道の駅開業に付随する周辺地の開発が、結果として地表面から、さらには人々の意識から貝塚や貝殻の存在を追いやってしまったのだろうか。
　昭和時代初期に中里貝塚について記したものの多くが、かつてこの辺りに貝塚があったという古事を伝えるのみとなっている。大場磐雄「大東京湮滅遺跡雑記」は「瀧野川西ヶ原貝塚及び中里貝塚等も、当時東京近郊の遺跡として屈指のものであつたが、恐らく今は湮滅したであらうと思ふ」（大場1936）と、そして甲野勇の報告「東京市内の貝塚」は「土師器や陶器を出す貝塚としては、瀧野川区中里貝塚がある。この貝塚は田端の丘陵の下の沖積地に積成されたもので、土師器、陶器、硝子製曲玉等を出し低地貝塚として、嘗つて学界の問題となつたものであるが、今は全く湮滅して了つた」（甲野1936）と、それぞれ記している。
　なお1945（昭和20）年には、このあたり一帯も激しい空襲の被害を受けているため、その際には奇しくも都心部の貝塚の多くと同様に、中里貝塚も再び露出したことだろう。しかしそれも一時的なもので、戦後のめざましい都市復興により、そのほとんどが三たび地中に埋没することとなったのである。

4　和島誠一による調査

　大正時代に入って以降、中里貝塚の名は"沖積低地の貝塚"、また"出土遺物が希薄な貝塚"の代名詞としての役割を担うことが多かった[2]。名が挙げられるのみの、いわば過去の遺跡となってしまっていたのである。
　そのような流れに大きく風穴を開けたのは、小規模ながらもトレンチ調査を実施した和島誠一の報告ではなかっただろうか。この調査により実に半世紀以上ぶりに、中里貝塚へ目が向けられることとなったのである。
　この調査は、『千代田区史』の編纂事業にかかわって実施されたもので、1958（昭和33）年7月21日～29日、雨天時を除いた7日間にわたって行われた。「旧神田を含む東京都の沖積地の陸化の過程についての従来の知見を再検討する」ためには、「適確な考古学的資料をつかむ必要がある」として、当地がその調査地として選ばれたのだという。
　鉄道用地内の尾久車掌区の電気資材倉庫と新大阪ホテル経営の列車食堂要員宿舎（当時）との中間の空き地に、まずは南北方向に幅2m・長さ6mの第1トレンチが、その後、第1トレンチにほぼ直交する形で、幅1m・長さ7mの

第2トレンチが掘削された（図7・8）。ちなみにこの2本のトレンチは、1996（平成8）年の調査で、中里貝塚A地点の第1区から検出されている。

第1トレンチでは、水が湧くため、ガソリンポンプを併用しながらの掘削を試みたものの、およそ2.5mまで掘り進めたところでポンプの力が及ばず断念。それより下部は、ハンドオーガー（土壌採取器具）によるボーリングで補う形となっている。実は北区飛鳥山博物館に寄贈された写真の中には、このときの調査を撮影したと考えられるトレンチ写真が2点ある（図9）。裏書きには「貝層」としか記されておらず、北区内のどの場所を撮影したものかは記録に残っていない。しかし、図9（右）手前に写り込んでいる蛇腹状のガソリンポンプの管や、道具類の形状が『千代田区史』掲載写真のもの（図10）と類似していることから、第1トレンチを撮影したと考えられる。これらの写真からは累々と積み上がる貝殻の様子と湧水の著しさがうかがえよう。このボーリングによって灰色粘土と貝はなお1.5m以上ほど続き、最後に表土下5mのあたりで洪積層の波食台と考えられる緑色がかった硬い粘土層に達することが確認されている。トレンチ断面は10層に分層され（図12）、第2層で円筒埴輪片（胴部）が、そして第5層付近では炭化物層とともに、加曽利E式の深鉢形土器片（底部）2点が見つかっている（図11）。このことにより和島は、埴輪の出土した

和島誠一による調査地点

図8　上中里2丁目広場

（中里貝塚A地点。2000年には国史跡に指定され、その一部が広場となっている。図7に記された道路や③馬頭観世音は現在も同じ場所に位置する。画像奥・矢印の地点付近が和島誠一による調査地点と考えられる。）

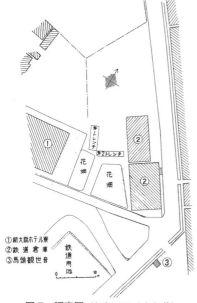

①新大阪ホテル寮
②鉄道倉庫
③馬頭観世音

図7　調査区（和島1960より転載）

2　中里貝塚の発見（安武由利子）　29

第2層を古墳時代のもの、第3層を自然貝層、第4～6層は縄文時代の貝層と推定しており、明治期の貝塚説を補強する材料が得られた形となった。
　ただし第7層以下に関しては、和島自身「問題」とするように貝塚か自然貝層かの判断が難しかったため、貝殻に付着する灰色粘土中の有孔虫の検索による検討が行われている。その結果、灰色粘土中からはかなり多数の有孔虫が検出されたものの、東京層や成田層などの洪積層に特徴的なものは含まれず、明らかに沖積世のものであること、またそれらは内湾の奥で若干淡水が混じる海水中に棲息する種類のものであることが判明した。このことに加えて層中のカキ・ハマグリの堆積状況や、分析した灰色粘土の、貝類の生育に不向きな性質を勘案し、和島は第7層以下の貝層においても「河口に近い海中に投棄された貝塚の一部」と考察している。
　このようにして第7層以下については確証は得られなかったものの、本調査では、明治期とは違った方法で貝塚説の確からしさが高められたといえよう。なお第2トレンチは、撹乱のため、第1トレンチでは確認が難しかった上層部分の堆積状態を見ることを目的に設定されたものである。しかし第2トレンチ内もその大部分が深く撹乱されていたため、結局、第2層の深さまで掘り下げた段階で、掘削が断念されている。
　和島は『千代田区史』で最後にまとめとして、「この膨大な貝塚の築成は、関東地方における貝塚の発達史から推しても、縄文式中期以前の小規模な様相とは異なるもので、むしろ人口が増え集落の規模も大きくなつた中期以後の貝塚に似ている」とし、出土した加曽利E式土器と齟齬がない築成時期を与えている。そして「これだけの貝の分量は、単に一つの集落の必要のためのみでなく、貝の取れぬ山の手の集落との交換が予測される程のもの」と述べている。明治期以後、発掘調査を通して、改めて中里貝塚が他貝塚と様相を異にすることの意義を、貝の"荷揚げ場""加工場"としての役割に求め、さらには縄文時代における分業と他地域間交流の可能性を指摘した画期的なものであったといえよう。

5　大規模発掘調査前夜の中里貝塚

　中里貝塚は、都心部近くに立地することもあって、日本考古学界黎明期より研究者の間で注目を集め、しばしば研究対象となってきた。しかし沖積低地に立地し、かつ貝塚に並行する時期の人工遺物の検出が希薄、そしてなによりも膨大な量にのぼる貝殻の存在は"人為貝層か、はたまた自然貝層か"と、長らく多くの研究者の頭を悩ませてきたものであった。
　それでも日本考古学界の成長と共に徐々にその問題点が整理され、明治時代

図 9　トレンチ写真 2（北区飛鳥山博物館蔵）

図 10　トレンチ写真 1
（和島 1960 より転載）

図 11　トレンチ出土遺物
（千代田区立四番町歴史民俗資料館蔵／
北区飛鳥山博物館 2010 より転載）

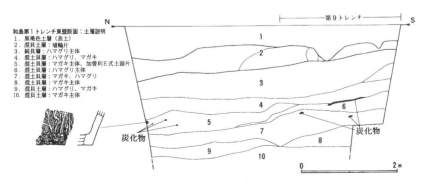

図 12　第 1 トレンチ土層図（東京都北区教育委員会 2000 に一部加筆し、転載）

の中頃には当時の研究の集大成ともいうべき「武蔵（國）北豊島郡中里村貝塚取調報告」が発表され、その遺跡たるやが示されたのであった。だがその発表以後、中里貝塚をめぐる議論は一定の終息を見せたのか、かつてほどの熱は感じられなくなる。あたかも急速な都市化にともなって貝殻が地中に埋没していくのに呼応するかのようである。中里貝塚が再び学界の表舞台に華々しく登場するのは、1983（昭和 58）年に始まる、東北新幹線の上野駅乗り入れ工事にともなう大規模発掘調査時のことである。

註
1) 1920（大正 9）年に着工され、当初は王子駅の管轄下にあったが、1924（大正 13）年に貝塚操車場として独立した。
2) 東木龍七は、東京湾の旧海岸線を復元する研究の素材として貝塚を採用。いわゆる溺れ谷と貝塚の分布から、旧海岸線を復原している。その際、中里貝塚もその素材の一つとして抽出されている（東木 1926）。

引用・参考文献
未詳 1732『江戸砂子温故名蹟志』
未詳 書写年不明『江戸志』
未詳 1730 年代〜70 年代「望海毎談」『温故叢書』8
E. S. Morse 1879：Shell Mounds of Omori.（和文版は、エドワード・エス・モールス・矢田部良吉口訳・寺内章明筆記 1879『大森介墟古物篇』）
阿部芳郎 2002『縄文のくらしを掘る』岩波書店
内山九三郎 1894「下沼部貝塚ヨリ胡桃ノ實出ヅ」『東京人類学会雑誌』9―96
江坂輝彌 1940「旧東京市内先史時代遺跡調査概報」『考古学』11―5
江見水蔭 1915「貝塚に就て」『人類学雑誌』30―2
大場磐雄 1936「大東京湮滅遺跡雑記」『ミネルヴァ』1―6・7
可児弘明 1971「原始時代のころ」『新修北区史』北区
川崎房五郎 1951「先史時代」『北区史』北区
北区飛鳥山博物館 2010『中里貝塚国史跡指定 10 周年記念 奥東京湾の貝塚文化―中里貝塚とその時代―展展示図録』
木村政五郎 1886「眞砂樓遺稿」『東京人類学会報告』1―7
甲野 勇 1936「東京市内の貝塚」『ミネルヴァ』1―6・7
小金井良精 1890「本邦貝塚ヨリ出タル人骨ニ就テ」『東京人類学会雑誌』6―56
酒詰仲男 1967『貝塚に学ぶ』学生社

佐藤傳蔵・鳥居龍蔵 1894ab「武蔵北豊島郡中里村貝塚取調報告」『東京人類学会雑誌』9―98・99
佐藤傳蔵・鳥居龍蔵 1896「武蔵國北豊島郡中里村貝塚取調報告」『東京人類学会雑誌』11―121
柴田常恵 1917『日本石器時代人民遺物発見地名表』第4版、東京帝国大学
白井光太郎 1886「中里村介塚」『人類学会報告』1―4
田中正太郎・林　若吉編　1897『日本石器時代人民遺物発見地名表』第1版、東京帝国大学
坪井正五郎 1886「東京近傍古跡指明図（第5版）」『東京人類学会報告』1―5
坪井正五郎 1888「貝塚とは何で有るか」『東京人類学会雑誌』3―29
坪井正五郎 1891「小金井博士の貝塚人骨論を讀む」『東京人類学会雑誌』6―61
坪井正五郎 1893a「西ヶ原貝塚探求報告（其一）」『東京人類学会雑誌』8―85
坪井正五郎 1893b「西ヶ原貝塚探求報告（其二）」『東京人類学会雑誌』8―89
坪井正五郎 1893c「西ヶ原貝塚探求報告（其三）」『東京人類学会雑誌』9―91
坪井正五郎 1893d「西ヶ原貝塚探求報告（其四）」『東京人類学会雑誌』9―93
坪井正五郎 1894a「西ヶ原貝塚探求報告（其五）」『東京人類学会雑誌』9―94
坪井正五郎 1894b「西ヶ原貝塚探求報告（其六）」『東京人類学会雑誌』9―98
坪井正五郎 1895「西ヶ原貝塚探求報告（其七）」『東京人類学会雑誌』10―106
東木龍七 1926「貝塚分布の地形学的考察」『人類学雑誌』41―11
東京都北区教育委員会 2000『中里貝塚』
東京都教育委員会 1985『都心部の遺跡―貝塚・古墳・江戸―』
中村若枝 1996「海と縄文人」『北区史（通史編　原始古代）』北区
野中完一編 1898『日本石器時代人民遺物発見地名表』第2版、東京帝国大学
野中完一編 1901『日本石器時代人民遺物発見地名表』第3版、東京帝国大学
幕府普請方編 1808～63『御府内場末往還其外沿革図書』
藤田理兵衛 1687『江戸鹿子』
三宅米吉 1892「雑案數件」『東京人類学会雑誌』7―74
山崎直方 1889「河内國ニ石器時代ノ遺跡ヲ発見ス」『東京人類学会雑誌』4―40
山崎直方 1894ab「貝塚は何れの時代に造られしや」『東京人類学会雑誌』9―96・98
八幡一郎・中谷治宇二郎編 1928『日本石器時代遺物発見地名表』第5版、東京帝国大学
八幡一郎・中谷治宇二郎編 1930『日本石器時代遺物発見地名表』第5版追補1、東京帝国大学
和島誠一 1960「付3.中里貝塚の発掘」『千代田区史』上、千代田区

3 北区の貝塚

牛山 英昭

　中里貝塚と西ヶ原貝塚、着目のされ方は異なるが、その存在はいずれも明治時代より研究者の間で注目され、現在ではそれぞれ国史跡、東京都史跡に指定されており、東京都内に所在する著名な貝塚としての位置付けを確たるものとしている。この2つの他にも北区には、同様に明治期から知られる貝塚がいくつかある。例えば、1892（明治25）年に西ヶ原貝塚を調査した坪井正五郎は、翌年に書き著した「西ヶ原貝塚探求報告　其一」（坪井1893）のなかで、「他の遺跡中西ヶ原貝塚に最も近きもの」として、「東北の方二丁計にして農商務省養蚕試験所裏の貝塚あり」「西北の方十丁計にして瀧野川村八幡社裏の土器塚あり」と記している。詳しくは後述するが、前者は現在の御殿前遺跡の範囲に含まれる西ヶ原農事試験場構内貝塚であり、また後者は現在の滝野川八幡社裏貝塚にあたるものであると考えられる。

　これらの他にも古くより存在が知られ、文献上にたびたび名前が挙がる貝塚がある（図1)[1]。ここでは、それらのうちのいくつかを取り上げることとする。

1　袋町貝塚（袋低地遺跡）

(1) 遺跡の概要

　袋町貝塚は、北区赤羽北1丁目、2丁目の一部に広がる袋低地遺跡内に所在する貝塚である。『岩淵町郷土誌』（平野・桜井編1930）には、「袋貝塚」の名称で記述されている。袋低地遺跡は、武蔵野台地縁辺部の崖線下に広がる、荒川低地内の微高地上に立地する。荒川低地とは、武蔵野台地と大宮台地に挟まれる荒川流域に広がる沖積低地を指すが、その最南端に袋低地遺跡は位置することになる（図1）。

　『岩淵町郷土誌』における記述では、「田面よりは三四尺高く畑地で貝の堆積の多い所は二尺位厚く耕作も成らず荒地になっていた。」とあり、巻頭には畑地の表面に白く貝殻が散り広がる様子を写した写真が載せられている（図2）。貝殻が広がる範囲の背後には、武蔵野台地の崖線も写っている。崖線下に広

図1　北区の遺跡と貝塚の分布（東京都埋蔵文化財センター 2010 より改変）

図2　『岩淵町郷土誌』掲載の「袋貝塚」
（平野・桜井編 1930 より転載）

り、水田面よりやや高い畑地にある様子は、現在の袋低地遺跡の立地に合致するものである。

袋低地遺跡における本格的な発掘調査は、1983（昭和58）年から翌年にかけて行われた、東北新幹線建設工事に伴う発掘調査に始まる（東北新幹線赤羽地区遺跡調査会 1992）。その後、JR北赤羽駅周辺の再開発事業や集合住宅建設など

に伴い発掘調査が実施され、特に1996（平成8）年に実施された赤羽北1丁目12番における発掘調査（東京都北区教育委員会2005）では、検出範囲は広くはないが、良好な貝層が検出されている。

(2) 東北新幹線建設工事に伴う調査

1983（昭和58）～1984（昭和59）年、東北新幹線建設工事に伴い、東北新幹線赤羽地区遺跡調査会により発掘調査が実施された。検出された縄文時代の主な遺構は、集石遺構42基、焼土址3基、炭化物集中址10基、自然流路5本、貝塚3ヵ所である。

集石遺構は主にA地区とされる台地際で、崖線に沿うように帯状に分布し検出されている。また、その集石遺構に伴い炭化物集中址8基と焼土址3基が検出されている。報告では、出土遺物と放射性炭素年代測定の結果から、縄文時代早期末から前期前半にかけての時期に位置付けている。

自然流路は広いところで幅12m、深さ0.7mを測る。上層は木本質泥炭層であり、その下部からは流木や種子などが多量に出土している。下層は砂質泥炭層であり、その下部からは縄文時代中期前半から晩期の土器が出土している。またE地区で検出された流路の肩部からは漆塗の木製耳栓も出土している。

貝塚は3ヵ所で確認されており、それぞれ第1貝塚、第2貝塚、第3貝塚として報告している。

第1貝塚　第1貝塚は、台地崖線より約120m離れたE地区の南東隅12×10mの範囲で検出されたものであるが、調査区外にもさらに広がっていたと考えられる。貝層の堆積は概ね5枚に分層される。各貝層の北側は急激に落ち込み、先端に行くに従いラミナ状を呈しており、一部は水中での再堆積の可能性が考えられている。貝種は、ハマグリを主体とし、マガキ、ヤマトシジミが多くみられる。他にアカニシ、ウネナシトマヤガイ、ウミニナ、カワザンショウガイ、カワニナ等の貝類が含まれる。また魚骨、獣骨等も含まれている。貝層中から出土した土器は、一部に中期のものも含まれるが、後期の堀之内式土器を主体としており、貝塚の形成時期も縄文時代後期前半が中心時期であると考えられている。なおこの第1貝塚からは、イノシシの下顎犬歯（牙）を加工して作られた垂飾品も出土している（図3）。

図3　袋低地遺跡第1貝塚出土の垂飾品
（東北新幹線赤羽地区遺跡調査会
1992より転載）

第2貝塚　第2貝塚は、D地区において検出され、第1貝塚の南東約35m に位置する。貝塚の範囲は北側の調査区外に広がりをみせており、検出範囲は全体のうちのわずかな一部に限られているものと考えられる。検出範囲において貝層の堆積は4枚の貝層から成り、いずれも密度の高い純貝層の様相を呈している。貝種は、ほとんどがハマグリで、これに少量のマガキ、ヤマトシジミ、さらにはアカニシ、カワニナ、サルボウ等が含まれている。第1貝塚に比べるとその量は少ないが、魚骨、魚鱗等も検出されている。貝層中からは中期の加曽利E式土器の小破片14点が出土しており、貝塚の形成時期は、縄文時代中期後半と考えられている。

第3貝塚　第3貝塚は、C地区において検出され、第2貝塚の東約70mに位置する。わずかな範囲に破砕したハマグリが検出されたに過ぎず、詳細は不明である。調査区の北側で下水道工事の際に多量の貝が出土していることから、北側の調査区外に貝塚の主体が広がっているものと考えられている。

(3) 赤羽北1丁目12番における調査

　1996（平成8）年、赤羽北1丁目12番において、集合住宅建設に伴い発掘調査が実施された。調査面積は137㎡で、検出された遺構は貝塚のみである。

　貝層が検出されたのは、調査区南東端の4.96×2.42mほどの範囲であり、貝塚の主体はさらに東側へ広がっているものと考えられる。貝層の厚さは、検出範囲内で最大1.47mを測るが、調査の都合上最下層まで確認をしていないため、実際にはそれ以上の数字を示すことになるであろう。貝種はヤマトシジミを主体とし、これにマガキ、ハマグリが加わる。出土遺物は、縄文土器の小破片が数点出土したのに留まる。出土した土器は、加曽利E式土器、堀之内式土器であり、貝層の形成時期は縄文時代中期後半〜後期前半であると推測される。

　このように、人工遺物が極端に少なく、また貝類以外の動物遺体がほとんど含まれず、貝種もヤマトシジミを主体にマガキ、ハマグリを加えた3種に概ね限られるという点では、先の東北新幹線建設工事に伴う調査で検出された第1貝塚および第2貝塚とは様子が異なる。ヤマトシジミを主体とする点を除けば、崖線下に立地する点をも合わせ、むしろ中里貝塚との共通性を見出すことができそうである。

　『岩淵町郷土誌』に写真が載る「袋貝塚」については、さらなる調査事例を待つ必要はあろうが、おそらくはこの赤羽北1丁目12番の地点を西端にして東側に広がるものとみられる貝塚を写したものであったと推測される。

2 清水坂貝塚（清水坂遺跡）

(1) 遺跡の概要

　清水坂貝塚は、北区中十条4丁目および十条仲原4丁目の一部に広がる清水坂遺跡の範囲内に所在した貝塚である。1932（昭和7）年5月に鈴木尚によって偶然発見され、調査されたが（鈴木1934）、その後の土取り工事等により貝塚そのものは消滅してしまったと考えられ、現在では貝層の分布は確認されない。

　清水坂遺跡が立地するのは、赤羽から上野まで延びる武蔵野台地北東縁辺部の一角にあたる。遺跡の東側は、荒川の最下流部流域に広がる東京低地と武蔵野台地を画する崖線に面し、北側には現在は暗渠となる稲付川（北耕地川）が台地に谷を刻んでいる。稲付川の対岸は「赤羽台」、清水坂遺跡が立地する側は「十条台」と通称されるが、遺跡はあたかも十条台の突端部のような場所に位置することになる（図1）。貝層が確認されたのは、既に削り取られ失われた台地の斜面部であったとみられる。

　清水坂遺跡の範囲のほぼ中央部分の大半は、土取り工事によって失われているが、周囲には台地平坦面があり、そこでは住宅の建替え工事等に伴い、試掘調査や小規模な発掘調査が北区教育委員会によって実施されている。ただし検出されている主な遺構は、弥生時代後期の竪穴住居址等であり、縄文時代の遺構としては、2008（平成20）年に実施された試掘調査中に、円形土坑1基が検出されているに留まる（東京都北区教育委員会2010）。

(2) 1932年の調査

　先にも述べたとおり、清水坂貝塚は1932（昭和7）年に鈴木尚により偶然発見されたものである。鈴木の報告では、「昭和7年5月、上記鉄道線路（東北本線：筆者補註）に沿い、当該台の中腹を貫き北走する清水坂、通称長坂道路拡張工事中、偶々貝塚の断面の小部が新しく切られた崖に露出するのを車中より望み、工事事務所の厚意にて、その一部を発掘することが出来た。」と、発見から調査に至るまでの経緯が述べられている。清水坂とは、岩槻街道（旧日光御成道）にある坂道で、その場所は現在岩槻街道が環状七号線と交差する箇所よりわずかに北に位置し、台地上より赤羽駅方面へ向かって崖線に沿うようにして低地へ下る坂道となっている。

　貝層は傾斜に沿って2ヵ所にあったと記述されており、台地の斜面部分で確認されたものと考えられる。含まれていた貝種としては、カキ、ハマグリ、ハイガイ、オキシジミ、カガミガイの名が挙げられている。また獣骨、魚骨も含まれていたようである。

　貝塚の形成時期は、出土した土器より前期初頭の花積下層式期とされている

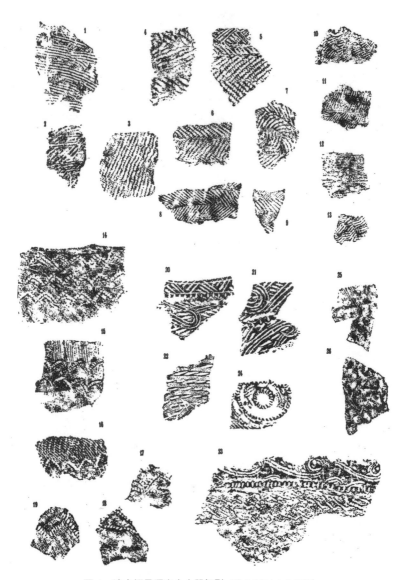

図4 清水坂貝塚出土土器拓影 (鈴木1934より転載)

（図4）。しかし、先述の2008（平成20）年の試掘調査で検出された円形土坑からは、早期末葉のものとみられる条痕文土器の破片が出土している。また稲付川を挟んで対峙する赤羽台地域には、早期段階の遺構の検出、土器の出土がみられる遺跡があり、北区全域でみた場合に早期段階の遺跡は赤羽台周辺地域に偏在する傾向が見受けられる。これらのことから、この貝塚の形成時期についても、早期末葉段階まで遡る可能性も考えられてくるが、残念ながら貝塚本体は既に失われてしまっており、確かめることは困難な状況にある。

3　滝野川八幡社裏貝塚

　その名が示すとおり、北区滝野川5丁目にある滝野川八幡神社の裏手を中心に所在する貝塚である。貝塚に限らず、北区の遺跡の多くは、東京低地と武蔵野台地を画する崖線に沿った台地縁辺部に最も集中しているが、この滝野川八幡社裏貝塚は、崖線部より約1km奥まった台地上に位置する。遺跡の北側には、荒川（現隅田川）へ向かって東へ流れる石神井川があり、石神井川が台地に刻んだ深い谷に面して遺跡は立地している（図1）。

　本稿の冒頭にも触れたとおり、坪井正五郎による「西ヶ原貝塚探求報告　其一」のなかに記される「瀧野川村八幡社裏の土器塚」が、この滝野川八幡社裏貝塚にあたるものとみられる。また下村三四吉は、1893（明治26）年2月に、鳥居龍蔵、廣瀬又六とともにここを訪れ、八幡社の裏手の森の中で土器、石器を採集し、貝殻の破片が散布している状況を目にしたことを、「小豆澤紀行」（下村1893）に記述している。なお酒詰仲男は「東京都西ヶ原昌林寺附近（飛鳥中学校附近）貝塚概報」（酒詰1951）のなかで、「王子八幡社裏貝塚（後期か、現在

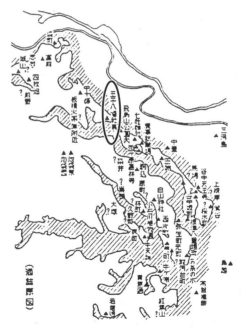

図5　酒詰仲男作成の貝塚分布図（酒詰1951より転載）
　　線で囲んだところに「王子八幡社裏」と記されている。

不明)」と記述し、その位置をJR王子駅の北西側にある王子神社付近に印しているが(図5)、そもそも「王子八幡神社」という神社は存在せず、これは滝野川八幡社裏貝塚を誤って認識したものであると考えられる。なお、王子神社の裏手は武蔵野台地縁辺部の崖線直下にあたり、貝塚の存在は確認されていない。

このように滝野川八幡社裏貝塚は、その存在が古くから知られてきた貝塚ではあるが、これまでに本格的な発掘調査が行われたことはない。ただし、1986(昭和61)年に個人住宅建設に伴い、東京都教育委員会が基礎工事の際の立会い調査を実施し、竪穴住居址3軒が確認され、縄文時代後期の土器が採集されている。それ以降も住宅建設等に伴い、北区教育委員会による試掘調査や立会い調査が実施される機会があり、同様に竪穴住居址と思われる遺構が確認され、縄文時代後期の土器が採集されたことがある。このことから、縄文時代後期の遺跡であることに疑いはないが、貝塚についてはまだ確認されておらず、現在のところ詳細は不明と言わざるを得ない。

4 七社神社裏貝塚(七社神社裏遺跡)

(1) 遺跡の概要

北区西ヶ原2丁目、3丁目を中心とする高台の一帯には、御殿前遺跡、七社神社前遺跡、飛鳥山遺跡、西ヶ原貝塚等、複数の遺跡が群在する西ヶ原遺跡群が広がる。七社神社裏貝塚は、その西ヶ原遺跡群内の遺跡のひとつである七社神社裏遺跡に所在する。

古くは、明治期に「神明の貝塚」と記述されているものがあるが(蒔田1902)、現在の七社神社の社地がかつては神明宮の社地であったことから、これが七社神社裏貝塚に相当するものと考えられる。このほかにも、大蔵省印刷局内貝塚、西ヶ原2丁目貝塚、七社神社境内貝塚などの名で記されているものもあるが、これらはいずれも七社神社裏貝塚にあたるものである[2]。

明治期よりその存在が知られ、おそらくは多くの学者がこの地に足を運んだことであろうが、戦前においてこの貝塚の発掘調査が行われた記録はなく、確実に記録の残された最初の事例は、1968(昭和43)年に明治大学文学部考古学研究室によって実施された、印刷局滝野川工場構内の工場建替えに伴う発掘調査になる(明治大学文学部考古学研究室1968)。工場の基礎によって大部分が破壊されていたため、わずかな範囲を対象とする調査ではあったが、勝坂3式～加曽利E1式期の竪穴住居址1軒が検出され、覆土中に厚さ20cmほどのハマグリ、ヤマトシジミ、シオフキを主体とする混土貝層が確認されている。また、その貝層の外側には、人骨も検出されている。

1980年代に入ると西ヶ原遺跡群内で本格的な発掘調査が頻繁に行われるよ

うになり、七社神社裏遺跡においても1990年代に入って2地点で発掘調査が実施されている（図6）（東京都北区教育委員会2002）。

(2) 第1地点（西ヶ原2-8-8地点）

　遺跡名称のとおり、七社神社境内の裏手の一角にあたる調査地点である。1992（平成4）年に約500㎡を対象に調査が実施された。縄文時代のほか、弥生時代以降の遺構も検出されている。縄文時代の遺構としては、中期の竪穴住居址3軒、後期の土坑2基が検出されている。検出された竪穴住居址は、いずれも残存状態が良くなく、第2号、第3号竪穴住居址については、辛うじて柱穴のみが検出されたことで認識されたものである。中期の第1号竪穴住居址および後期の土坑2基のうちの1基（第4号土坑）の覆土中において、貝層・貝ブロックが確認された。

　第1号竪穴住居址　第1号竪穴住居址は、本来の住居址の範囲の北側の大半が撹乱により失われており、規模等は不明である。調査では、覆土を計30層に分層しているが、上位の1～24層を貝層、下位の25～30層を自然堆積層と認識している。すなわち、住居廃絶後にある程度の自然堆積が進んだ後に、貝層が形成されたものと理解される（図7）。

図6　七社神社裏貝塚調査地点
神社の裏手が第1地点、西側が第2地点、東側には印刷局滝野川工場がある。

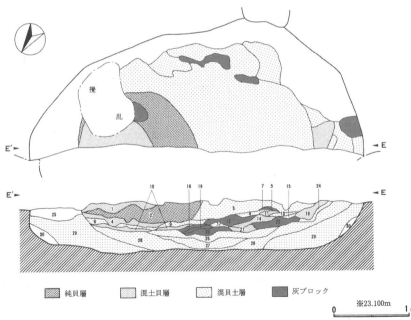

図7　七社神社裏貝塚第1地点第1号竪穴住居址内検出の貝層の写真（上）と実測図（下）

44　第Ⅰ章　都内貝塚の研究の歴史

貝層は、そのほとんどがヤマトシジミを主体としているのが特徴で、その他に灰層やハマグリ、マガキのブロックが確認されている。サンプル採取による分析では、貝類の組成の９割近くがヤマトシジミであり、次にマガキとマガキに伴うウネナシトマヤガイ、これにハマグリが若干入る程度である（図8）。貝類以外にも魚類や鳥獣類骨も含まれていたが、鳥獣類は魚類に比べると出土量は少ない。魚類は、主にウナギ、コイ科などの淡水域を中心に生息する種と、スズキ、クロダイ、ボラ科などの内湾を中心に生息する種の２グループによって構成されている。

　第１号竪穴住居址から出土した土器は、中期前半の勝坂式土器を主体としている。勝坂式でも終末期段階のものが多く、併行段階の阿玉台式土器も含まれている。また、土器片錘も多数出土している。土器以外には、石鏃、打製石斧、敲石、石皿等の石器、ハマグリ製の貝刃、獣骨を用いたヤス状刺突具なども出土している。

　第４号土坑　平面形が不整円形状を呈し、その上端部の径が83cm前後、確認面からの深さが203cmを測る土坑である。中位よりやや下のところには、オーバーハングする箇所もある。

　貝ブロックは上層において確認されており、ハマグリ、ヤマトシジミを主体としている（図9）。また最下層からは、堅果類の破片も出土している。第１号竪穴住居址同様、サンプル採取による分析が行われているが、貝類の組成ではハマグリが約６割を占めヤマトシジミに優っている点で、第１号竪穴住居址とは大きく異なっている（図8）。貝類以外では、魚骨においてはウナギが多くを

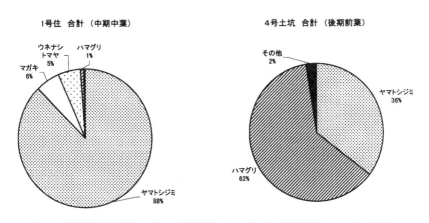

図8　七社神社裏貝塚第１地点の貝類組成　左：第１号竪穴住居址　右：第４号土坑

土層説明（AA'）
1. 貝ブロック（ハマグリ・ヤマトシジミ主体。）
2. 暗褐色土：締りなし。
3. 暗黄褐色土：締りなし。
4. 混貝土層：黒褐色土。ハマグリ・ヤマトシジミ主体。締りなし。
5. 暗黒褐色土：細かい破砕貝含む。締りあり。
6. 黒褐色土：締りなし。
7. 黒褐色土：ロームブロック（1〜2cm大）含む。締りなし。
8. 暗褐色土：締りあり。
9. 暗黒褐色土：細かい破砕貝含む。締りなし。
10. 混貝土層：暗褐色土。ハマグリ・ヤマトシジミ主体。炭化物含む。締りややあり。
11. 混貝土層：黒褐色土。ハマグリ・ヤマトシジミ主体。締りなし。
12. ロームブロック

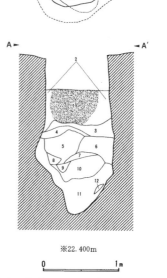

図9　七社神社裏貝塚第1地点第4号土坑検出の貝ブロックの写真と実測図

占めているのが特徴的であり、また獣骨においてはネズミなどの小獣骨が顕著である。

　出土した土器は、いずれも破片資料であり、その時期には幅がみられる。古いところでは、中期の五領ヶ台式土器、勝坂式土器なども含まれるが、後期の堀之内1式期の土器が出土しており、第4号土坑の時期はこれに位置付けられている。

(3) 第2地点（西ヶ原2-9-6地点）

　七社神社境内の西側に隣接する調査地点である。第1地点からは、わずかに50mほどしか離れていない。1997（平成9）年に177㎡を対象に調査が実施された。縄文時代の遺構として検出されたのは、第1号土坑のみである。貝層は検出されていない。

　第1号土坑は、古墳時代前期の第6号竪穴住居址の床下より検出されたものである。平面形は長軸78cm、短軸59cmの楕円状を呈し、確認面からの深さ

は 188cm を測り、上端径が小さい割にはかなり深く掘りこまれた土坑である。上層からは、10個体分の土器片が出土している。出土した土器はいずれも縄文時代後期の堀之内1式であり、第1地点第4号土坑と同時期ということになる。しかしこの第2地点第1号土坑では、貝層は検出されていない。また土器の出土状況や覆土の堆積状況から、これらの土器は人為的に埋め込まれたものと推測され、さらに土器が埋められた周囲や内部には、骨粉と思われる白色の粒子も観察されており、墓壙である可能性が高いという調査時の所見が述べられている。

5 西ヶ原農事試験場構内貝塚（御殿前遺跡）

(1) 遺跡の概要

　西ヶ原農事試験場構内貝塚は、現在の北区西ヶ原2丁目1番にある滝野川公園の位置にかつてあった西ヶ原農事試験場の構内に発見された貝塚である。しかし現在の遺跡地図上にはその遺跡名称はみられず、西ヶ原遺跡群内の御殿前遺跡の範囲に含まれることになる。

　西ヶ原の地に農商務省農事試験場が設置されたのは、1893（明治26）年4月のことである。坪井正五郎が西ヶ原貝塚の発掘調査を行ったのが1892（明治25）年12月であり、報告書である「西ヶ原貝塚探求報告　其一」を著したのがその翌年で、ちょうど時期が重なっている。そして冒頭にも触れたとおり、坪井は「西ヶ原貝塚探求報告　其一」のなかで「(西ヶ原貝塚の)東北の方二丁計にして農商務省養蚕試験所裏の貝塚あり」と述べている。「養蚕試験所」という名称の施設は実際には存在しなかったが、農事試験場の設置以前から西ヶ原には「農商務省農務局蚕業試験場」があり、坪井がその名称を誤って記したものとみられる。すなわち、「農商務省養蚕試験所裏の貝塚」は、西ヶ原農事試験場構内貝塚であると考えられるのである。

　以後も何人かの研究者が著述の中で、西ヶ原農事試験場構内貝塚の名称をとり挙げているが[3]、1982（昭和57）年に開始された農業技術研究所跡地における「御殿前遺跡」の発掘調査まで、本格的な発掘調査が実施されたことはなく、詳細は不明であった[4]。ただし、1940（昭和15）年4月1日に、小川栄一が西ヶ原貝塚と西ヶ原農事試験場構内貝塚を訪れ、農事試験場の東側に隣接する平塚神社のさらに東側を通る切通し断面部分を観察し、住居址と思われる竪穴状の遺構とその床面付近に貝類が集積している様子を図示によって記録している（領塚ほか 2010）。戦前における、貴重な調査記録といえよう。

　このように、縄文時代の貝塚として古くから知られた西ヶ原農事試験場構内貝塚であるが、もう一方で、明治期における「弥生式土器」研究に大きな

役割を果たした遺跡でもある。1902（明治35）年、大野雲外は「埴瓮土器に就て」（大野1902）のなかで、「（前略）其後二十六年頃西ヶ原農事試験所構内なる貝塚より発見せられし三箇の土器は正しく曩に弥生町貝塚より発見の土器と類似のものにて一種異様なれば之を呼ぶ名称に困却し教室に於て評議の結果町名を探って弥生式土器の仮名を下したる次第で有ります。」と記述している[5]。いわゆる「弥生式土器第1号」として知られる壺は、1884（明治17）年に向ヶ丘弥生町において有坂鉊蔵らによって発見されたものである。しかしその時点ではまだ「弥生式土器」という名称はなく、西ヶ原農事試験場が設置された1893（明治26）年に、農事試験場構内において、向ヶ丘弥生町で出土した土器に類似する3点の土器[6]が出土したことを契機として、最初の発見地の町名を採って「弥生式土器」と呼ばれるようになったのである（石川ほか2010）。

(2) 農業技術研究所跡地（御殿前遺跡）における発掘調査

「農業技術研究所」とは、1950（昭和25）年4月に農事試験場よりその名称が改められたものである。その農業技術研究所が1980（昭和55）年に筑波研究学園都市に移転し、その跡地利用に伴い、1982（昭和57）年より約13,000㎡を対象に発掘調査が開始された（東京都北区教育委員会1988）。遺跡名称は御殿前遺跡とされ、報告書等には「西ヶ原農事試験場構内貝塚」の名前は出てこないが、農業技術研究所が農事試験場より引き継がれた場所にあることから、西ヶ原農事試験場構内貝塚が御殿前遺跡の範囲に含まれることは確かなことである（図10）。ただし御殿前遺跡は、旧石器時代から近世に至るまでの複合遺跡であり、縄文時代の遺構ももちろん検出されてはいるが、むしろ古代の武蔵国豊島郡衙跡が確認された調査として広く知られている。また、先にも触れた「弥生式土器」という名称誕生に深く関わる遺跡であることを示すかのように、弥生時代後期の遺構も密度濃く検出されている。

縄文時代の遺構としては、前期の関山式期の住居址2軒、黒浜式期の住居址5軒、中期の加曽利E式期の住居址20軒、土坑12基、後期の称名寺式期の住居址1軒、堀之内式期の住居址2軒が検出されている。

これらの遺構のうち、中期の竪穴住居址であるSI035に重複し掘りこまれた直径50cmほどの土坑（Pit3）の覆土中において、貝ブロックが検出された（図11）。SI035は後世の撹乱によって大きく壊されており、全体の5分の1程度を残すのみで、出土遺物も少なく詳細は不明である。そこに貝ブロックを伴う土坑が掘りこまれ、さらにPit3と一部重複するように加曽利E3式の深鉢を埋設するピット（Pit2）が掘りこまれている。報告では、それぞれの遺構間での時期差は大きく離れてはいないとみており、貝ブロックを伴う土坑の時期も中期後半に位置付けている。

このように、かつての西ヶ原農事試験場の構内にあたる範囲、すなわち西ヶ原農事試験場構内貝塚を発掘調査したところ、貝塚に関わる遺構としては、貝ブロックを伴う土坑がわずかに1基検出されるに留まる結果となったわけである。調査範囲には、かつての農事試験場、あるいはそれを引き継いだ農業技術研究所によるとみられる撹乱部分も多くあり、それらによって失われてしまっ

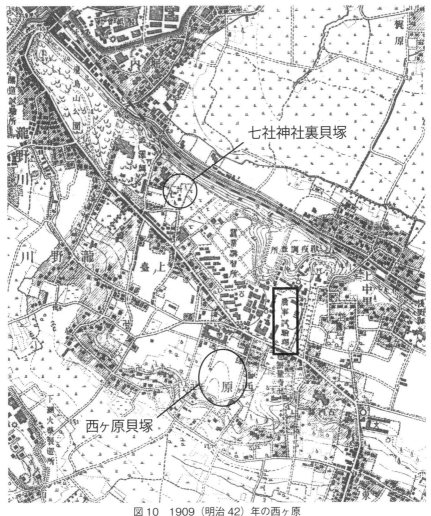

図10　1909（明治42）年の西ヶ原
現在の滝野川公園の位置に「農事試験場」（四角囲み）がある。

3　北区の貝塚（牛山英昭）　49

た遺構も少なくはなかったはずである。しかし、それにしても、明治期より文献上にたびたび名前が著される貝塚の調査としては、その結果は意外なものであったといえよう。この調査結果、および先に触れた小川栄一氏による記録を考えあわせるならば、西ヶ原農事試験場構内貝塚とは、遺構覆土に堆積する小規模な貝層・貝ブロックを伴う竪穴住居址や土坑等の遺構がいくつかあり、それらの一部が農事試験場構内において確認され、貝塚として認識されたものであったと推測されるのである。

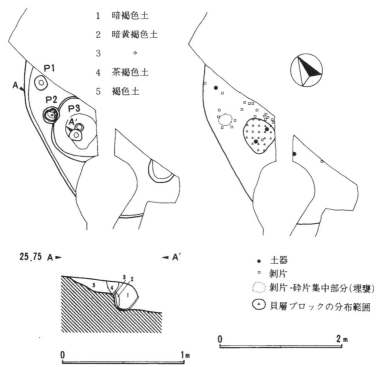

図11　御殿前遺跡 SI035 内検出の貝ブロックの写真と実測図

註
1) 近年の発掘調査によって、その存在が明らかになってきた貝塚もある。例えば、赤羽台1丁目、2丁目に所在する道合遺跡は、1993（平成5）年に実施された試掘調査によって発見された遺跡である。翌年に実施された本発掘調査において、後期の土坑覆土中に貝層が検出された（東京都北区教育委員会1995）。さらに赤羽台団地の建替事業に伴う発掘調査が2007（平成19）年より開始され、こちらでは前期の竪穴住居址の覆土中より貝層が検出されている（東京都埋蔵文化財センター2010）。
2) 若林勝邦が「下総武蔵相模ニ於ケル貝塚ノ分布」（若林1892）の地名表において、「北豊島郡西ヶ原村（山林局試験所ノ西北）」としたものも、七社神社裏貝塚である可能性が高い。
3) 「農事試験所」と記述されている例が多いが、正しい名称は「農事試験場」である。
4) 酒詰仲男が「（前略）最も本遺跡（西ヶ原貝塚：筆者補註）に接近した貝塚は、西ヶ原農事試験所内貝塚で、一部は内閣印刷局、一里塚附近にもわたっており、しばしば昌林寺貝塚（西ヶ原貝塚：筆者補註）と混同される」（酒詰1951）と記述しているように、西ヶ原貝塚と混同されることがあったようである。また、「印刷局、一里塚附近」の貝塚は七社神社裏貝塚であり、酒詰自身も西ヶ原農事試験場構内貝塚と七社神社裏貝塚を分けて理解することが出来ていなかったようである。
5) 大野雲外より先に八木奘三郎もこのことを記述しているが（八木1898）、土器の点数までは書かれていない。
6) 鳥居龍蔵『武蔵野及其有史以前』（鳥居1925）244ページの左側にある写真図版に、「北豊島郡西ヶ原農事試験所内（高一尺三寸）」と説明が付けられた弥生土器の壺の写真が掲載されている。大野が記述する「二十六年頃西ヶ原農事試験所構内なる貝塚より発見せられし三箇の土器」のうちの1点である可能性がある。

引用・参考文献
石川日出志・牛山英昭・宮川和也 2010「弥生式土器研究発足の舞台―西ヶ原遺跡群と田端村道灌山―」『日本考古学協会第76回総会　研究発表要旨』日本考古学協会
大野雲外 1902「埴瓮土器に就て」『東京人類学会雑誌』17―192、東京人類学会

酒詰仲男 1951「東京都西ヶ原昌林寺附近(飛鳥中学校附近)貝塚概報」『飛鳥の友』1

下村三四吉 1893「小豆澤紀行」『東京人類学会雑誌』8—85、東京人類学会

鈴木 尚 1934「東京市王子区上十條清水坂貝塚」『人類学雑誌』49—5、東京人類学会

坪井正五郎 1893「西ヶ原貝塚探求報告 其一」『東京人類学会雑誌』8—85、東京人類学会

東京都北区教育委員会 1988『御殿前遺跡』北区埋蔵文化財調査報告第4集

東京都北区教育委員会 1995『袋低地遺跡・道合遺跡』北区埋蔵文化財調査報告第17集

東京都北区教育委員会 2002『七社神社裏貝塚・西ヶ原貝塚Ⅲ・中里貝塚Ⅱ』北区埋蔵文化財調査報告第29集

東京都北区教育委員会 2005『区内遺跡発掘調査報告』北区埋蔵文化財調査報告第36集

東京都北区教育委員会 2010「平成20年度 区内遺跡本発掘調査・確認調査・試掘調査報告」『文化財研究紀要』第23集

東京都埋蔵文化財センター 2010『道合遺跡』東京都埋蔵文化財センター調査報告第247集

東北新幹線赤羽地区遺跡調査会 1992『袋低地遺跡』考古編

鳥居龍蔵 1925『武蔵野及其有史以前』磯部甲陽堂

平野 実・桜井泰仁編 1930『岩淵町郷土誌』(1979 歴史図書社より再刊)

蒔田鎗次郎 1902「弥生式土器と共に貝を発見せし事に就て」『東京人類学会雑誌』17—192、東京人類学会

明治大学文学部考古学研究室 1968『西ヶ原二丁目貝塚(大蔵省印刷局滝野川工場敷地内)緊急発掘調査概報』

八木奘三郎 1898「馬來形式の新遺物発見」『東京人類学会雑誌』13—145、東京人類学会

領塚正浩・松丸信治・小川貴司 2010「小川栄一が記録した戦前の千葉・東京の貝塚」『市立市川考古学博物館報』37、市立市川考古学博物館

若林勝邦 1892「下総武蔵相模ニ於ケル貝塚ノ分布」『東京人類学会雑誌』7—73、東京人類学会

第Ⅱ章　中里貝塚の発掘

「中里貝塚ヲ飛鳥山丘続キヨリ望ミタル図」
（佐藤・鳥居 1896 より）

1　浜辺の巨大貝塚を掘る

中 島 広 顕

はじめに

　白く積もった貝殻の山を形容して「雪の降りたるが如し」と江戸時代の地誌に記された中里貝塚は、第Ⅱ章で詳述されているように明治期に学界で最も注目された貝塚の一つであった。何故なら中里貝塚を巡って激しい議論が起こり、その性格の位置付けに決着がみられず、謎多き巨大貝塚といった評価が与えられたからに他ならない。議論の根本的な争点は、人為的な貝塚なのか自然貝層かという問題にあった。19世紀末に繰り広げられた活発な議論を最後に、中里貝塚を積極的に取り上げる研究はすっかり影を潜め、田園風景が広がっていた貝塚周辺も鉄道の操車場や駅の開設により市街化が進み、貝塚の存在すらも忘れ去られていった。

　時は経ち1980年代を迎えると再開発事業に伴う発掘調査が激増するに至り、中里貝塚への関心が否応なしに高まることとなった。その大きな転機は、東北新幹線上野乗入れ工事に伴う中里遺跡の大規模な発掘調査である。縄文時代の海岸線の検出や丸木舟の出土、自然科学分析による古環境復原など、多くの貴重な成果を得ることができたが、中里貝塚の再発見には至らなかった。また、筆者らが1990（平成2）年に行なった老人ホーム建設地点の事前調査でも貝塚本体には到達することはなかった。それから6年後、ついに中里貝塚本体にメスが入ることになる。ここでは中里貝塚の再考を迫る契機となった2地点の発掘調査について、述べることとする（図1A地点とB地点）。

1　世紀を超える再発見―1996（平成8）年の調査―

　東京都北区は、前述の老人ホーム建設地点から西側隣接地のA地点を公園用地として取得し、公園整備することを計画した。その準備工事に先立ち試掘調査を1996（平成8）年5月28・29日の2日間、実施することになった。

　28日初日、大量のハマグリとマガキの貝殻が出土したとの一報が入り、筆者は周辺で発見できなかった中里貝塚の本体に当たったのではないかと直感した。

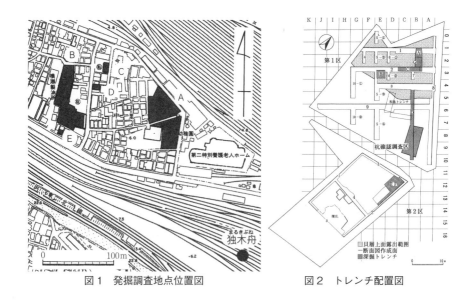

図1　発掘調査地点位置図　　　　図2　トレンチ配置図

翌日、異様な純貝層を目の当たりにして中里貝塚であることを確信し、7月24日から発掘調査を開始した。

(1) 発掘調査の概要

　調査区は東西に横断する道路を挟んで南北の2地区に分かれ、図2のように北側を第1区、南側を第2区とし、調査中に発見された杭を確認するための杭確認調査区（以下、杭区と呼ぶ）も新設した。

　第1区は、工事予定範囲の北側約500㎡について表土を除去して貝層を露出させ、範囲外にも表土からトレンチを入れて貝層の断面観察を行なうこととした。トレンチの掘削深度は湧水レベルまでとし、貝層上面から概ね1.5mほどの深さであった。トレンチ調査を基本としながらも貝層の層厚や堆積過程などを調査するため、随所に深掘りを敢行した。

　第2区は、縄文時代の遺物包含層に相当する灰褐色シルト層及び調査区北側で検出された貝層上面までを遺構確認面とした。工事予定深度は第1区よりも浅く、遺構の損壊は免れるのでそれ以上の掘下げは不要であったが、第1区の貝塚本体に接する重要な地点にあたることから灰褐色シルト層下の層序をトレンチ調査することとした。

　各トレンチは、第1区で試掘調査した時のトレンチの長軸を活かして4m四方のグリッドを任意に設定し、北から第1、第2、第3トレンチとトレンチ名

56　第Ⅱ章　中里貝塚の発掘

を付けた。さらにグリッドの軸に併せて直交するトレンチも随所に入れ、トレンチは第1区で長短10本を数えた。第2区は調査区外周部の排水側溝と兼用のトレンチである。そして、これらとは別に深掘トレンチと呼称するアルファベット表記のトレンチも調査の進展の中で加えられていった。

中里貝塚は低地に立地し、人工遺物が極端に少ない貝塚である。そこで発掘調査では貝塚の性格を究明するため、古環境復原と貝層の詳細を把握することに重点を置き、トレンチでの断面観察に加え自然科学分析を多用する調査方針を立てた。調査内容は、以下の目標に基づき土壌試料や貝試料などを採取した。

・貝層の形成年代ならびに遺構の構築年代の情報を得るための年代測定とテフラ分析を実施する。
・貝層及び第2区で検出された砂堆における堆積環境の変遷を詳らかにするため、珪藻及び貝類分析を行なう。
・古植生変遷に関しては、花粉分析、植物珪酸体分析、種実同定を行ない、周辺での分析結果も踏まえて貝塚形成前後の古植生変遷を検討する。また、炭化材や杭などの加工材の樹種も同定し、古植生の情報とする。
・採貝活動の実態究明に関する作業として、貝種の同定、計測、ハマグリの貝殻成長線分析による死亡季節推定を行なう。

分析試料の採取地点を図3に示した。貝塚部分では深掘トレンチの上層から下層へ隙間なく層位連続サンプルを採取し、50cm四方のコラムサンプルを任

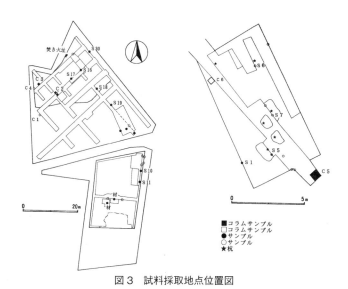

図3　試料採取地点位置図

意に設定して貝試料を層位毎に取上げている。最終的には採取量が膨大になり、全試料を分析することはできなかったが、試料を厳選して効率を図った。

　真夏の日差しを浴びながら始まった発掘調査は、表土掘削が進むと間もなく辺り一面に真っ白の貝層が姿を現した。トレンチを設定してハマグリとマガキの純貝層を掘下げ、湧水をポンプで排水しながら部分的に深掘りを進めていく。貝層上面から2m、3m、4mと下がっていくが貝層は依然として続く。深度4.5mでようやく洪積層の波食台に達した。1ヵ月以上に亘るトレンチ調査は、掘下げ・断面観察・記録作業の繰り返しであった。その間、多くの貝塚研究者が現場見学され、一様にこれまでの貝塚の常識を覆す発見という評価を下した。

　10月4日の新聞報道以後はマスコミ取材に追われ、現地説明会も開き3千人もの考古学ファンがつめかけた。11月13日には天皇皇后両陛下が行幸啓され、貝塚を熱心に見学された。こうして11月21日、発掘調査は終局を迎えたが、防火水槽新設工事に伴う調査（EFトレンチ地点）や杭列の確認調査が追加され、年が明けた1997（平成9）年2月6日に全ての調査が終了した。幸いにも貝層や遺構は現状保存が調査中に確定し、十分に養生して埋め戻されている。

(2) 貝塚の構造

　検出された貝層は、第1区の全域から第2区北側の範囲に亘った（図4）。第2区南側は砂堆を形成しており、台地寄りの砂堆部と縄文時代の海側に相当する貝層部の位置関係が明らかになった。

　第1区の貝層部は塚状の堆積を呈し、貝層上面の標高は＋4.3〜4.5m測るのに対して北側は＋3.5mと低く、比高差0.8〜1.0mの傾斜面を有している（図5）。南北幅約30〜40mの塚状の高まりは東西方向に延びると推定できる。

　砂堆部と貝層部が連なったA地点の南北に縦断する基本層序は、以下のとおりである（図6）。

　Ⅰ層は、生痕化石を多く含む海成層の東京層にあたる洪積層である。また、縄文海進による海食作用で武蔵野台地崖線が大きく削り出されて形成された波食台でもある。高度は標高0〜＋0.8mで検出され、砂堆側から北側へ緩やかに傾斜するが、帯状の高まりや窪地もあり一様ではない。

　Ⅱ層は、砂堆から杭列が発見された杭区にかけて観察できた砂層であり、杭区北側で層厚が薄くなり消滅する。砂堆側の波食台直上には、小円礫を含む砂礫が薄く堆積する。Ⅱ層〜Ⅳ層は主に砂堆側に堆積し、海側に傾斜して消える。

　Ⅲ層は、マガキ主体のシルト混じり貝層である。杭区のカキ殻は化石マガキ礁と判断され、波食台の窪地にはⅢ層相当のシルト層が堆積しており、現地性オオノガイ化石が検出されている。これらの層中の微化石分析や貝類分析の結

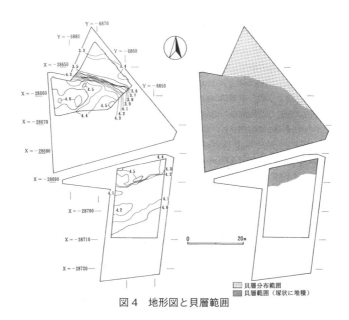

図4　地形図と貝層範囲

果、海水～汽水水域が想定できる。

　Ⅳ層は、暗灰色シルト層であり、砂堆側の第2区EFトレンチで最も厚く堆積し、杭区で層厚が薄くなる。直上には砂礫混じりでヤマトシジミが産出する層がみられ、本層堆積後は淡水域の影響が一時的にあったと考えられる。

図5　塚状に検出された貝塚

　Ⅴ層では、砂堆側の砂層やシルト層と貝層側が指交関係にあり、両者の堆積の進行状況も同時並行とみて同じ層位として大きく捉える。

　貝層は堆積順にⅤ-1層・Ⅴ-2層・Ⅴ-3層に分層でき、1層はマガキ以外の貝種をほとんど含まない層、2層はマガキ・ハマグリ混合層ないしはハマグリ主体層、3層はマガキ主体層である。これらは全体として砂堆側から北に向かって層厚を増し、当時の海側に向けて北下がりの傾斜を成して堆積する。

　また、標高＋3.5m付近を境に上下で堆積物や細部の堆積構造に顕著な相違

1　浜辺の巨大貝塚を掘る（中島広顕）　59

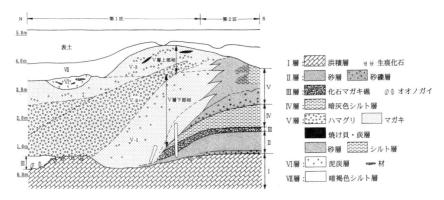

図6 基本層序模式図

表1 放射性炭素年代測定結果

試料名	性状	年代値	誤差 +	誤差 −	Lab. No.
S-30　材2	木材	2470	280	270	Pal-293
杭3	木材	4270	1410	1200	Pal-294
杭5	木材	4560	530	500	Pal-295
焚き火址　炭化材17	炭化材	3890	210	200	Pal-296
第1号木枠付土坑上部	木材	4430	410	390	Pal-297
S-1　1〜2	貝	4540	340	320	Pal-325
S-1　15〜20	貝	4590	220	210	Pal-326
S-1　36〜38	貝	4490	300	290	Pal-327
S-5　21〜22	貝	4560	430	410	Pal-328
S-11　12〜13	貝	4550	620	580	Pal-329
S-11　39	貝	4810	320	310	Pal-330
S-18　0	貝	3910	390	370	Pal-331
S-18　6	貝	3980	390	370	Pal-332
S-18　10〜11	貝	4080	270	260	Pal-333
S-18　25	貝	4640	770	700	Pal-334

注.　(1) 年代値：1,950年を基点とした値。
　　 (2) 誤差：測定誤差2σ（測定値の95％が入る範囲）を年代値
　　　　　に換算した値。
　　 (3) Pal：パリノ・サーヴェイ株式会社で測定。

が認められた。下部（＋3.5m以下）は貝混じりシルト層〜シルト混じり貝層から成り、堆積構造は海側に下がる斜交を示す。これに対し、ほぼ水平に堆積したシルト混じり貝層〜純貝層から成る上部（＋3.5m以上）は、下部よりもシルト分が少なく、マガキやハマグリ主体の純貝層中には破砕貝層、焼け貝、炭化物や灰の薄層が無数に挟まっている。このような相違に基づき、Ｖ層は「上部相」「下部相」に区分できる。さらに微化石分析や微小貝類分析の結果、下部相は潮間帯、上部相は潮上帯にそれぞれ堆積したものと推定された。この区分は堆積環境の違いによる層相の差を表すものであり、時間的な堆積序列とは合致しておらず、1〜3層の層序区分を横切ってほぼ水平に広がっている。

Ⅴ層の貝層の形成当初は、砂堆より北側に海水～汽水域が存在していたが、そこに貝殻が大量に投棄された結果、貝層が海側へ徐々に前進・拡大していったことがわかる。
　Ⅵ層は、第1区北側の低い貝層直上に堆積した植物化石層（泥炭層）で、材を含む。珪藻分析結果で淡水性種が優占し、河川など水流で貝層上面が浸食された可能性が高い。
　Ⅶ層は、旧耕作土の暗褐色シルト層で、下層とは不整合面を成している。
　貝層の形成年代については、放射性炭素年代測定により得られた結果から検討された（表1、試料採取地点は図3）。
　年代測定を行なった地点のうち、S5、S11、S18の各地点の最下位は、貝組成から自然貝層とみられ、約4,500～4,800年前の年代値が得られた[1]。それより上位の人為貝層の年代値は、S1は4,500年前後、S18は4,000年前後に収束しており、短期間に貝層が形成されたものと考えられる。また、S11でもⅤ層の砂層中の年代値が約4,500年前を示し、砂堆側では年代値がやや古く、海側では新しい傾向がみられた。
　このように年代測定からも人為貝層の形成は、砂堆の周りに貝殻が投棄されることによって開始し、海側に広がっていったことを物語っている。

(3) 木枠付土坑の発見

　中里貝塚の形成を解明するうえで不可欠な遺構が、砂堆中から発見された木枠付土坑である。その発見は偶然が重なったものであった。
　第2区では、撹乱を利用して設けた第4トレンチだけが調査区の真中を横断していた。調査も佳境に入っていた9月下旬、断面観察を進めているとトレンチの中央付近でⅤ層下部の砂礫層中に材が挟まっているのを確認した。材を調べるためサブトレンチを入れ調査を進めたが、台風シーズンを迎え何度か風雨にさらされ作業を中断した。台風が過ぎ去った朝、現場を見ると第4トレンチの断面が大きく抉られるように崩落していた。次の瞬間、誰もが目を疑った。抉られた底からマガキや複数の材、種子が出土していたのである。これが木枠付土坑第一発見の経緯である。急ぎ遺構の広がりを確認するため、トレンチ南側に拡張区を設け、掘下げていった。
　土坑上部から多量の材や種子が検出され、下部からは材の他に焼礫やマガキの貝ブロックが伴出した（図7・8）。土坑の大きさは、長軸1.3～1.7m、短軸1.2～1.3mを測り、下底面はシルト層でその下は砂礫層である。下部出土材には土坑の外縁部で原位置を留めるものがみられ、その検出状況から材は土坑に伴う木枠ではないかと推定された。そして木枠内には樹皮や炭化物などの薄い有機物層が認められ、焼礫21点と貝ブロックが収まる。上部にも樹皮や小枝、

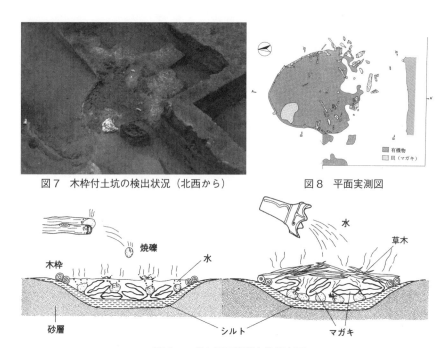

図7　木枠付土坑の検出状況（北西から）　　図8　平面実測図

図9　マガキ加工処理方法想定図

炭化材が出土したが、土器は皆無であった。上部出土材の年代測定結果は、約4,430年前の測定値が得られ、付近から出土した阿玉台式土器の年代とも齟齬はない。

　木枠付土坑と命名された遺構は、浜辺の窪地を利用してそこに堆積したシルト層上に設けた特殊な施設であった。すなわちそれはマガキの身を取り出すための貝の口を容易に開ける装置だったのである。その使用方法には次の二通りが考えられた（図9）。

　一つは貝を茹でるストーンボイリングの方法である。水を張った中にマガキを入れ、そこへ焼礫を投入して沸騰させ、口を開ける方法である。もう一つは蒸し焼きで、焼石の上にマガキを置き、水をかけて蒸気が上がる時に草木で蓋をするか、蓋をすれば水をかけなくても十分かもしれない。どちらかと言えば蒸し焼き方法の方が有力であろう。いずれにしてもこの方法であれば土器を用いるより多量のマガキを処理することができる。しかも貝処理施設であった木枠付土坑は、追加確認調査でさらに1基検出され、砂堆中には同様の遺構が無数に存在していることも想像に難くない。

第2区の発掘調査はトレンチ調査を除き、砂堆を掘下げる平面発掘は必要なかったが、台風の悪戯か思わぬ発見をもたらすことになった。

(4) 巨大貝塚の性格

　貝塚本体の貝層は、トレンチ調査で層厚や層序が詳細に記録化された。層厚は、波食台まで深掘りしたBトレンチやDトレンチで測定された4.3～4.5mを最大厚とし、塚状に遺存する貝層は随所に4.0m前後の層厚を保っていた（図10）。貝層は杭区で層厚が4.0～2.0mへ急激に薄くなり、砂堆側と指交関係になって徐々に減少していく（図11）。また、層序関係から廃棄された貝種の変遷も明らかになった。3層に分けられた貝層の下層（基本層序Ｖ-1層）はマガキ主体層であり、貝塚形成の前半段階は専らマガキを採取していたことがわかる。次の中層（Ｖ-2層）では大粒のハマグリ純貝層やハマグリ・マガキの互層が際立ち、ハマグリの出土頻度が圧倒的に増す。最終段階の上層（Ｖ-3層）ではハマグリの純貝層を覆うように再びマガキが廃棄されていた。

　続いて、出土した縄文土器片は総数81点を数えたが、この出土量はやはり従来から指摘されているように少ない。しかも貝層中からは勝坂式土器3点しか出土していない。新幹線関連調査の中里遺跡地点では中期後半を中心に大量の縄文土器が出土し、台地直下での活発な活動を想像させた。一方で至近のＡ地点では、様相がすっかり異なるのである。この難題を解く遺構が偶然にも発見された木枠付土坑であり、砂堆や貝層のＶ層上部相で確認できた無数の焚火跡である。それらは貝の身を取り出すことに特化し、何より土器を使わず効率的に処理することを優先した。縄文土器の出土量の低さは、これらの遺構の存在に起因するものと結論付けた。

図10　最大厚4.5mの貝層　　　図11　坑区貝層堆積状況（南西から）

中里貝塚は、貝の採集→貝の加工処理→貝殻の廃棄という作業工程が浜辺で繰り返し行なわれた結果、形成された巨大貝塚である。それは生息環境の異なるマガキとハマグリの2種類のみ採集され、浜辺に水揚げして木枠付土坑や焚火で貝を剥き身に処理し、貝殻を浜辺前方の海岸線に投棄するといった一連の光景である。剥き身は天日干しにして干し貝に加工されたのかもしれない。始めはマガキの貝殻を海中投棄していたが、やがて貝殻で海岸線は埋め立てられ陸化していくことになる。V層上部相の焚火跡は、陸化した貝層上に残された活動痕跡であり、加工処理の作業場も海側に移動していることを示唆している。

　中里貝塚の貝の埋蔵量は、異常なほど膨大である。台地上には七社神社裏貝塚や御殿前遺跡、西ヶ原貝塚の縄文時代中期後半の集落が所在するが、その集団だけで自家消費する量とは考えにくい。つまり、自家消費以外の目的で貝を採集し、加工したことになる。それも大粒のハマグリは規格性が高く、特定の集団が関わることで生産できたものであろう。ここから先は推論の域を出ないが、加工された干し貝は石神井川上流域など武蔵野台地内陸部の中期集落に交易物資として供給されたのではないかと推測するに及んだのである。

　発掘調査が行なわれた1996（平成8）年は、中里貝塚を大きく取り上げた佐藤傳蔵・鳥居龍蔵が『東京人類学雑誌』に3度報告した最後の年から奇しくも100年目にあたり、それは世紀を超えて実現した歴史的な発掘調査であったと言える。また、1958（昭和33）年に和島誠一が戦後唯一、貝塚本体にメスを入れた調査トレンチを第1区で発見し、同じ地点を発掘調査したことも歴史の妙を感じずには要られない（図2中の和島トレンチ）。

　このように明治期に決着がみられなかった巨大貝塚の性格は、海岸線沿いの砂堆から汀線下に営まれた貝類加工専用の作業場とその廃棄場であり、すなわち縄文時代中期後半に形成された人工の貝塚であると解明されたのである。

2　広がる貝塚の範囲—1999（平成11）年の調査—

　大型を飛び越え巨大と称される中里貝塚の規模はどれくらいなのか。明治期には畑地に散る貝殻の散布を目視できた貝塚の様子も今は知る由もないが、その分布範囲は古地図や文献から東西1.0km以上に亘ると推定されている。

　1999（平成11）年、貝層の広がりを知るうえで又と無い重要な発掘調査の機会を得た。調査地点は、A地点から西側に100m以上も離れたB地点である。

(1) 貝層とその年代

　L字形を呈する敷地の南側650㎡を調査区として表土掘削を始めると、表土は0.5mほどで浅く、間もなく貝層が全面に現れた。貝層には6本のトレンチを入れて波食台まで深掘りし、貝や土壌の自然科学分析試料を11地点でサン

プル採取した（図12）。ま
た、調査区外の北側には、
範囲確認用トレンチを設け
て貝層検出後、5m間隔で
12地点のボーリング調査を
実施し柱状図を作成した。
これにより各地点の柱状図
を対比することで、南北
100m間の層序関係を把握
することができた（図13）。
なお、層位名の前に付した
BはA地点の基本層序と混
同を避けるための便宜的な
ものである。

 B地点における貝層は、
BⅡ層とBⅣa層、BⅣb層、
BⅣd層である。BⅡ層はA
地点Ⅲ層相当の化石マガキ
礁で、7トレンチでのみ確
認された波食台直上に堆積
する自然貝層である。ボー

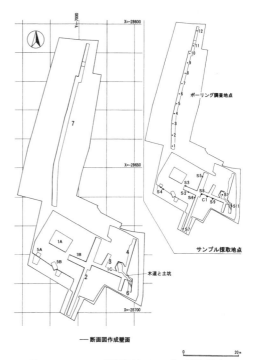

図12　トレンチ配置図とサンプル採取地点

リング調査第4地点採取のマガキは、約4,500年前の年代測定値を示している。
A地点Ⅴ層に相当するBⅣ層は、BⅣc層の暗灰色シルト層を除きマガキ主体
の人為貝層から成る。BⅣa層は1Cトレンチや2トレンチ南側、4・6トレン
チの調査区東側に分布し、いずれも波食台上に堆積する砂質シルトや砂礫混じ
りの貝層で、ヤマトシジミやハマグリの薄層の他に多くの有機物や土器片が含
まれる（図14）。年代は地点別に約4,760年前（S11-AMS）[2]、4,610年前（S7）、
4,480年前（S11）、4,460年前（S6）の各数値が得られている。2トレンチ南側
でBⅣa層上に厚く堆積するBⅣb層は北側に向けて層厚を減じて終息し、直
上にはBⅣc層が被さる。本層も調査区東側に集中する。年代は、約4,500年
前（S7）、4,370年前（S11）の測定値であった。BⅣd層は調査区全域に分布し、
上層部には破砕マガキ層やハマグリ主体層を包含する。2トレンチではS6と
S7の中間辺りから堆積し始め、7トレンチ第1地点で層厚が2.0mに達し、北
側にかけて徐々に薄くなっていく。年代は、約4,460～4,150年前の幅に収まる
各測定値が出ている。

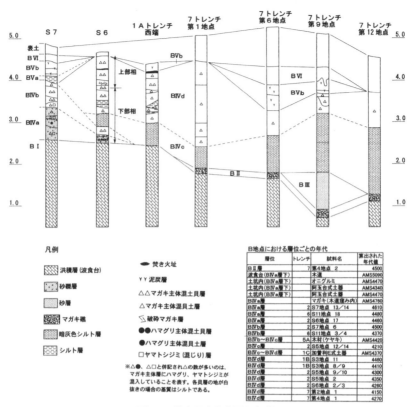

図13 基本層序柱状図と年代

図14 1Cトレンチ貝層断面

貝層の堆積構造は、北側に下がる斜交構造を呈し、海側に投棄している様子が看取できる。また、標高＋3.5m付近を境にA地点同様、貝層を上部相と下部相に区分できる。上部相の貝層中に破砕貝層や焚火跡などの薄層が無数に挟まる点も共通している。相違点は、A地点より相対的にハマグリが少なく層厚が薄いことを指摘しておく。

(2) 海岸での活動

　B地点にはA地点で検出された砂堆部はなく、波食台の高度は最大2.0m近くもA地点より高い。崖線の至近に位置するためと考えられるが、調査区南東側の標高＋2.5mを測る波食台上から興味深い遺構が発見された。遺構はBⅣa層のマガキ主体貝層下から出土した木道と土坑である（図15・16）。

　木道は、1本の丸木が半裁された状態で、波食台に形成された窪みの中にすっぽり収まるように出土した。材は南東から北西方向に枝から根まで残存し、半裁された面を上に向けていた。樹種は

図15　木道と土坑の検出状況（南東から）

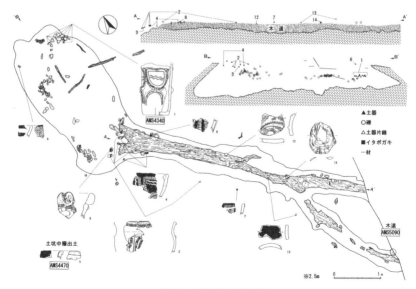

図16　遺物出土状況図

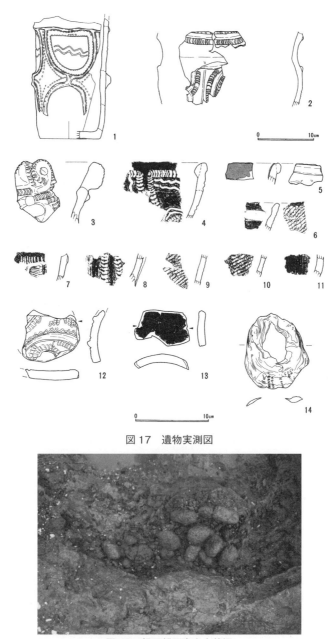

図17 遺物実測図

図18 軽石凝灰岩出土状況

68 第Ⅱ章 中里貝塚の発掘

コナラ亜属で樹皮も残っており、6.5mを測る材は調査区外にさらに延びるとみられる。上面のレベルはほぼ平坦で、一部に加工痕を確認できた。

　土坑は、木道の根に接して波食台を楕円形に掘り込んで造られ、規模は南北方向の長軸が3.2m、短軸1.7m、最深0.5mを測る。土坑内の覆土は上層にマガキ主体の混貝土層、中層がマガキを含む混貝砂礫層であったが、凹凸が激しく不分明な底面のため下層とした灰色シルト層は波食台の地山を掘下げてしまった可能性がある。

　この木道と土坑からは、縄文土器13点、土器片錘2点、イタボガキ1点、加工材5点（木道含む）、石器2点、多量の礫が出土している。

　図17のように、縄文土器は1・5の阿玉台式、2～4・7・8及び土器片錘の12・13が勝坂式とみられ、1～6・9～11が土坑内出土である。また、2・4は土坑内と木道側出土資料の接合関係が認められ、土器片錘は木道側に偏在していた。14は貝殻の中央に孔が開いているイタボガキで、木道上から出土した。礫は総数313点を数え、300点は土坑内に集中していた。土坑内出土礫の石材組成は49％が砂岩、次いで87点出土の軽石凝灰岩が29％を占めた。

　この軽石凝灰岩は、①周辺の波食台上からは出土しない、②特異な形状のものが多く自然作用による可能性が低い、③石材及び同質の石製品が周辺の遺跡にみられない、といった点から人間の手によって土坑内に持ち込まれた人工遺物であると判断した（図18）。その特徴は、明瞭な加工痕や使用痕、被熱痕は認められず、丸味を帯びた棒状や球状などの形状を呈し、ゴツゴツした表面には凹凸が顕著でサイズは大小さまざまであるが、重量は他の石材に比べ圧倒的に軽い。重量の計測結果では、90g以下が80％近くを占めていた。

　この他に土坑内から、材（炭化材を含む）やオニグルミなどの種子、トビエイ・メジロザメ・イヌの歯が出土している。人為的に割られたとみられるオニグルミの年代測定値は約4,470年前（AMS）を示し、阿玉台式土器の測定値とも差異はなかった。また、メジロザメの歯とイヌの犬歯が2点ずつという取り合わせは自然の遺骸とは考えにくく、他の部位がみられないことからも単なる食糧残滓とも考えられない。これらの歯だけが何らかの（呪術的な？）意図をもって土坑内に持ち込まれたものと推測される。

　このように出土遺物からも木道と土坑は有機的な関係にあり、同時期に利用された遺構と捉えられよう。木道には、土坑までの通路としての足場の確保や目印であった機能を想定できる。材は約5,090年前（AMS）と出土遺物より古い年代値を示したが、古木を使用したこともあり得る。ただし、自生していた木の倒木の可能性は、出土位置が潮間帯上部のアシ原湿地に相当することからも低い。

図19　貝層中土器出土状況　　　　図20　土器実測図

　しかし、多量の軽石凝灰岩の使用目的、サメやイヌの歯の意味、など不明な点が多かった土坑の用途については特定できなかった。なお、土坑内部の貝類分析から土坑は、干潮時でも海水が残る潮だまりであったとみられる。いずれにしても海水が浸入する海岸で、縄文人が何らかの活動を行なっていたことは間違いない。

　最後に、貝層中から初めて縄文土器の個体資料が出土したことについて触れておこう。出土位置は1CトレンチのBⅣc層直上（標高＋3.2m）であった（図19）。土器は器高27.7cm、底径8.6cmを測る深鉢形土器で、内外面に炭化物の付着が激しく、約4,370年前（AMS）の年代測定値が得られた（図20）。加曽利E式でも古段階に位置付けられ、貝層の形成年代を知る上でも重要な資料となった。

註
1) 同位体効果による補正や暦年較正が一般化する前の結果であるため、補正は行なわれていない。
2) AMS（加速器質量分析計）法による年代測定値は年代（AMS）と表記する。

引用・参考文献
未詳　書写年不明『江戸志』
中里遺跡調査団編 1989『中里遺跡4　―遺物Ⅰ―』
東京都北区教育委員会編 2000『中里貝塚』
東京都北区教育委員会編 2002『七社神社裏貝塚　西ヶ原貝塚Ⅲ　中里貝塚Ⅱ』

2 中里遺跡の発掘（新幹線部分）

古泉　弘

1 東北新幹線建設に伴う中里遺跡の発掘調査

　JR京浜東北線の上中里駅付近から田端駅の先まで、約2.1km、最大幅220mほどにわたって細長く延びる遺跡が中里遺跡である。この中の一角に史跡「中里貝塚」指定地が位置する。中里遺跡は崖線に沿う低地遺跡であるが、細長いなりに中央部が幅を広げているのは、埋没波蝕台に由来する微高地上に位置しているためで、この微高地が旧国鉄用地として選択されたものと思われる。上中里駅より西側には埋没谷が入り込み、飛鳥山下を中心とする微高地とを分けている。一帯は、現在はJR用地で、東北新幹線の高架線路、仕業庫、車両基地などになっている。中里貝塚の発見以降は、北部に接する民有地なども遺跡範囲に取り込まれ、拡張されている。

　東北新幹線は、現在は東京、新青森間を結んでいるが、開業当時は大宮、盛岡間を運転していた。上りを上野駅まで延伸する計画が決定されたとき、当該地は遺跡として未登載であったが、付近には学史上名高い中里貝塚の存在が知られていたことから、何らかの事前の対応が必要とされた。ただ、建設工事が待ったなしで開始されたため、前倒しで先行調査を行う傍ら、調査会の設立を準備し、1983（昭和58）年6月に本格調査を開始、翌1984年10月に、長さにして約1.1km、24,000㎡の発掘を終了させるという慌しい工程であった。

　調査区主要部の大半が、工事と立体的に競合したため、工事作業ヤードの下で電灯に頼りつつ、細切れに発掘を進行せざるを得ない劣悪な環境下での調査であった。報告書としてみると何でもないことが、現場作業中は全体が見えないことや、さまざまな障害・規制があって困難を極めた調査であった。

　発掘調査の結果、遺跡は縄文時代前期から近代に至るまで断続的に続いており、長期間にわたる複合遺跡であることが判明した。特に縄文時代前期から後期中葉、弥生時代後期から古墳時代初頭、奈良・平安時代、中世、さらに近世以降に、それぞれまとまりがみられる。ただし、遺跡の広がりと比べて遺構の数はそれほど多くはなく、この遺跡の特殊性を物語っている。

低地遺跡という性格上、自然科学分野の調査を重視し、総括的な地質をはじめ、火山灰、堆積物、古地磁気、珪藻、有孔虫、貝類、生痕化石、脊椎動物遺体、昆虫遺体、プラント・オパール、植物遺体、硫黄分析、油脂分析といった多項目の調査・分析を行うこととした。調査の最大の成果は、こうした分析を通して縄文時代の環境を知る大きな手がかりが得られたことであるが、そのほかにもいくつかの特記すべき成果をあげることができた。

2　遺跡の概要

(1) 平面的にみた概観（図1）

　中里遺跡は、地形上は武蔵野台地の東端を構成する本郷台の直下、現在の標高約6mの微高地上に位置する。出土した遺物は、時期的には旧石器時代から近代まで、きわめて長期間にわたる。しかし、旧石器時代および縄文時代早期の遺物は、台地上から崩落した二次的堆積物に含まれ、遺跡地における人類活動を直接に示す資料ではなく、本来は台地上の人類活動の所産である。

　このことは、縄文時代中期以降、古墳時代に至る遺物の一部にも共通する。つまり、縄文海進によって形成された波食崖は不安定で、その後の海退期間中も、絶えず小規模な崩壊を続けていたことが、崖線直下の二次堆積層から観察されたのである。この二次堆積層は、泥炭層中にもしばしば流入していることが確認された。こうした二次堆積を除いた、中里遺跡における人類活動と直接関わる遺物は、ほぼ縄文海進極相期の状態を示す、沖積層の基底をなす波食台直上の礫層中から出土した諸磯式土器を初源とする。

　縄文時代中期以前には砂堆が形成される。砂層の広がりは、現在の微高地とほぼ一致するとみられる。砂層の上部からは、縄文時代中期初頭の土器が比較的まとまって出土している。この層からは初めて遺構も出現する。2基の集積遺構である。また、地点が離れているが、同層準からは、きわめて遺存状態の良好な丸木舟が出土した。ほぼ同時期とみられる汀線付近には、マガキ・ハマグリを主体とした貝層の広がりがみられた。この汀線の状態は、特にE地区において良好に確認された。

　縄文時代中期以降後晩期にかけて、調査区北部において泥炭層が発達した。特にC地区、I地区付近では泥炭層上部に多量の木材遺体を含んでおり、それらの木材遺体の多くが原位置を保っており、根材も多く認められて埋没林の状態を示しており、当時の森林の様子をとどめる貴重な発掘例となった（図2）。

　木材遺体から復原される後晩期の森林は、低地部から崖下にかけてはトネリコ類を主体としてカエデ類やムクノキ、トチノキなどをまじえた落葉性の森林が、崖の斜面から台地上にかけてはムクノキやエノキ類、クリなどの落葉広葉

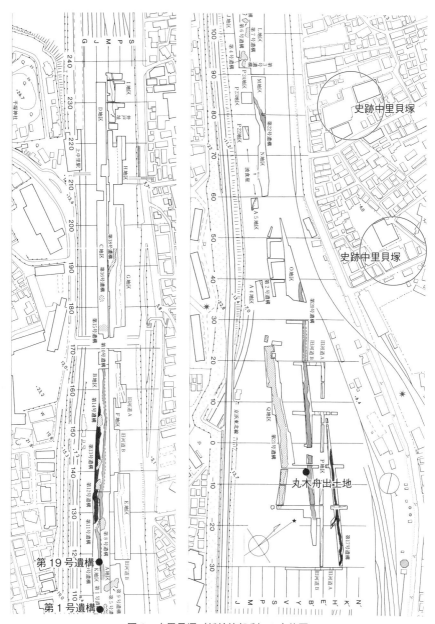

図1　中里貝塚（新幹線部分）の全体図

図2 I地区木材遺体出土状況
（東京都教育委員会所蔵）

樹にカヤやスダジイ、タブノキなどの照葉樹林を構成する常緑樹がまじった森林が生育していた。さらにイヌガヤやモミ類、スギなどの針葉樹がまばらに混在している。花粉や大型植物遺体など、その他の植物遺体の分析結果もおおむねこれに沿っており、豊かな林相といえるようである。

　C地区からは、トチノキの大木が横たわった状態で検出されたが、その周囲には多量のトチの実が散乱していた。当然、崖下の湿潤な環境に生育するトチノキの実やその他の種子・果実類は食用に利用されたと想像されるが、同時期には土器片錘も多く出土していることから、後晩期にいたっても、低地での生業活動は多様な形で続けられていたものと考えられる。

　弥生時代から古墳時代にかけての遺構は、微高地上の崖線に沿って発達している。ここには弥生時代終末期から古墳時代前期の溝址、および古墳時代後期の溝址が並行して走行している。また、G地区からは弥生時代中後期の溝址が検出された。

　崖線直下には、奈良・平安時代の遺構群が連続している。この遺構群は、不定形な土坑状の落ち込み中に、木材をもって人工的な構築物を設けた遺構および枝材を包含した遺構と、数条の溝跡とからなっている。これらの遺構群出土もしくは同時期の遺物には墨書土器がみられる。特に「曹司」「豊」「治」「大家」の墨書や、即天文字の墨書は、文字は不明ながら木簡の出土とともに、台地上に近接する豊島郡衙との関係を強く示唆する。

(2) 層序からみた概観（図3）

　沖積層の基底となる青灰色シルト層は、上部東京層および赤羽砂礫層に対比される。波食台を形成する青灰色シルト層上には、礫層（B1層）が堆積する。B1層中からは数片の諸磯式土器が出土したことから、B1層は縄文時代前期の堆積層とみなされる。

　B1層上には、砂層（B2層）が堆積する。この砂層は、部分的に五領ヶ台式土器を包含しており、おおむね縄文時代中期に対比される。B2層はC地区・F地区の175ライン付近では崖線付近まで後退し、その両側の微高地に伴って発達する。調査地域では、90ラインより南東では全域に堆積している。

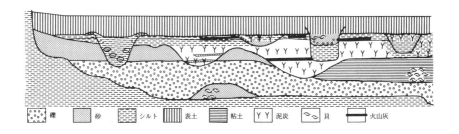

時代			土器型式	地層		備考
沖積世	近世・近代			盛土		
				旧河道堆積物 旧表土	F	砂、砂礫、粘土、シルト層主体；上部に礫を、下部に極細〜細粒砂塊φ0.5〜3cmを含む、砂分は極細〜中粒砂、礫φ0.5〜10cm、シルト塊φ0.5〜40cm、ローム塊φ1〜2cm、粘土塊φ5〜8cm、炭化物を含み粘性がある、酸化鉄を含む、旧表土は無層理、旧河道の底には中粒砂、礫φ2〜5cmを含む、淡水成、弱アルカリ、流水性、ハマグリ、マガキ、イシガイ、タニシ
	平安 奈良		鬼高	シルト層	E	溝埋め堆積物、泥質主体；木材を伴う、B地区でラミナが発達する砂礫層
	古墳			泥炭・シルト層	D	溝埋め堆積物、シルト、泥炭、砂層主体；砂分は細粒砂、細礫まじり、木片、植物繊維（草本が多い）を含み泥炭質、淡水成、弱アルカリ、止水性、水深が深い、水田があった可能性が高い
	縄文世	晩期・後期 中期 前期	称名寺 加曽利E 勝坂 五領ヶ台 諸磯	泥炭層 第3 Na-3 第2 Na-2 浅間火山のD-1に対比 第1 Na-1 湯舟第一スコリアS-10, S-11	C	泥炭、シルト層主体、I地区では砂礫、砂質シルト層主体に変わる；砂分は極細〜中粒砂、礫φ1〜4cm、シルト層φ0.5〜1cm、粘土塊を含む、木本質泥炭（ケヤキ、ムクノキ、クワ属、アカメガシワ）を含み無層理、粘性があり淡水成、弱アルカリ〜中性、止水性、水深がほとんどない湿地、地滑り性の堆積物、埋没林、地球磁場が不安定な時期
				粘土層	B3	部分的にシルト、粘質、砂質シルト層に変わる；砂分は極細〜中粒砂、炭化物を含み粘性があり、貝（マガキ、ウネナシトマヤガイ）を含む、上部はシルトが強い、淡水の影響もある内湾の湾奥部の汽水
				砂層	B2	砂分は細〜粗粒砂、礫φ2〜8cmを含む、上部はシルトが強い、海浜性？ハマグリ、マガキ、生痕化石、丸木舟
				礫層	B1	砂礫、礫層主体；砂分は細〜粗粒砂、礫φ1〜15cm、荒川？より供給の中古生層起源のチャート・砂岩・頁岩、流れのある海岸、淡水〜海水域
		早期・草創期		砂層	A	海成堆積物、生痕化石
洪積世	下末吉期			青灰色シルト層 砂礫層 ND-2 ND-1		海成堆積物、東京層上部、赤羽砂礫層に対比、貝層（マガキ、ウネナシトマヤガイ）は田端又は王子貝層相当

図3　模式断面と層序表

一方、B2層上の海寄りには、青灰色粘土層（B3層）が堆積する。B3層は海成の堆積物で、マガキ・ハマグリを主とする貝層を内包している。時期はB2層とほぼ同時期の縄文時代中期に比定される。人工遺物は包含しない。
　B層上には泥炭層（C層）が堆積する。この泥炭層は、調査地区内では125ライン付近から北西にみられ、ことに微高地が後退したC・F地区の175ライン付近で最も発達している。地質学上の所見では3層に細分されている。部分的には、非常に良好な状態で樹木化石の堆積をみることができた。
　出土遺物も比較的多く、縄文時代中期の加曽利E式および勝坂式土器が目立つ。しかし堀ノ内式土器をはじめ称名寺式・安行式などの後晩期の土器も少なくない。しかも時期別の出土状況が必ずしも整然とした上下関係にないことから、泥炭層中に数枚にわたって介在する台地上からの崩落土の存在を考慮する必要がある。崖斜面の崩落は埋没林の形成にも関わっていたとみられる。こうした点からみて、C層の年代は縄文時代中期に始まり、後晩期を主体とする時期に比定される。
　C層の台地寄りの高位部分では、B2層上に黄褐色を呈する粘土質シルト層が堆積する。これは層位的には泥炭層と一連の堆積物と考えられている。包含されている遺物はほとんどなく、B地区において下部から勝坂式期の土器が1点出土した程度であった。
　A〜C層より上位の堆積状況は、地域によって非常に異なっている。D層は古墳時代後期に比定されるシルト層、E層はA〜C地区に連続する奈良時代から平安時代に残された遺構の埋積土である。この上部の台地寄りでは、関東ロームや青灰色シルトが互層になった二次堆積物が認められる。崖線もしくは台地上から供給された崩落土である。おおよそ100ラインより北西の上部は、近世・近代の表土であるF層に覆われている。さらに調査地域全面の最上部は、砂利を主体とする厚い盛土層によって完全に覆われている。これは鉄道敷設のための盛土とみなされている。

3　縄文時代中期の遺構

(1) 集石遺構（図4）

　2基の集石遺構は、いずれも標高5m前後の黄褐色砂層（B2層）上部に掘り込まれている。椀形の掘り込み中に、礫が充填されているが、第1号遺構は密集度が高いのに対し、第19号遺構はやや散漫である。礫は直径5cm程度の大きさで、円磨度が進み、火を受けて酸化している。いずれも伴出遺物はないが、B2層上部は五領ヶ台式土器を含むため、中期初頭に比定される。

(2) 縄文時代中期の貝層

 遺跡からは、複数の層準から多種類の貝類が出土しているが、そのうち注目されるのは、B2層およびB3層中の縄文貝層である。B2砂層中の貝層はハマグリが70％以上を占め、マガキ、ヤマトシジミを共産する。このハマグリ優先貝層は以下の理由により人為的選択圧のもとで、ある程度の運搬作用を受けて堆積したものとみられている。①ハマグリ優先でマガキ、ヤマトシジミなどの湾奥部かつ汽水性種と自然の環境下で共生することはなく、運搬作用により、どちらかが異地性として混合した場合でも不自然である。②摩滅の少ない保存良好なハマグリが多い。③ハマグリの大きさにばらつきが少ない。

 その後に堆積したB3粘土層中の貝層は、マガキ、ウネナシトマヤガイ、カワザンショウガイ、ヤマトシジミなどから構成される。特にマガキ、ウネナシトマヤガイが卓越し、湾奥部に自然のカキ礁が形成されたことを物語っている。

 このようにB2砂層中のハマグリ優先層は、人為的影響の下に形成されたとみなされるが、そのハマグリの殻長の頻度分布は4～6cmに集中し、最小殻長でも3cm以下は希少であるとの結果が得られている（真野1987）。

 縄文貝層の堆積は、E地区で最も良好な状態で観察された。E地区は発掘対

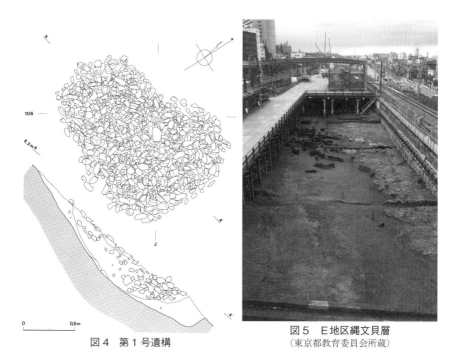

図4　第1号遺構

図5　E地区縄文貝層
（東京都教育委員会所蔵）

象地域のうち、北部から中央部にかけての中では最も海側に近くまで調査を行った地区である。ここではB1礫層の上面が北、すなわち海側に傾斜しており、汀線に沿った形での貝層の堆積が認められた（図5）。

(3) 丸木舟（図6）

丸木舟はP地区の砂層中から出土した。ほぼ正位、舳を北東の方向に向けていた。共伴遺物はないが、B2砂層に完全に埋没していたことから、縄文時代中期以前の産と考えられる。出土状況はきわめて良好で、後方の両舷、艫の一部に欠失箇所があるほか、舳の先端、右舷の端にわずかな欠損がみられる程度であった。全長579cm、最大幅72cm、最大内深は中央部で42cm、船体の厚さは舷の上端で2cm、船底部で約5cmを測る。

丸木の中心部分を残して縦割りしたのち成形されているが、舷は内湾し、また薄く、きわめて精巧に作出されている。清水順三の古典的な断面分類では「C：半円特殊形」に該当することになる（清水1975）。舷の端部をはじめ随所に炭化した痕跡が残っており、製作に当たっては抉りを容易にし、かつ耐久性を高めるために焼きながら作業を行ったと推定される。国内外の民俗・民族例に、船体を焙ることによって舷を広げる工法が知られているが、本例の炭化痕跡は外面には顕著でないため、この工法が採用されたとする証左はない。

樹種はニレ科ムクノキである。ムクノキは樹高20m、幹径1mにも達する落葉広葉樹。硬質で靭性があり、割裂しにくい性質がある。暖帯から亜熱帯にかけて分布し、現在は関東以西に分布している。近傍で伐り出されたものと考えても不自然ではない。

縄文時代の丸木舟は都内では希少な発見例で、北区袋低地遺跡で3点出土の報告があるが（中島・嶋村1998）、いずれも小片、1点は器種に疑義が残されて

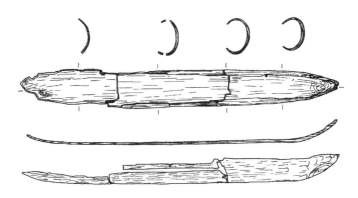

図6　出土丸木舟

いる。残り2点のうち1点はケヤキ属、14C年代で、B.P.3,600（+250-240）、他の1点はトネリコ属、14C年代でB.P.3,000（+380-360）の年代が得られている。また、東村山市の下宅部遺跡からは、丸木舟の未製品と考えられている木製品が出土している（下宅部遺跡調査団2000）。

縄文時代の丸木舟の用材としては、ムクノキ、イヌガヤ、クリ、カヤ、ケヤキ、クスノキ、スギ、ヤマザクラ、カシ、モミなどが知られている。このうちスギは、丸木舟の大量出土地である若狭湾沿岸や琵琶湖沿岸地域を中心とする西日本で主体的な樹種で、おもに後晩期の丸木舟に用いられるが、鳥浜貝塚では前期の丸木舟にも使用例がある。しかし、東日本ではほとんど使用例がない。

一方東日本では、前期・中期ではムクノキが卓越し、そのほかにイヌガヤなどが知られている。後晩期になるとカヤ・クリ・ケヤキが用材の中心に移る。ことに、東日本における丸木舟の大量出土地として知られる千葉県内では、中山吉秀の集成によれば若干の弥生時代および古墳時代の丸木舟を含めて、総計70点の出土資料が知られている（中山1988）。これらの用材はカヤが圧倒的に多い。後晩期と推定され、かつ樹種が判明している12点のうち、11点はカヤ材、他の1点はクリ材である。なお、前期に属し樹種が判明している加茂遺跡出土の丸木舟はムクノキ材である。

このように、現時点での縄文時代の丸木舟の用材を概観する限り、西日本では全期間を通してスギ主体、東日本では前期・中期のムクノキ主体から後晩期ではカヤ・クリへと移行する様子が伺える。

中里遺跡出土の丸木舟は、こうした点で地域的にも時代的にも大勢に沿った用材選択を行っているといえる。しかし、後晩期に至って丸木舟の用材選択に変化がみられる要因は今のところ不明である。中里遺跡の後晩期の泥炭層から検出された木材遺体群集のうち、ムクノキはトネリコ類、カエデ類に次いで7.4%の比率を占めており、その中には根材も含まれていることから、少なくとも気候変動に伴う植生変化がムクノキの選択を困難にさせたという説明は成立しない。

4 中里遺跡の再評価

中里遺跡の縄文貝層の一部に、人為の影響がありそうだという疑いは、調査中からもたれており、報告書にも貝類の所見としてこのことが記されている。しかし、貝塚に対する当時の常識から、これを断定するのには躊躇があったことも事実である。

しかしながら、中里貝塚の発掘によって、「大規模ハマ貝塚」の実態が明らかにされた今日では、中里遺跡の縄文貝層の一部が、流水による多少の移動が

あったとしても、人為的影響すなわち貝の捕採・加工の結果として、形成されたと判断することはきわめて自然である。

　分布の位置からも、大まかな層準からも、中里遺跡の縄文貝層は、国指定史跡中里貝塚の形成に先行して形成され、しかし、おそらく連続した貝塚形成の範疇で捉えられると考えられる。中里貝塚の出土ハマグリも、殻長3cm以下を捕採対象外とする基準が遵守されており、中里遺跡における選択基準が受け継がれていたとみなすことができる。

　中里貝塚で貝の捕採・加工が行われていた中期中葉から後葉段階では、中里遺跡ではこうした活動は終了していたが、中里貝塚における貝塚形成に関わる集団の拠点が台地上にあったとすれば、少なくとも中里遺跡は居住域と生業活動域を結ぶ位置に当たる。そしてこの地域においても、貝の捕採・加工とは異なった形の生業活動が行われていた。例えば加曽利E、勝坂、阿玉台式期を中心とする土器片錘の出土は、網漁労が盛んであったことを示唆するし、この段階から確認され、後晩期にかけて確実に展開する湿地性の森林での食料資源獲得活動も考慮する必要があろう（2012年5月脱稿）。

引用・参考文献

　島地　謙・伊藤隆夫 1988『日本の遺跡出土木製品総覧』雄山閣
　清水潤三 1975「日本古代の船」大林太良編『古代文化の探求・船』社会思想社
　下宅部遺跡調査団 2000『下宅部遺跡―1999年度発掘調査概報』東村山市遺跡調査会
　東京都北区教育委員会生涯学習推進課 2000『中里貝塚』東京都北区教育委員会生
　　涯学習推進課
　中里遺跡調査団 1984『中里遺跡―発掘調査の概要Ⅰ―』東北新幹線中里遺跡調査会
　中里遺跡調査団 1985『中里遺跡―発掘調査の概要Ⅱ―』東北新幹線中里遺跡調査会
　中里遺跡調査団 1987『中里遺跡1・2―遺跡と古環境1・2―』東北新幹線中里遺
　　跡調査会
　中里遺跡調査団 1989『中里遺跡3―遺構―』東北新幹線中里遺跡調査会
　中里遺跡調査団 1989『中里遺跡4・5・6―遺物Ⅰ・Ⅱ・Ⅲ―』東北新幹線中里遺
　　跡調査会
　中島広顕・嶋村一志 1998『袋低地遺跡Ⅱ』東京都北区教育委員会生涯学習推進課
　中山吉秀 1988「千葉県の河川と低地遺跡―特に河川出土の独木舟を中心として―」
　　『資料の広場19』pp.13-25
　真野勝友 1987「中里遺跡の貝類」『中里遺跡1―遺跡と古環境1―』東北新幹線中
　　里遺跡調査会

3 中里貝塚の古植生と植物資源利用からみた古環境

佐々木由香

はじめに

 縄文時代中期の関東地方では、居住域と水場の間に高低差がある遺跡が多い。遺跡の多くは台地上に立地するため、種実などの植物遺体は生の状態では残らない。偶発的に炭化して残る場合もあるが、多量に残る例は稀である。そのため中期は、遺跡周辺の古植生や植物利用についての情報が少なく、不明な部分が多い時期である。

 東京都北区に位置する中里貝塚は、荒川および中川下流に広がる東京低地の西端部、武蔵野台地の北東端部との境に立地し、縄文海進時の奥東京湾の砂州から汀線に沿って形成された低地性の貝塚である（図1）。このため貝塚でありながら、地下水位が高い低地部には生の植物遺体が遺存している。縄文時代中期前半には貝の加工施設である貝処理施設が構築され、中期中葉から後期初頭にかけて形成された貝層中には、焚き火址と推定されたレンズ状に堆積した炭化物や灰が複数箇所で検出された（東京都北区教育委員会2000）。したがって、中里貝塚は居住施設が確認されない浜辺での古環境変遷や、周辺の古植生、植物資源利用を検討できる遺跡といえる。

 縄文時代中期は、人間と植生との関わりにおいても重要な時期である。関東地方では、中期に向かうにつれてクリの花粉が増加する例が多く、一部の集落周辺にはクリが優勢に生育していたと推定されている（吉川1999）。このクリの増加は、自然に起こった現象ではなく、クリが人為的に管理されていたためと考えられている

図1 中里貝塚および周辺の遺跡の位置

（吉川 2011）。中里貝塚では、廃棄された貝がカキとハマグリの2種にほぼ限定されており、膨大な出土量から考えて、生育環境が劣化して資源が枯渇しないように浜の資源が管理されていたと推定されている（東京都北区教育委員会 1997）。同様に、植生も管理され、植物が選択的に利用されていたかなど、人為に関連する要素の有無を検討する必要がある。

本稿では、中里貝塚の古植生と植物資源利用から、当時の古環境を検討したい。

1　中里貝塚の古植生

中里貝塚では、古植生あるいは堆積環境を検討する方法として、自然科学分析を活用する調査方針の元、放射性炭素年代測定や花粉分析、植物珪酸体分析、種実同定、樹種同定が実施された（図2）。ここでは、パリノ・サーヴェイ株式会社（2000）の報告に、放射性炭素年代測定結果と各試料の出土情報を加味し、考古学的な年代観を加えて再検討する。さらに一連の遺跡として捉えられている、近接する中里遺跡（辻ほか 1987、堀口 1987、パリノ・サーヴェイ株式

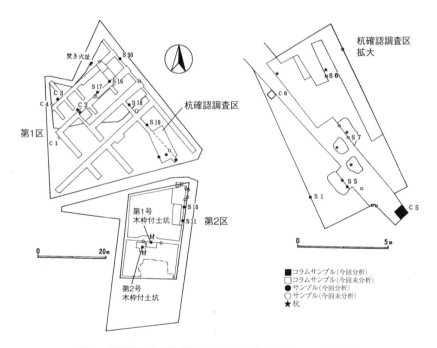

図2　試料採取地点位置図（東京都北区教育委員会 2000 を改変）

会社1992・1993)の成果と比較する。

なお、中里貝塚の年代は報告時には^{14}C年代値で議論されているが、放射線炭素年代測定の試料15点中10点はいずれも汽水性のマガキなどの貝試料のため、δ^{13}Cの補正がされていないと海洋リザーバ効果により^{14}C年代値が数百年ほど新しい値になってしまう。測定方法はβ線測定のため、δ^{13}Cの値を求めるには質量分析計で別に測定する必要があるが、報告時には測定されていない。さらに、暦年を求めるにはδ^{13}C補正した放射性炭素年代値を、Marine09などの海洋起源の試料用の較正曲線で較正する必要があるが、その際にもローカル・リザーバー効果の補正が必要となる。したがって、中里貝塚では貝試料の暦年較正年代は求められないため、参考値として扱う。木材試料の暦年代については、同様にδ^{13}Cは測定されていないが、通常木材のδ^{13}C値は-25‰付近で補正量が小さいため、5試料についてδ^{13}C値を-25‰と仮定し、IntCal13を用いて暦年較正年代を算出した(表1、図3)。ただし、誤差範囲が大きいため、本文中では^{14}C年代値(誤差1σ、本文中の誤差の一桁は慣例にしたがって10年単位で丸められた値)で表記する。

中里貝塚の環境変遷は、主に珪藻分析と層序などから、大きく三段階に区分される。中里貝塚の貝層部分の層序は、概ねⅠ層の洪積層から始まり、Ⅱ層の砂層、Ⅲ層の自然貝層(化石マガキ礁)、Ⅳ層の暗灰色シルト層、Ⅴ層の人為貝層(貝塚)、Ⅵ層の貝塚を不整合に覆う泥炭層の順に堆積する(図4)。Ⅴ層の貝層は、砂堆で廃貝活動が始まり、砂堆側から海側へ前進して廃棄されたため、斜行堆積をしている。

第1段階:内湾のような水域環境(中期前半以前)

珪藻分析の結果から、Ⅴ層中にみられた自然貝層と人為貝層の境界、あるいは人為貝層の下位では、当時内湾のような水域と推定されている。したがって、人為貝層の形成は、前面に内湾的な水域が存在していたころから開始されたと考えられている。ただし、自然貝層であるⅢ層は奥まった閉鎖的な水域に形成されるマガキ礁であるため、貝層付近は泥質干潟であった可能性がある。

第2区EFトレンチからはサンプルS-11が採取された(図2・5)。珪藻分析の結果、Ⅴ層のNo.18より下位が内湾性の環境と考えられている。Ⅳ層の下部シルト層(No.37)の花粉と植物珪酸体分析の結果から植生をみると、木本植物が多く、針葉樹のツガ属とマツ属、落葉広葉樹のコナラ属コナラ亜属、ニレ属-ケヤキ属が多産する。樹木花粉の多くは、台地上の植生を反映していると考えられる。わずかな産出量であるが、低地林あるいは河畔林にはクルミ属やハンノキ属などが生育し、湿地にはヨシ属などが生育していたと考えられる。台地上では上記の落葉樹のほか、ブナ属やクマシデ属-アサダ属、常緑樹のコ

表 1　中里貝塚の放射性炭素年代測定結果（パリノ・サーヴェイ株式会社（2000）で示された ¹⁴C 年代値を元に作成）

調査区	トレンチ名／断面	サンプル No./遺構名	層名	標高(m)	層相	試料の種類	同定結果	考古学的な想定年代	¹⁴C 年代	誤差(2σ) +	誤差(2σ) -	誤差(±1σ)	暦年較正 1σ	暦年較正 2σ	Labo.No.	小林(2008)による土器編年との対応関係
第1区	8トレンチ断面	S-30	Ⅵ		黒色泥炭層	木材	ケンポナシ属	不明	2470	280	270	139	2717BP (65.1%) 2401BP 2395BP (3.1%) 2379BP	2850BP (91.5%) 2300BP 2251BP (3.9%) 2159BP	Pal-293	晩期中葉～弥生中期
杭区	-	杭3				木材	広葉樹(環孔材)	不明	4270	1410	1200	674	5657BP (68.2%) 3972BP	6530BP (95.4%) 3213BP	Pal-294	前期中葉～後期末葉
杭区	-	杭5				木材	カエデ属	不明	4560	530	500	261	5577BP (4.0%) 5535BP 5480BP (58.2%) 4948BP 4943BP (6.0%) 4878BP	5889BP (1.8%) 5807BP 5765BP (93.0%) 4566BP 4560BP (0.6%) 4530BP	Pal-295	前期中葉～中期末葉
第1区	-	炭化材17	Ⅴ		炭化材	炭化材	不明	称名寺式	3890	210	200	104	4437BP (68.2%) 4153BP	4782BP (0.5%) 4769BP 4607BP (0.2%) 4601BP 4583BP (94.7%) 3985BP	Pal-296	中期末葉～後期前葉
第2区	-	第1号木枠付土坑	上部	3.7	砂層	木材		阿玉台式	4430	410	390	202	5440BP (1.8%) 5419BP 5322BP (66.4%) 4830BP	5584BP (94.7%) 4567BP 4558BP (0.7%) 4533BP	Pal-297	前期末葉～中期末葉
杭区	西面	S-1	Ⅴ-1	4.5	貝層	貝	マガキ		4540	340	320	168			Pal-325	
杭区	西面	S-1	Ⅴ-1		貝層	貝	マガキ		4590	220	210	109			Pal-326	
杭区	西面	S-1	Ⅴ-1		砂礫混じり層	貝	マガキ		4490	300	290	149			Pal-327	
杭区	杭4周辺断面	S-5	Ⅲ		貝層(自然)	貝	マガキ		4560	430	410	212			Pal-328	
第2区	EFトレンチ	S-11	Ⅴ		砂～砂礫	貝	記載無し		4550	620	580	304			Pal-329	
第2区	EFトレンチ	S-11	Ⅲ		貝層(最上層)	貝	記載無し		4810	320	310	158			Pal-330	
第1区	Dトレンチ	S-18	Ⅴ-3		貝層	貝	マガキ		3910	390	370	193			Pal-331	
第1区	Dトレンチ	S-18	Ⅴ-3		貝層	貝	マガキ		3980	390	370	193			Pal-332	
第1区	Dトレンチ	S-18	Ⅴ-2		貝層	貝	マガキ		4540	270	260	134			Pal-333	
第1区	Dトレンチ	S-18	Ⅴ-1		貝層(自然)	貝	マガキ		4640	770	700	376			Pal-334	

β線法による放射性炭素年代測定のため、δ¹³C は測定をおこなっていない。
貝試料は δ¹³C が 0％に近く、また海洋リザーバー効果の地域性に関する ΔR 値が不明のため暦年較正は行わなかった。
木材試料については通常の δ¹³C 値を -25‰と仮定し、IntCal13 を用いた OxCal4.1 で暦年較正を行なった。
貝試料は補正値 25‰付近で補正量が少ないため、5点について ¹³C 値を -25‰と仮定し暦年較正を行わなかった。

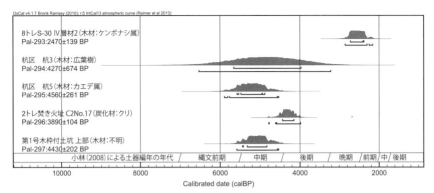

図3 木材試料の暦年較正結果

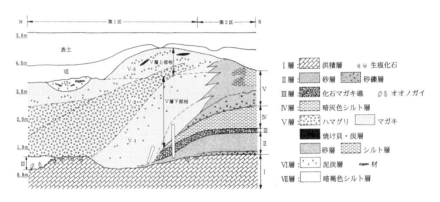

図4 基本層序模式図（東京都北区教育委員会2000）

ナラ属アカガシ属などが生育し、そうした森林の下草としては、タケ亜科などが生育していたと考えられる。なお、針葉樹の花粉が比較的高率なのは、全体的に花粉化石の保存が悪く、風化に強い針葉樹の花粉が残ったためと推定されている。中里貝塚の東日本旅客鉄道株式会社東京地域本社ビル地点では、中期初頭にあたる下部砂層の花粉分析が行われ、コナラ亜属が優占し、アカガシ亜属などの常緑樹が伴う組成が得られており（パリノ・サーヴェイ株式会社1993）、本来は落葉樹を主体とした組成であったと推定される。種実では、V層のNo.18以下から針葉樹のイヌガヤと草本植物のカナムグラが得られている。

　杭確認調査区（以下、杭区）のサンプルS-1では、V層のNo.23以下が内湾性の環境を示している（図6）。V層下部のNo.33の花粉分析の結果は、上記のS-11のⅣ層（No.37）とほぼ同一のため、落葉樹林に針葉樹や常緑樹が混ざる植生が広がっていたと考えられる。種実では、下位のV-1層（No.35）からミ

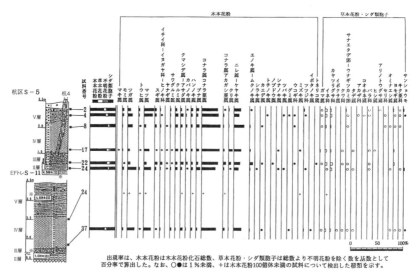

図5 S5・S11の主要花粉化石群集（パリノ・サーヴェイ株式会社2000を改変）
カキが測定試料のため、年代値は参考値。

ズキが出土している。年代を示す遺物として、V-1層の最下層では、中期中葉勝坂式から後半の加曽利E1式の土器が得られている。

第2段階：干潟のような水域環境（中期中葉から後期初頭）

人為貝層であるV層上層の堆積時期には、珪藻分析の結果から、干潟のような水域環境が広がっていたと推定されている。貝層は中期前半に砂堆側（南側）から堆積をはじめ、汀線に沿って干潟を埋め立てつつ、海側（北側）に広がっていったと推定されている（東京都北区教育委員会2000）。

この時期の花粉分析が実施された堆積物としては、杭区のS-5がある（図5）。花粉組成は第1段階と概ね同一であるが、自然堆積層である最下層のⅡ層（No.24）ではクリの花粉が1％未満と少ないのに対して、上位のⅢ層以上ではやや多く、Ⅳ層の暗灰色シルト層下層のNo.17において最大7.4％得られている。

杭区のV層やⅣ層上面から取り上げられた種実をみると、オニグルミが非常に多く、Ⅳ層上面からはクリが1点得られている。オニグルミはいずれも一部が破損しているため、食用残渣が廃棄されたと考えられている。クリも破片が得られており、利用された可能性がある。同層から出土した木材では、コナラ属コナラ節やトネリコ属などに混じってクリが1点得られている。その他の種実では、S-5のⅢ層（No.21・22）からクマノミズキ、V層（No.3・4）からカラ

86　第Ⅱ章　中里貝塚の発掘

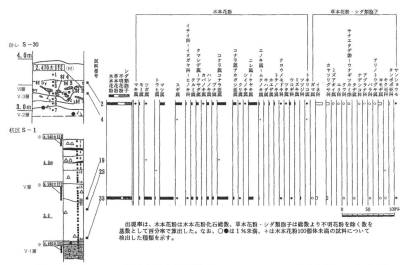

図6 S30・S1 の主要花粉化石群集（パリノ・サーヴェイ株式会社 2000 を改変）
カキが測定試料のため、年代値は参考値。

スザンショウ属（サンショウ属の誤記か、以下同様）が得られている。

中里貝塚では、貝層上面の焚き火址に伴って、後期初頭の称名寺式土器が出土しており、貝層の上限の時期は後期初頭と考えられている（東京都北区教育委員会 2000）。

後期に相当する層では、微化石分析が実施されていない。後・晩期の植生に関する分析は、近接する中里遺跡で実施されており（辻ほか 1987、堀口 1987）、落葉の木本植物を主体とした植生が推定されている。中期の中里貝塚から産出した分類群とも共通点が多く、中期と同様の植生が晩期まで継続していたと考えられる。中里遺跡の仮称・第二特別養護老人ホーム地点では、6層中から埋没林が検出され、樹種はトネリコ属が多く、ハンノキ属やムクノキ、カエデ属、カヤ、ヤマグワ類を伴う組成であった。木材の放射性炭素年代測定の結果、3,480 ± 100 ^{14}C BP（GAK-16200）の値が得られており（パリノ・サーヴェイ株式会社 1992）、小林（2008）の年代観に基づくと、後期中葉の年代である。6層上面からは、後期の土器も出土しており、整合的である。

第3段階：河川の流水の影響がある水域環境（晩期後葉～弥生時代前期）

中里貝塚の環境が大きく変化するのは、Ⅵ層の堆積時期である。Ⅵ層は人為貝層であるⅤ層の上位に不整合で覆う泥炭層である。最も海側に位置するS-30のⅥ層から出土した木材では、縄文時代晩期後葉～弥生時代前期（2,470

± 140 ^{14}C BP (Pal-293)）の年代値が得られている（図3・6）。また珪藻化石の結果から、Ⅳ層は河川の流水の影響がある水域環境下で堆積したと考えられている。

S-30のⅥ層にあたるNo.2の花粉では、S-1のNo.33で多い分類群に加えて、スギ属が多産し、キハダ属やカエデ属、トチノキ属を伴う。木材では、ハンノキ属ハンノキ亜属とケンポナシ属が得られている。植物珪酸体では、イネ属の葉と籾に形成される珪酸体が得られている。冷温帯落葉樹林に普通に生育するキハダ属などの検出から、この時期にはやや寒冷化し、そうした環境で稲作が営まれた可能性があるが、1地点のみのデータのため注意を要する。

Ⅵ層の泥炭層は、報告書において中里遺跡で調査されているC層中（縄文時代中期中葉〜晩期）の第3泥炭層の年代値（堀口1987）にほぼ一致すると指摘されているが、年代値からみるとそれより新しい時期にあたる。

2 中里貝塚の木材利用

中里貝塚には、大量の貝を処理するための木材を用いた遺構が検出されている。木枠付土坑と杭列、焚き火址を取り上げて、木材から人との関わりを検討する。

(1) 木枠付土坑

木枠付土坑は第2区の中央、砂層中（Ⅴ層）より近接して2基検出された。第1号木枠付土坑の規模は長軸1.3〜1.7m、短軸1.2〜1.3mで、土坑の周りには不整円形の木枠が巡らされている。上部シルト層出土の木材を対象とした年代測定の結果、4,430 ± 200 ^{14}C BP（Pal-297）の年代値が得られた。遺構内からは遺物が出土していないが、上部シルト層中からは中期前半の阿玉台式の土器片などが出土し、この年代は、低地側の貝層形成期に相当すると捉えられている（東京都北区教育委員会2000）。

図7 木枠付土坑（東京都北区教育委員会2000）

第1号木枠付土坑は砂地の窪地に粘土を敷き、輪郭部には径3cmほどの枝材で木枠のように囲っており（図7）、木の枝や樹皮を使い、壁や底面を補強した遺構（阿部2000）と考えられている。木枠内には焼礫などの人為的に残されたと考えられる遺物や貝ブロックが検出されており、これらを利用した機能が推定されている

表2 中里貝塚出土木材の樹種同定結果（パリノ・サーヴェイ株式会社2000から作成）

分類群	出土地点 層位	第1区8トレ VI S30	杭区Gトレ IV シルト上面	杭区 杭	第2区4トレ 第1号木枠付 土坑上部材	第1号木枠付 土坑	第2号木枠 付土坑	第1区2トレ V コラム2
カヤ								1
ヤナギ属					2			
オニグルミ								4
ハンノキ属ハンノキ亜属		1						1
クリ			1					10
コナラ属コナラ節			4					2
コナラ属クヌギ節								3
ムクノキ								2
エノキ属			2		1			
ケヤキ								2
ヤマグワ				1				2
カツラ								4
ツヅラフジ								1
ヤブツバキ								1
サクラ属								3
イヌエンジュ								1
ユズリハ属				1				
カエデ属			1	2				5
ムクロジ								1
ケンポナシ属		5						
グミ属								1
タラノキ								1
ハイノキ属ハイノキ節								3
トネリコ属			3			1		3
トネリコ属　根材					2			
針葉樹							1	
広葉樹			1	2		1	1	3
不明						1	1	3
樹皮					1			
タケ亜科								4
合計		6	12	6	6	1	3	61

（東京都北区教育委員会 2000）。第2号木枠付土坑は、長軸0.5～0.6m、短軸0.6mで、形状は1号土坑と共通するが、残存状況は悪く、使用後の状態と考えられている。

　木枠付土坑は、大量の貝（マガキ）を効率良く加工処理するための施設であり（東京都北区教育委員会 2000）、火を用いる行為が固定された場所で複数回行われ、貝の加工場として固定されていたと評価されている（阿部 2000）。

　第1号木枠付土坑から出土した材の樹種はトネリコ属が1点で、土坑の上部シルト層から出土した木材の樹種は、ヤナギ属とトネリコ属の根材が各2点、エノキ属と樹皮が各1点であった（表2）。第2号木枠付土坑の樹種は針葉樹と広葉樹が各1点である。トネリコ属とヤナギ属は湿地林を構成する樹種で、エノキ属は林縁に生育する樹種である。上部シルト層から出土したヤナギ属やエノキ属の材質は軽軟で、水辺の構築材に選択的に用いられたとは考えられにく

い。またトネリコ属の根材も利用されたとは考えられにくい。したがって、第1号木枠付土坑の上部シルト層から出土したヤナギ属やエノキ属、トネリコ属の根、樹皮などは、自然に堆積した自然木の可能性がある。

第1号木枠付土坑の上から出土した種実では、調査中に目視でオニグルミが取り上げられており、一部破片を含むため、周辺でオニグルミが利用され廃棄されたと考えられる。

(2) 杭 列

杭区からは8本の杭が検出されており、うち6本は打ち込まれ、2本は横たわった状態出土した。6本はⅢ層からⅤ層に打ち込まれ、2本はⅤ層中から出土した。2本で年代測定がなされ、杭3は $4,270 ± 670$ ^{14}C BP (Pal-294)、杭5は $4,560 ± 260$ ^{14}C BP (Pal-295) と中期の年代値が得られている（表1・図3）。また、同区のⅤ層下部からは中期中葉の勝坂式の土器片が1点出土している。

杭が規則的に打たれている点や、Ⅴ層の貝殻の廃棄が行われている中に打たれている杭もあるという点、当時の環境が干潟で、汀線下（潮間帯）に打たれている点から、干潟という環境と廃貝活動のいずれとも関わって打たれた可能性が推定されている（東京都北区教育委員会2000）。

杭の樹種をみると、カエデ属が2点、ヤマグワとユズリハ属が各1点、科以上の詳細な同定ができなかった広葉樹が2点得られており、材質がやや硬い樹種が使われているものの、樹種に選択性はみられない（表2）。

(3) 焚き火址

焚き火址は第1区と第2区で検出されており、第1区のみ樹種同定が行われた。第1区2トレンチのⅤ層貝層で設定されたコラム2から出土した材では、61点について樹種同定が実施された。コラム2の上層には焚き火址が含まれる。それぞれの試料の採取位置は示されておらず、どの試料が焚き火址に含まれるかは不明であるが、コラム2でみるとクリが10点と最も多く、カエデ属が5点、オニグルミとカツラ、タケ亜科が各4点とそれに続く（表2）。針葉樹ではカヤが1点同定されているが、その他は広葉樹で、湿地林を構成する代表的な樹種であるハンノキ属ハンノキ亜属やトネリコ属などや、ムクノキなどの陽地を好む二次林を構成する樹種が多い。コラム2出土の種実では、オニグルミが多く、イヌガヤやムクノキ、エノキ、カラスザンショウ属、アカメガシワ、クマノミズキ、クマヤナギ属、ヒシ属が得られている。このうち、オニグルミやヒシ属は食用にされていた可能性がある。

貝層形成過程の後半段階にあたる第1区北側から検出された貝層最上面の焚き火址では、炭化材17で年代測定が行われており、$3,890 ± 100$ ^{14}C BP (Pal-295) の年代値が得られ、後期初頭に相当する（表1・図3）。焚き火址の周囲で

は、後期初頭の称名寺Ⅰ式土器が得られており、年代値と整合的である。

灰の植物珪酸体分析の結果では、分析された遺構名が示されていないが、焚き火址からタケ亜科やヨシ属、ウシクサ族、イチゴツナギ亜科などがみられ、試料11では栽培植物であるイネ属がわずかに得られている（パリノ・サーヴェイ株式会社2000）。

こうした分析結果から考えて、燃料材に樹種は選択されず、湿地林や台地上に生育していた樹木が用いられていたと考えられる。また当時はクリやオニグルミなどの有用植物も遺跡周囲に存在していた。

3 関東地方の縄文時代中期からみた中里貝塚の植物利用と植生

中里貝塚からは石器や土器類が豊富に出土しており、貝類の加工場としての利用以外に多機能な活動拠点としての機能も推定されている（阿部2000）。ここでは、中里貝塚での植物利用と遺跡周辺の植生に対する資源管理の有無を関東地方の遺跡と比較して検討する。

関東地方において、クリは縄文時代中期の建築材として最も用いられた樹種である（伊東・山田編2011、表3）。埼玉県さいたま市の寿能泥炭層遺跡でクリが中期後半の杭列などの用材として多量にかつ高率に使用されたことが判明して以来（鈴木ほか1984、能城・佐々木2007、図8）、クリ林を背景とした植物資源利用が関東地方では行なわれていたと考えられるようになった（鈴木・能城1997、鈴木2002）。

クリ材が多く用いられる原因は、磨製石斧による伐採効率のよさ（工藤2004）や石斧の壊れにくさ（三山2004）、割り裂きやすさ（村上2002）といった道具との対応関係と、水湿に強く耐朽性が高いといったクリの材質に加え、周辺空間における木材の資源量とも関連していると考えられる。それは青森県三内丸山遺跡で中期のクリ花粉が最大約90％と産出花粉のほとんどを占め（吉川2011）、廃棄場から出土した大量の炭化材がクリである点（前田・鈴木1998）からも人間による資源管理があったと想定できる。さらに、クリは単独では純林を作らず、クリの花粉は虫媒花で、ほとんど飛ばない特性が明らかになっており（吉川2011）、縄文時代の遺

図8 縄文時代中期後半の自然木と土木用材の樹種
（能城・佐々木2007を改変）

表3 関東地方における縄文時代中期の木材利用（伊東・山田編 2011 より作成）

樹種	斧柄	弓	掘り棒	平鋤	容器	櫂	舟	建築材	杭	編組製品	加工材	計	%	炭化材	燃料材	自然木	%	総計
針葉樹					5			14			3	22	4.3%	52	1	42	3.4%	117
ハンノキ属ハンノキ節														1		103	8.3%	104
クリ								138	7		7	152	29.7%	357	128	223	18.0%	860
クリ？								73				73	14.3%	2	15			90
コナラ属クヌギ節			7	1				8	3		7	26	5.1%	1	27	76	6.1%	130
コナラ属コナラ節	1			1				3			4	9	1.8%	2	14	97	7.8%	122
コナラ属アカガシ亜属			1	2				41			18	62	12.1%	4	2	19	1.5%	87
エノキ属									2		9	11	2.2%	1	2	127	10.2%	141
ケヤキ					5			4	1			10	2.0%	74		21	1.7%	105
クワ属				1		1		4	1		16	23	4.5%	3	7	62	5.0%	95
その他広葉樹	3	2			8		2	74	6		26	121	23.7%	82	17	472	38.0%	692
竹笹類・草本など								1		1		2	0.4%	2	1			5
総計	4	2	8	5	18	1	2	360	20	1	90	511		581	214	1242		2548

産出数が少ない分類群は針葉樹・その他広葉樹・竹笹類・草本などとして一括した。

跡においてしばしば高率に産出するクリは、管理栽培されたことを示している。関東地方の中期の遺跡では、花粉分析が実施された遺跡が少ないが、木材では木製品や土木材はもとより、自然木や燃料材でもクリが最も産出しており、遺跡周辺に一定量のクリがあったと考えられる（表3）。中期後半の東京都東村山市下宅部遺跡では、クリが自然木の上位3位に含まれており、集落周辺にはクリが一定量生育していたと考えられる（図8）。

こうした周辺遺跡での様相と、中里貝塚おける植生や植物利用を比較すると、中里貝塚のクリの花粉は中期中葉から後期初頭と考えられるS-5のV層で最大7.4％であり、さほど多くは産出していない。しかし、種実や木材でもクリは少量であるが出土しており、V層で採取されたコラム2ではクリ材が61点中10点と、最も多く産出する。近接する中里遺跡では、縄文時代後・晩期の1,036点の自然木が同定され、トネリコ属を主体とした低地林とトチノキやムクノキ、エノキ、カエデ属などが斜面林にある景観が想定された（能城・鈴木1987、Noshiro and Suzuki1989）、クリ材は低地の埋没林が確認されたⅠ地区ではほとんど産出しておらず（0.1％）、やや斜面よりのA-D地区から3％産出しているのみである（図9）。クリの花粉が虫媒であまり飛来しないことを考慮すると、中里貝塚周辺では中期から後期初頭に一定量のクリが乾いた場所に生育しており、そこから必要に応じてクリ材を利用したと考えられる。ただし、クリの生育にあたり人間の関わりがあったかどうかはみえない。

中里貝塚の遺構でのクリ材の利用傾向をみてみると、中期前半の木枠付土坑では、枠材や上部シルト層を含めてクリが産出していない。木枠付土坑は、貝類の「加工場」跡と考えられており（東京都北区教育委員会2000）、殻ムキという一工程のみに利用された可能性が高く、行為の集約性が指摘されている（阿部2000）。専用施設であったかは別として、木材利用の面から木枠付土坑を検

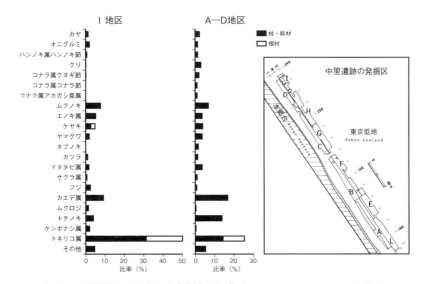

図 9　中里遺跡から出土した自然木の組成（Noshiro and Suzuki1989 より作成）

討すると、同定された試料数が少ないものの、樹種に選択性がない点、トネリコ属などの湿地林を構成する樹種が目立ち、異なる立地から木材を持ち込んだ状況が推定されないといった点で、木枠付土坑のごく近くにあった樹種を用いて構築された可能性が高い。縄文時代の東日本を中心とした地域では、ある程度大規模で長期間利用する水場の遺構の用材にはクリが使われるが（能城・佐々木2007）、木枠付土坑ではクリが全く使われておらず、この遺構を長期間利用する意図はうかがえない。

　ただし、同様の施設が他遺跡では検出されていないため、樹種同定の結果のみでは判断しがたい。とくに関東地方の縄文時代中期前半以前には、水場で木組遺構などの遺構が構築された例は少ない。この要因として、中期前葉から後期前葉の時期は「浅谷の形成」（辻1989）期にあたり、この時期は削剥作用によって低地が不安定である。水場に遺構が構築されていたとしても、後の時代に削られて残存していない可能性が考えられる。また低地が不安定のため、遺構を構築して恒常的に利用するのは難しかった可能性もある。

　中期後半になると、「浅谷の形成」後に基準面が安定して谷に泥炭層が堆積し、その湿地空間を利用して低地に利用を示す遺構がみえはじめ、後期前葉以降には木組みなど長期的な使用を意図した遺構が増加する。この時期以前には不安定で利用しにくかった谷や低地が埋積し湿地化したため、人間の活動域が

3　中里貝塚の古植生と植物資源利用からみた古環境（佐々木由香）　93

新たな利用環境区である低地にまで広がったと考えられる。東京都東村山市下宅部遺跡では、中期中葉と後葉にクルミ塚が形成され、中葉にはコナラ節の大径材を河道の流路方向と直交して2本並べた第11号水場遺構が構築された（下宅部遺跡調査団編 2006）。ただし、中期中葉から後葉の時期には、水の流れを利用する施設はなく、低地周辺でクルミなどの種実の加工等を行い、その残渣が低地や河道中に廃棄され集積したと考えられる遺構が目立つ（佐々木ほか 2007）。

中里貝塚では、種実分析を目的とした堆積物の解析が貝層内で定量的に実施されていないため不明であるが、取り上げられた種実の特徴として、食料残渣として割られたオニグルミが多い。関東地方では、低地を指向する移行期にあたる中期後半から後期前葉にかけて、それまで植物利用の痕跡が希薄であった低地や斜面地においてクルミの核が食用前の完形の状態、あるいは破砕後の破片として多量に検出される（佐々木ほか 2007）。こうした例として、上記の下宅部遺跡や、中期後葉〜後期前葉に位置づけられる東京都あきるの市伊奈砂沼遺跡のオニグルミの完形個体が検出された貯蔵穴（黒尾 2001）、中期後半に位置づけられる中野区江古田遺跡のオニグルミの貯蔵穴（北江古田遺跡調査会 1987）などが挙げられる。また後期初頭では、栃木県小山市寺野東遺跡の「水場の遺構」（SX017）から多量の打撃痕をもつオニグルミが出土し、果皮を腐らせたオニグルミの水洗の場として水場が利用されたと推定されている（吉川 1997）。

中期の中里貝塚では、人間がオニグルミやクリなどを利用していたのは明らかであるが、植物の資源管理については見えない。それは、中里貝塚に居住施設がみられず、海浜に面する資源を限られた季節に利用した場であり、恒常的な植物資源の管理がなされていなかったためと考えられる。近接する中里遺跡では、明瞭な遺構は報告されていないが、勝坂式から称名寺式の土器が調査区北半部の台地寄りを中心に出土している。とくに中期中葉〜末葉には土器片錘が多く、中里貝塚にかけて海浜帯一帯に網漁に関わる作業場として利用されていたと推定されている（東京都北区教育委員会 2000）。こうした場では、内陸部にみえるような植物資源の管理はほとんど行われていなかったと推定される。低地に立地し特定の貝の加工に特化した中里貝塚に対し、台地上の自己消費的な採貝活動を行っていた集落付随型貝塚である中期中葉の七社神社裏貝塚や中期後半の西ヶ原貝塚では、おそらく東日本を中心とした地域にみえるクリやウルシをはじめとした植物資源の管理（佐々木 2012）がなされていたと推定される。

4　おわりに

　中里貝塚の古植生と植物資源利用の面から分かった点をまとめておきたい。

　中里貝塚では関東地方で生の植物が残りにくい時期である縄文時代中期の植物遺体が出土し、中期から弥生時代前期にかけての植生が断片的ではあるが明らかになった。また、中里貝塚は内陸部の遺跡とは立地や遺跡の性格から全く異なるムラであるにもかかわらず、クリが中期前半から後期初頭にかけて一定量周辺に生育していたと推定され、一部は燃料材や食料となっていた痕跡が認められた。ただし、周辺の中里遺跡と比較してクリ花粉の出現率が高いものの、中里貝塚の周辺に人為的なクリの管理林が成立していたかどうかは不明であった。中期の木枠状土坑などの遺構にはクリが全く使用されておらず、長期間の利用を意図した遺構とは考えられにくい点を指摘した。

　ただし、それぞれの遺構や堆積物の詳細な年代は不明な部分も多く、今後精度の高い放射性炭素年代測定に基づいて再検討する必要がある。さらに種実利用については、現地で採取された試料が中心であり、取り上げ時のバイアスが大きいと考えられる。分析試料についての解析の制約がある中で、これだけの植生や植物利用の情報が明らかにされた中期の遺跡は関東地方にはほとんどなく、植物の面からも中里貝塚の意義を再評価する必要がある。今後、海浜部のムラにみられた特殊な環境および植物利用を、同時期の内陸部のムラの植物利用と比較していけば、当時の立地や遺跡の性格の違いがより明らかになると考える。

　謝辞　本稿執筆や文献の探索にあたり、以下の諸氏に大変お世話になりました。記して感謝致します（敬称略）。
能城修一、工藤雄一郎、伊藤　茂、樋泉岳二

引用文献

阿部芳郎 2000「縄文時代の生業と中里貝塚の形成」『中里貝塚』東京都北区教育委員会、pp.243-259

伊東隆夫・山田昌久編 2011『木の考古学：出土木製品用材データベース』海青社

北江古田遺跡調査会 1987『北江古田遺跡発掘調査報告書(1)』

工藤雄一郎 2004「縄文時代の木材利用に関する実験考古学的研究―東北大学川渡農場伐採実験―」『植生史研究』12、pp.15-28

黒尾和久 2001「クルミ貯蔵穴考―砂沼八戸の縄文時代―」『伊奈砂沼』あきる野

市前原遺跡調査会、pp.116-125
小林謙一 2008「縄文時代の暦年代」小杉　康・谷口康浩・西田泰民・水ノ江和同・矢野健一編『縄文時代の考古学2 歴史のものさし―縄文時代研究の編年体系―』同成社、pp.257-269
佐々木由香 2012「縄文時代における森林資源利用と栽培」『東北地方における環境・生業・技術に関する歴史動態的総合研究』東北技術工科大学東北文化研究センター、pp.207-223
佐々木由香・工藤雄一郎・百原　新 2007「東京都下宅部遺跡の大型植物遺体からみた縄文時代後半期の植物資源利用」『植生史研究』15、pp.35-50
下宅部遺跡調査団編 2006『下宅部遺跡Ⅰ(1)』東村山市遺跡調査会
鈴木三男 2002『日本人と木の文化』八坂書房
鈴木三男・能城修一 1997「縄文時代の森林植生の復元と木材資源の利用」『第四紀研究』36、pp.329-342
鈴木三男・能城修一・植田弥生 1984「加工木の樹種」『寿能泥炭層遺跡発掘調査報告書―人工遺物・総括編―』埼玉県教育委員会、pp.699-724
辻　誠一郎 1989「開析谷の遺跡とそれをとりまく古環境復元：関東平野中央部の川口市赤山陣屋跡遺跡における完新世の古環境」『第四紀研究』27、pp.331-356
辻　誠一郎・南木睦彦・能城修一・鈴木三男・吉川純子・橋屋光孝 1987「東京都中里遺跡の縄文時代遺構の古植生」『中里遺跡2』東北新幹線中里遺跡調査会、pp.321-325
東京都北区教育委員会 1997『中里貝塚―発掘調査概報―』
東京都北区教育委員会 2000『中里貝塚』
能城修一・佐々木由香 2007「東京都東村山市下宅部遺跡の出土木材からみた関東地方の縄文時代後・晩期の木材資源利用」『植生史研究』15、pp.19-34
能城修一・鈴木三男 1987「中里遺跡出土木材遺体の樹種と木材遺体から推定される古植生」『中里遺跡2』東北新幹線中里遺跡調査会、pp.253-320
Noshiro,S. and Suzuki,M. 1989. Forest Reconstruction from Fossil Wood Assemblages in Prehistory. *The Quaternary Research*, 27(4):313-329.
パリノ・サーヴェイ株式会社 1992「自然科学分析」『中里遺跡　仮称・第二特別養護老人ホーム地点』東京都北区教育委員会、pp.33-38
パリノ・サーヴェイ株式会社 1993「中里遺跡自然科学分析報告」『中里遺跡　東日本旅客鉄道株式会社東京地域本社ビル地点』東京都北区教育委員会、pp.57-98
パリノ・サーヴェイ株式会社 2000「第Ⅲ章第2節」「第Ⅳ章第1・2節」『中里貝塚』東京都北区教育委員会、pp.30-34、pp.69-98

堀口萬吉 1987「中里遺跡自然科学調査の総括」『中里遺跡2』東北新幹線中里遺跡調査会、pp.363-377

前田純子・鈴木三男 1998「三内丸山遺跡第6鉄塔地区出土炭化材の樹種」『三内丸山遺跡IX―第6鉄塔地区調査報告書2―（第2分冊）』青森県教育委員会、pp.119-139

三山らさ 2004「使用実験による縄文時代磨製石斧の使用痕―クリと広葉樹雑木を対象として―」『植生史研究』12、pp.29-36

村上由美子 2002「木を割るということ―木製楔の検討から―」『往還する考古学』近江貝塚研究会、pp.107-114

吉川純子 1997「水場の遺構および環状盛土遺構の大型植物化石群」『寺野東遺跡V』栃木県教育委員会・栃木県文化振興事業団、pp.30-35

吉川昌伸 1999「関東平野における過去12000年間の環境変遷」『国立歴史民俗博物館研究報告』81、pp.267-287

吉川昌伸 2011「クリ花粉の散布と三内丸山遺跡周辺における縄文時代のクリ林の分布状況」『植生史研究』18、pp.65-76

4 中里貝塚の保存の経緯

中島広顕

1 貝塚の中心部を探る

　中里貝塚の再発見となった1996（平成8）年の発掘調査を契機に、周辺では範囲確認調査が継続的に行なわれ、図1ならびに表1のように約400m離れたA地点とG地点間の数地点で貝層の有無や堆積状況が明らかになった。図2は、各調査地点で観察された貝層断面を柱状図化して地点間で対比したものである。図中の囲み数字は試料サンプルの年代測定値を付しており、東側から西側の順で各地点の状況を概説する。

　A地点では、北側のDトレンチで最大厚4.0mを超える良好なマガキ・ハマグリの純貝層が堆積し、最上層中に多数の焚火跡が包含されていた。波食台は標高0m前後で最も深く、波食台直上からマガキ主体混貝土層、ハマグリ主体混土貝層、マガキ主体混土貝層の順で堆積している。Aトレンチの上層にみられる破砕マガキ層直上からは後期初頭の称名寺式土器が出土し、貝層形成の終焉期を考える傍証となった。南側のEFトレンチは砂堆と貝層が指交関係にあり、砂層や

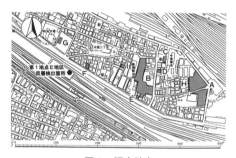

図1　調査地点

表1　調査一覧

調査地点名	事業名	発掘調査期間	調査面積
第1地点	東北新幹線敷設	83.6.27～84.10.3	24,000㎡
A地点	公園整備	96.7.24～11.21	1,100㎡
	防火水槽	96.12.6～97.1.24	23㎡
	学術調査	96.12.6～97.2.5	50㎡
	学術調査	98.9.28～10.9	13㎡
B地点	マンション建設	99.9.8～00.1.15	650㎡
	確認調査（北側）	99.9.28～10.18	60㎡
C地点	確認調査	98.8.10～8.14	105㎡
D地点	確認調査	00.6.27・28	9㎡
E地点	確認調査	98.8.10	50㎡
F地点	確認調査	00.8.14～8.18	4㎡
G地点	LPG貯槽設置	00.9.1～9.18	72㎡
H地点	下水道工事	00.9.27 10.4	31㎡
I地点	確認調査	00.11.10	2㎡

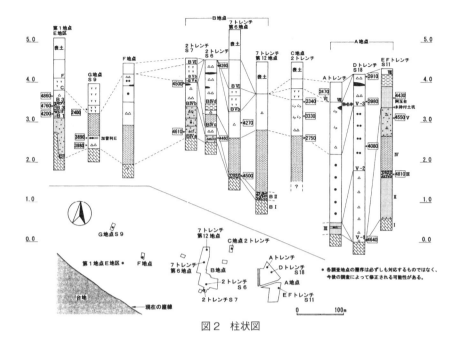

図2　柱状図

シルト層が厚く堆積する。砂堆中からは木枠付土坑が検出され、浜辺の作業場の様相を呈している。

　H地点は、A地点北側の西隣で行なわれた長さ31m、幅1mの下水道工事に伴うトレンチ調査で、A地点の上層部と変わらずマガキ・ハマグリの互層から成る純貝層が確認された。

　D地点では、個人住宅建設に伴い貝層上面までトレンチを入れ1ヵ所深掘りした。貝層上面は標高＋3.8～3.9mで検出され、湧水のため層厚は不明だがボーリングステッキの感触から推定2m以上とみられる。貝層はマガキが主体でその間にハマグリ主体層も認められた。

　C地点は、調査地点中では最も北側に位置し、地表下1m前後で検出される貝層上面の標高は＋3.6～3.8mを測った。細かく破砕されたマガキ主体層の層厚は1.0～1.2mで、貝層の年代値は貝層形成の終焉期と考えられていた後期初頭よりも新しく、貝層下は1m以上堆積する暗灰色シルト層であった。この地点での採貝活動は、中期の最盛期に比べ小規模なものであったと推定される。

　B地点では、最南端2トレンチS7でマガキ主体層が厚さ60cmと薄く、その下部は層厚90cmの砂礫層で底面の波食台は調査地点中、最も高い位置で検

出されている。そしてS6に向けて徐々にシルト層を間に挟むマガキ主体層が厚くなり、東側にかけては部分的に大型のハマグリを含む層厚2mの純貝層が波食台直上から堆積している。ここでも貝層上位に焚火跡が顕著であった。また、波食台上には木道や土坑が発見され、中期中葉の勝坂式期の土器片がまとまって出土している。ボーリング調査で確認した7トレンチ第6地点・第12地点は北側に向かって波食台の検出面が下がり、最南端との比高差は1.5mを測る。層序はシルト層や泥炭層が厚くなり、破砕されたマガキ主体層は0.7～1mと薄くなる。その様相はC地点の層序に近似している。

E地点は、隣接するB地点2トレンチ南端の様相とよく一致し、下部に砂礫混じりの貝層、その上に層厚20～40cmの混土貝層が確認されている。貝層は総じて希薄になっている。

I地点は、B地点7トレンチから40mほど西側に位置し、2㎡の小規模調査の結果、貝層は地表下1mの深さで検出された。貝層厚は1m以上を測り、ハマグリが主体であった。貝層直上の泥炭層は、B地点7トレンチの泥炭層と同一起源であると推定できる。

F地点は、B地点から西へ120mほど離れた地点で、貝層上面は標高＋4.2mを測り、層厚が1.3mを有した。貝層は上部がハマグリ主体とマガキ混じり、下部はマガキ主体で、標高＋3.6m以上に焚火跡が確認された。貝層下には暗灰色シルト層が1mほど堆積し、標高＋1.9mで波食台に到達するとみられる。

G地点は、F地点からさらに80mほど西側に離れた地点である。層序は、下から波食台、マガキ主体貝層、青灰色シルト層、泥炭層で、概ね平坦な波食台は標高＋2.3～2.4mを測った。層厚30～60cmほどのマガキ主体貝層中には、部分的にハマグリやヤマトシジミの薄層が挟まるほか、カワアイ、オキシジミが混入するなど、組成が多様化する様相を示した。貝層の形成年代は、マガキの年代測定値や貝層中出土の加曽利E式土器から中期末葉とみられる。G地点は東側の各地点に比べ貝層が薄く、貝層を覆うシルト層も異なる特徴で、貝塚の形成は短期間で終了したものと考えられる。

各地点で検出した貝層の層厚を比較すると、ハマグリ・マガキが2m以上堆積する貝層はA地点からB地点に至る東西範囲内に分布し、C地点やB地点7トレンチ北端にかけては徐々に薄くなっていく1m前後の破砕マガキ層であった。また、西側のI地点やF地点でも1m以上を測るが、2m以上を判断基準にすれば薄く、G地点ではさらに薄層であった。

東西に細長く分布する中里貝塚の平面規模は推定1km以上とも言われているが、確認調査によって貝層の層厚は一様ではなく、最も良好に厚く堆積する範囲はA地点からB地点にかけてであった。

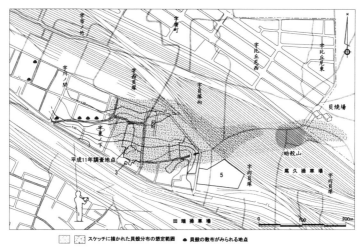

図3　貝塚規模推定図

　そして、図3は19世紀末に大野雲外が描いた中里貝塚の精緻なスケッチと明治末年頃の小字図、コンター測量地形図を重ね、調査地点を検証したものである。A地点とB地点がスケッチ中の貝殻分布範囲内に位置することはまちがいなく、調査成果と併せて中里貝塚の中心部を成す地点であると理解できる。

2　史跡指定と保存活用

(1) 国史跡中里貝塚の誕生

　A地点の発掘調査では縄文観を見直す発見が相次ぎ、調査の進展とともに史跡指定の気運が生まれ、実現に向けて動き始めることになった。発掘調査の成果に基づく文化庁の見解は将来、史跡指定が十分考えられるので、①調査報告書の刊行、②貝塚の分布範囲を確定すること、③A地点と同規模の公有地を確保すること、の3点について検討を求めるものであった。

　発掘調査終了後、貝種の同定や計測、ハマグリの貝殻成長線分析、微小貝分析、土壌試料の自然科学分析、樹種同定、年代測定など、地道な整理作業を粛々と進め報告書刊行を目指した。また、前述のように範囲確認調査を継続的に実施し、貝塚の分布範囲の確定に努めた。しかし、準工業地域の中里貝塚一帯は、戦前から操業する工場と住宅が混在する民有地で、A地点規模の公有地を確保することは難題であった。

　解決策を見出せない状況が続くなか1999（平成11）年4月以降、急転した。工場移転に伴う跡地の敷地南側にマンション建設計画が浮上し、工場の解体後

に試掘調査を行なって本発掘調査の要否を判断することになった。9月3日に行なった試掘調査の結果、敷地全体に良好な貝層の遺存が確認され、本発掘調査に移行した。これがB地点の調査に至る経緯である。
　9月13日には文化庁調査官が現地を視察し、調査地点の性格を早急に究明することや調査区外の敷地北側についても貝層の分布範囲を把握するため確認調査を行なうよう指導された。発掘調査では貝層下の波食台に敷かれた木道など、新たな遺構が発見され、敷地北側ではボーリング調査により徐々に薄くなるものの貝層が続くことも判明した。中里貝塚におけるB地点の重要性が顕在化することと併行して、10月下旬には工場跡地の買上げと史跡指定に関わる文化庁、東京都との協議も回を重ねていた。
　調査開始から2ヵ月余り経過した11月5日、マンション建設会社との初交渉が行なわれ、建設予定地を国史跡に指定したいので、建設計画を中止するよう要請した。11月8日、敷地北側の売却地についても土地売主代理人に買上げを申し入れ後日、区へ譲渡することを回答してきた。12月9日には建設会社からマンション建設計画を断念し、一切撤退することが表明された。終盤を迎えていた発掘作業は全面保存に方向転換し、調査成果の報道や一般公開を経て遺構を養生し埋め戻され、年明けの2000（平成12）年1月15日に完了した。
　土地買上げに要する費用負担は国庫補助金が見込まれ、史跡指定の前に北区土地開発公社（以下、公社と呼ぶ）が土地を取得することになった。公社は土地鑑定評価額を土地売主代理人に提示して合意に達し、続いて買収価格の評定について財産価格審議会を開いて審議し、総額が決定した。B地点は売買契約書の締結をもって3月15日に登記移転され、公社の土地になった。3月28日、区所有地のA地点2,177.45㎡、公社所有地のB地点2,256.25㎡、合計4,433.7㎡の土地を国史跡に指定することについて国に申請した。そして、A地点の調査報告書は3月31日に刊行された。
　文化財指定申請した中里貝塚は、5月19日に文化財保護審議会から国史跡指定について答申を受け、9月6日に文部省告示第143号で官報告示された。国史跡の貝塚としては大森貝塚に次ぐ、都内2番目の誕生となった。指定理由は、「最大で厚さ4.5メートル以上の貝層が広がる、縄文時代の海浜低地に営まれた巨大な貝塚。焼石を投入して水を沸騰させて貝のむき身を取ったと考えられる土坑や焚き火跡、木道などが確認されている。生産された大量の干し貝は、内陸へ供給されたものと想定され、縄文時代の生産、社会的分業、社会の仕組みを考える上で重要である。」と説明されている。翌2001（平成13）年3月9日、区は公社からB地点を買戻す売買契約を結んで所有権移転し、区所有地とした。買戻しに要した購入費は、史跡等買上げ（先行取得償還）事業として

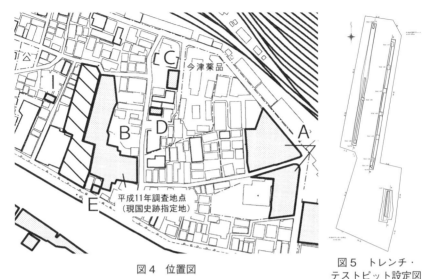

図4 位置図

図5 トレンチ・テストピット設定図

図6 純貝層断面

国庫補助金の交付を受け、2001（平成13）年度から10ヵ年で償還されている。

(2) 追加指定

　史跡指定から10年が経った2010（平成22）年11月30日、B地点の西側隣接地で大正時代から操業する工場が廃業することになり、工場の解体に伴う埋蔵文化財の取扱いについて問合せがあった（図4）。翌年2月16日、土地所有者は跡地にマンションの建設計画があることを申し入れた。区は事前に範囲確認調査を実施して貝層の遺存状況を把握する必要があり、貝層が良好に残っていた場合、国史跡の追加指定や買上げについても国や東京都と協議したうえで判断すると回答した。現地の解体作業が終了し更地になった6月20日から重要遺跡範囲確認調査を開始した。

　縦長の敷地に南北方向で3本のトレンチを設定し、貝層の確認作業を行なった結果、各所で良好な貝層が検出された（図5）。トレンチ内に入れたテストピットでは、ハマグリとマガキが交互に堆積する2m以上の純貝層が敷地の中央付近で堆積していることも判明した（図6）。期間中、文化庁調査官や貝塚研

究者が視察され、現地指導を受けた範囲確認調査も貝層の断面実測や分析用の土壌試料採取などを終え、7月25日に埋め戻して完了した。

8月4日には早速、文化庁で国、東京都と区の三者協議が開かれ、文化庁は当該地点を国史跡に追加指定したい旨、表明した。9月6日、土地所有者へ追加指定と土地購入を要請し、基本的に合意した。土地所有者の同意書と関係書類を整え、2012（平成24）年1月30日付で文部科学大臣に文化財の追加指定の意見具申を申請した。また、範囲確認調査報告書は3月31日に刊行された。

6月15日、国の文化審議会は中里貝塚の追加指定を答申し、9月19日、文部科学省告示第151号で官報告示され、史跡の追加指定が通知された。こうして史跡中里貝塚は新たに1,814.79㎡増え、合計6,248.49㎡の面積になった。

(3) 活用事業の展開

2000（平成12）年度、文化財保護法制定50年を迎えるにあたり、文化庁から記念協賛事業の参加が募集された。秋の中里貝塚国史跡指定を見込んで、指定を記念する講演会と一般公開を計画し、参加事業に応募することとした。また、東京都が主催する「東京文化財ウィーク」にも参加できるよう開催時期を併せた。

一般公開は、4千数百年前の海岸線に立って人の背丈を超すマガキとハマグリの堆積層を目線で見てもらい縄文人の息吹を体感してもらおうと考え、B地点の埋め戻された調査トレンチを再度、波食台まで掘下げ見学ルートを設定して行なわれた。チラシやリーフレット、パンフレットを作製し、学校教育とタイアップした現地での見学授業を校長会に提案するなど、開催の周知を図った。見学授業は小学校12校863名の児童から中学生、大学の考古学専攻生まで幅広い学生層におよんだ（図7）。10月21日から11月19日の開催期間中に現地を訪れた見学者は5,317名を数え、「実物は迫力が違う」といった感想を多くいただき成功裏に終了した。しかしこのような一般公開は、貝層露出面の崩落や劣化を招き、史跡保存の観点から言えば好ましくない。

一方、貝層の剥ぎ取り標本は有効な活用方法である。幸いA地点の国内最大厚の貝層剥ぎ取りを行なっており、現在、北区飛鳥山博物館の常設展示室で観ることができる（図8）。

次に史跡指定地の現状であるが、まずA地点は史跡指定前に現状保存を最優先に一部設計変更して公園が整備されている（図9）。また、発掘調査の成果を紹介する説明版が2ヵ所に設置されている（図10・11）。

2004（平成16）年度に整備したB地点は、中里貝塚史跡広場と命名され、広場の除草など清掃作業を地元町会に委託し、住民参加の管理に取組んでいる。広場内の園路沿いには、中里貝塚の復原イラストを盛込んだ史跡説明版が見学

図7 中学生の見学風景

図8 展示された貝層剥ぎ取り標本

図9 A地点の現況

図10 A地点史跡説明板①

図11 A地点史跡説明板②

図12 B地点史跡説明板

図 13　標柱　　　　　　　　図 14　秋期企画展

者の目を引いている（図 12）。さらに、A・B 両地点に 2 ヵ所ずつ国史跡中里貝塚の標柱を建て表示している（図 13）。

　北区飛鳥山博物館では、2010（平成 22）年 10 月 23 日から 12 月 5 日の間、中里貝塚国史跡指定 10 周年を記念する秋期企画展「奥東京湾の貝塚文化―中里貝塚とその時代―」を開催し、好評を博した（図 14）。会期中の 11 月 21 日には記念シンポジウム「中里貝塚と縄文社会」を実施し、本書刊行の契機になっている。

　以上のような活用事業を展開してきたが、現地で学習できる環境は未だ整ってはいない。ガイダンス施設の設置や史跡整備には、課題が山積しているのが現状である。史跡指定地を中心とする地下には未だ良好な貝層が眠っており、少なくともそれらを現状保存し、将来的にはどのように公有地化を図っていくかが問われている。

引用・参考文献
　品川区立品川歴史館編 2008『東京の貝塚を考える』雄山閣
　東京都北区教育委員会編 2000『中里貝塚』
　東京都北区教育委員会編 2002『七社神社裏貝塚　西ヶ原貝塚Ⅲ　中里貝塚Ⅱ』
　東京都北区教育委員会編 2012『中里貝塚範囲確認調査報告書』
　中島広顕 2002「中里貝塚保存と活用―史跡指定と一般公開の記録―」『文化財の保護』第 34 号、東京都教育委員会

第Ⅲ章　西ヶ原貝塚の発掘

酒詰による貝層分布図
（北区史編纂調査会編 1996 より）

1 昌林寺地点―國學院大学調査分―

坂上直嗣

はじめに

　西ヶ原貝塚は、東京都北区に所在し、東西約150m、南北約180mの範囲で南西に向けて開口した縄文時代中期後半から晩期前半の馬蹄形貝塚である。本貝塚の発見は古く、E.S.モースが大森貝塚を発見した翌年の1878（明治11）年頃W.S.チャプリンと石川千代松の両氏によって発見されている。発見以降、明治・大正・昭和初期には、多くの研究者によって遺跡の紹介や出土遺物の研究がなされている。戦後には1951（昭和26）年に東京大学の酒詰仲男によって発掘され、南西に向けて開口する直径100m前後の馬蹄形貝塚であると紹介される（図1）。1953（昭和28）年には、西ヶ原貝塚の範囲内に建つ昌林寺の住職の依頼により、境内裏庭の小丘状を呈した一角を國學院大学の樋口清之が10月5日から10月15日にかけて発掘している。國學院大学の調査成果は、北区史編纂事業に伴い大学から北区に遺物が移管され、東京都に提出された報告を基に、『北区史　資料編　考古1』にまとめられている。
　國學院大学が調査を実施した地点は、酒詰が記した西ヶ原貝塚全体像の中でも南西端部に位置している。本項では、國學院大学の樋口清之によって調査され、北区史編纂調査会考古部会によってまとめられた成果を紹介する。

1　検出された遺構

　貝層は、間層を挟んで3面確認され、上層より順に第Ⅰ・Ⅱ・Ⅲ貝層としている（図2）。表土より50cm下の第Ⅰ貝層は、加曽利B式～安行3b式土器が出土する破

図1　酒詰による貝層分布図
（北区史編纂調査会編1994より転載）

砕貝や貝粉を主体とする貝層だが、部分的にしか検出されず、かつ、乱掘による攪乱が著しく不明な点が多いとされる。表土より1.2m下部の第Ⅱ貝層は、加曽利B式期に形成された層厚70cmの純貝層または混土貝層であり、貝種は大型のハマグリを主体としアカガイやサルボウ・ハイガイ・シオフキ・アカニシ・ヤマトシジミ・オキアサリ・マガキなど多種の貝で構成される。第Ⅲ貝層は加曽利E式期に形成された層厚20cmの混土貝層であり、貝種はイタボガキ・マガキが主体でハマグリ・ハイガイなど第Ⅱ貝層に比べれば貝種は少なく、小型の貝で構成される。

　第Ⅲ貝層より5〜10cm下部の床面と考えられる硬化したローム面や、多数の柱穴と考えられる小ピットをつないだラインなどから、少なくとも5軒の住居址を想定している。そのうち3軒はローム面で確認された土器片石囲炉1基、地床炉2基から加曽利E式期のもの、1〜2軒はピットの深さや第Ⅱ貝層下部の焼土や灰層の存在から加曽利B式期と考えている。

　その他の遺構としては、直径50〜60cm、深さ1m前後の後期前葉のものと考えられる大型のピットが直線的に9基検出され、中期終末から後期初頭と考えられる伸展葬の人骨が検出されている。

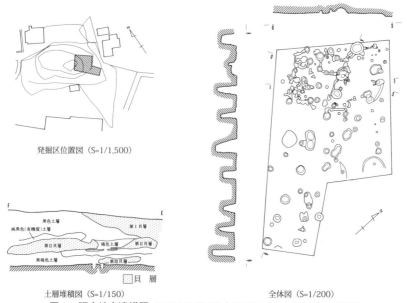

図2　調査地点遺構図（北区史編纂調査会編1994より一部加工して転載）

これらの遺構については、完掘時の全体図（図2）が残されているものの、その図から5軒分の住居址や貝層の分布状況を窺い知ることは非常に困難である。

2　出土した遺物

　出土遺物は一覧表として東京都に報告されている。土器は安行1・2・3b式・加曽利B式・堀之内式・加曽利E式などの破片が計1,000点、土製品は土版片・土偶片が計2点、石器は、凹石・敲石・石棒・打製石斧・石皿などが計8点、骨角製品は、ヘアピンなどが計2点、貝製品は貝輪・貝斧などが計6点、獣骨類は多数とされる。しかし、北区に移管された遺物の総量はテンバコにして60箱ほどあり、実際の各々の出土遺物量はもう少し多く、出土する土器型式も記載されているものより多くの型式が出土していたようである（図3・4）。

　『北区史』では、型式別土器の出土量の傾向を見るために、口縁部破片の数がカウントされている。それによれば、昌林寺地点で最も多く出土するのは後期中葉の加曽利B式で40％、次いでその前後の型式や晩期前半が10％ずつ、その次は遺構が検出される加曽利E式が6％ある。称名寺式も4％前後出土し

図3　出土遺物①（北区史編纂調査会編1994より転載）

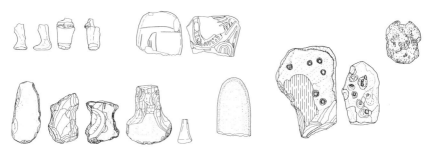

図4 出土遺物②（北区史編纂調査会編 1994 より転載）

ており、それ以外は不明の土器が多く、早期前半〜中期前半の土器はごく僅かである。

3　西ヶ原貝塚における昌林寺地点の意義

　西ヶ原貝塚は、古くは1892（明治25）年に坪井正五郎によって発掘されて以来、規模の大小を問わず数多くの調査が実施されてきた。ただし、いずれの調査も詳細な報告がなく終わってしまっている。そのため、昌林寺地点は1986（昭和61）年に北区の文化財行政の体制が整う前に、詳細な報告ができた唯一の調査である。

　また、調査面積が64㎡と狭い範囲ながらも、保存状態の良好な中期後半と後期中葉の2面の貝層が検出され、住居址や大型のピットなどの遺構と共に人骨も確認でき、早期前半から晩期前半にいたる土器や土製品・石器・獣骨類が豊富に出土するなど、西ヶ原貝塚の中でも非常に良好な資料が得られる地点といえる。これらの豊富な成果は、西ヶ原貝塚全体の形成過程や性格を検討し、より具体的に理解するために重要な資料を提示するものである。

引用・参考文献
　　北区史編纂調査会編 1994『北区史　資料編　考古1』東京都北区
　　北区史編纂調査会編 1996『北区史　通史編　原始古代』東京都北区
　　都内重要遺跡等調査団 1998「第Ⅰ部　西ヶ原貝塚」『都内重要遺跡等調査報告書』

2 東京都北区教育委員会調査分

坂 上 直 嗣

はじめに

　西ヶ原貝塚では、これまでに12地点[1]が東京都北区教育委員会および教育委員会の委託を受けた調査団などによって調査されている（図1）。これらの調査は小規模なものが多いが、その調査成果の積み重ねによって西ヶ原貝塚の性格がより具体的に判明しつつある。本項では、これらの各調査地点の成果の概要を紹介し、ほかの調査地点の成果[2]も踏まえ、西ヶ原貝塚の変遷について触れておこうと思う。

1 調査成果の概要

(1) 第Ⅴ・ⅩⅤ地点の調査

　調査地点は、西ヶ原貝塚の東側やや中央寄りにあたる。第Ⅴ地点は1985（昭和60）年に約200㎡、第ⅩⅤ地点は2010（平成22）年に63.16㎡の調査が実施されている（図2）。両調査地点は隣接しているので、本項では2地点の成果を扱う。
　貝層は、第Ⅴ地点でのみ確認されている。安行1式～安行3a式期にかけて遺構覆土中や遺物包含層中の9箇所に形成されており、いずれの貝層も小規模なブロックである。安行1式期の貝層は、1号住居址[3]覆土中に2箇所（g・h）形成された混土貝層、2号住居址覆土中に1箇所（i）形成された混貝土層である。貝種は、g・hが大型のハマグリ主体で、マガキ・オキシジミ・ヤマトシジミが混じる。iがマガキ主体で、ハマグリ・ハイガイが混じる。安行2式期の貝層は、1号土坑覆土中に1箇所（a）形成された混貝土層、遺物包含層中に3箇所（b・e・f）形成された混貝土層である。貝種は、分析がなされたa・b・eの、どの貝層もヤマトシジミが主体で、ハマグリ・マガキ・オキシジミが混じる。安行3a式期の貝層は、遺物包含層中に1箇所（c）形成された混貝土層である。貝種は、ヤマトシジミが主体で、マガキが微量に混じる。その他、5号土坑覆土中に貝層が形成されているが、分析されておらず、土坑の時期も不明なので、詳細は分からない。

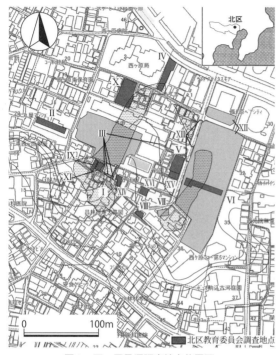

図1　西ヶ原貝塚調査地点位置図

貝以外の動物遺体としては、鳥・獣・魚骨が検出されているが、量はごく僅かである。特徴は、安行1式期の貝層からはスズキ・クロダイ・ウグイなどの大型魚種やイノシシの骨が多いが、安行2式期以降はウナギ・ハゼ・ギギなどの小型魚種やシカの骨が多く検出されるといった変化が見られる点である。

遺構は、住居址が第V地点から貝層を伴う安行1式期2軒、第XV地点から安行1式期1軒、後期安行式期1軒、安行3c式期2軒検出されている。どの住居址も調査区外に続くように検出されており、全容のわかるものはない。後期安行式期の住居址の平面形は隅丸方形で、関東ローム層を掘り込んで構築されており、第V地点の2号住居址から推定すると長軸6.50m前後の規模と考えられる。第XV地点の報告では第V地点の1号住居址と第XV地点の4号住居址が同一の可能性が高い[4]としたが、今回精査したところ、同一住居址ならば長軸10.00mを超えるような大型の住居址となるので、現状では異なる2軒の住居址と考えるのが妥当といえる。安行3c式期の住居址は、関東ローム層の上に堆積する暗褐色土を掘り込んで構築されている。炉や床面となりうる硬化面は確認できなかったが、柱穴になりうるピットや遺物の出土状況、土層の堆積状況から住居址と判断した。

住居址以外では、称名寺式期の土坑が1基、貝層を伴う安行2式期の土坑が1基、安行3c式期の墓壙が3基、時期不明の土坑が3基検出されている。時期不明の土坑のうち2基は大型のピットと考えられる。ほかには両調査区とも一面に無数のピットが穿たれており、掘立柱建物址などがあった可能性はあるが、復元できていない。

114　第Ⅲ章　西ヶ原貝塚の発掘

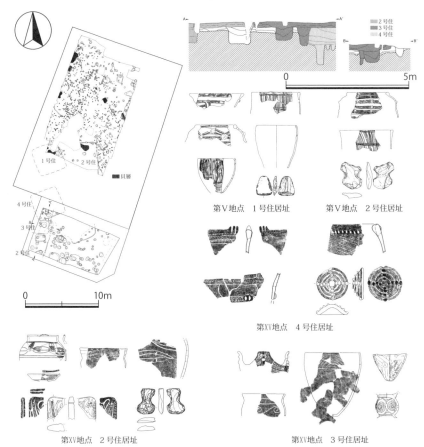

図2　第Ⅴ・ⅩⅤ地点　全体図・出土遺物

　遺物は、土器が最も多く出土しており、全体で90％以上の出土量である。時期としては、早期前半夏島式から晩期前半安行3式までの土器が出土しているが、第Ⅴ地点では後期の土器、第ⅩⅤ地点では安行3式の土器が最も多く、早期～中期の土器は少ない。器種は、深鉢が圧倒的に多く、浅鉢や製塩土器は少量出土している。また、異形台付土器や壺、蓋など稀有な器種の土器も出土している。土製品としては、中期後半加曽利E式土器を用いた土器片錘や後・晩期の土器片を用いた円盤状土製品、耳飾り、土版が出土している。

　石器は、磨石・敲石・石鏃・打製石斧・磨製石斧といった第一の道具とされるもの以外に、第二の道具とされる石棒が墓壙から出土している。

　骨角器は、赤彩されたものが第Ⅴ地点1号住居址床面直上から出土している。

(2) 第Ⅳ地点の調査

　調査地点は、西ヶ原貝塚の北端にあたり、1987（昭和62）年に約280㎡の調査が実施されている（図3）。

　貝層は、堀之内1式期と加曽利B式期と考えられる遺構内覆土中の5箇所に形成されており、いずれの貝層も小規模なブロックである。堀之内1式期の貝層は、2号住居址覆土中に2箇所形成された混土貝層、3号住居址覆土中に1箇所形成された混土貝層である。貝種は、どちらの貝層もハマグリが主体で65％前後を占める。次いで、ヤマトシジミが比較的多く混じる。この2種で貝層の90％を占めており、その他の貝種はどれも微量である。加曽利B式期の貝層は、4号土坑の覆土中に2箇所形成された混土貝層である。貝種は、ほぼハマグリで占められている。

　貝以外の動物遺体としては、堀之内式期の住居内貝層から、魚類が多種多量

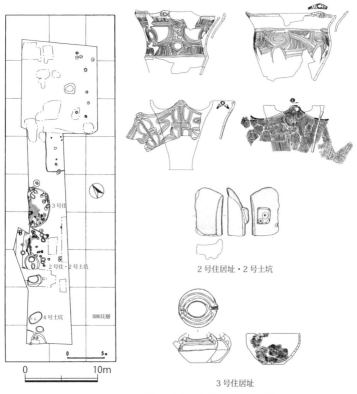

図3　第Ⅳ地点　全体図・出土遺物

に確認されており、スズキ・クロダイ・ウナギ・ボラ・コチ・イワシ類・キス類・マアジなどの出土量順で確認されている。爬虫類・鳥類の遺体はごく僅かで、哺乳類はイノシシ・シカが少量確認されている。加曽利B式期は分析されていないので、不明である。

遺構は、堀之内1～2式期の住居址が3軒検出され、うち2軒は貝層を伴う。どの住居址も調査区外に続くように検出されているため、全容のわかるものはない。検出された部分から推定すると、平面形は円形または楕円形で、規模は長軸5.00m前後と考えられる。

土坑は、7基検出されるが、明確に時期や性格がわかるものは少ない。注目すべきは、4号土坑の貝層を伴う加曽利B式期の墓壙である。保存状態は良くないが熟年女性と推定される人骨が埋葬されている。その他の土坑は、堀之内式期4基、加曽利B式期1基、時期不明1基である。その他の遺構としては、堀之内式期の埋甕が1基確認されている。

主な遺物は、土器・土製品・石器だが、骨角器も少量ながら出土している。

土器は、加曽利E式から後期中葉加曽利B式までの各型式のものが出土している。これらのうち、最も多く出土しているのは後期前葉堀之内1～2式の土器で、次いで加曽利B式の土器が出土している。それ以外の時期のものは散見される程度で、出土量は少ない。器種は、深鉢が主体を成し、浅鉢や注口土器などはごく僅かな出土量である。土製品は、深鉢胴部を転用した円盤状土製品や円筒形土偶が出土している。

石器は、磨石・敲石・石皿・凹石・石錘・石鏃・打製石斧などが出土している。石皿は、凹石や敲石に転用されているものが多い。ほかに、未貫通ながらも穿孔された軽石が出土しており、浮子の未成品と考えられる。

骨角器は、イノシシ下顎犬歯製鏃1点、イノシシ腓骨製針2点の製品が出土している。鹿角を縦断するように切り込みが入れられた未成品も出土している。

(3) 第Ⅵ地点の調査

調査地点は、西ヶ原貝塚の東側ほぼ中央付近にあたり、1988（昭和63）年に約120㎡の調査が実施されている（図4）。

貝層は、遺構内覆土中や遺物包含層中の7箇所に形成されており、小規模なブロック状のものが多いが、1箇所だけ比較的広く面的に形成されているところもある。形成時期は判然としないが、称名寺式期と加曽利B3式期以降の2時期と考えられる。称名寺式期の貝層は1箇所のみで、1号土坑覆土中に形成されたハマグリを主体とした純貝層である。残りの6箇所の貝層のうち、第5貝層は土坑覆土中に形成された混貝土層だが、ほかは遺物包含層中に形成された混土貝層である。検出層位と出土遺物から、全て加曽利B3式期以降と考え

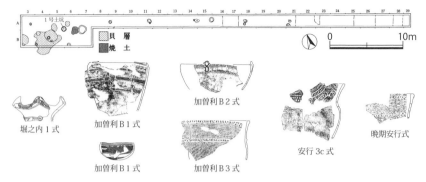

図4　第Ⅵ地点　全体図・出土遺物

られる。貝種はヤマトシジミが主体になる貝層とハマグリが主体になる貝層があるが、ヤマトシジミのほうがハマグリより2倍近く出土しており、その他の貝種はオオノガイやシオフキなどが混じるがごく微量である。

　魚類は、マアジ・ウナギ・クロダイ・サバ・イワシ類などのほかに、小型のサメやエイといった比較的多種の魚骨は確認されるものの、出土量は少ない。鳥獣類はヘビ・モグラ・イヌ・タヌキ・イノシシ・シカが確認されている。特にシカの出土量が多く、第Ⅳ地点2号住居址内の堀之内式期貝層より2倍近い数の出土量である。

　遺構は、称名寺式期の土坑が2基検出され、うち1基は貝層を伴っている。ほかには、遺物包含層である暗褐色土を掘り込んで構築された加曽利B3式期以降と考えられる貝層を伴う土坑が1基確認されている。また、関東ローム層直上の暗褐色土主体の遺物包含層中からは面的に焼土が確認され、炉の可能性もあるので、遺物包含層としている層中に堀之内式期から加曽利B式期にかけての住居址があった可能性も考えられる。

　遺物は、土器・土製品・石器が出土している。

　土器は、夏島式や加曽利E式が出土しているが、量は少ない。後期初頭の称名寺式は一定量の出土があるが、破片資料が多い。後期前葉以降は出土量が一気に増加する。その中でも多いのが堀之内2式〜加曽利B式であり、本調査地点の主体を成す。後期後葉以降の曽谷式、後期安行式、晩期安行式なども称名寺式より出土量は多い。器種は、ほとんどが深鉢であり、微量ながら浅鉢が出土している。土製品は深鉢底部を転用した円盤状土製品が1点、山形土偶の頭部破片1点、土偶の腰部破片1点が出土している。

　石器は、敲石・打製石斧・磨製石斧など8点のみの出土で、その他の調査地点と比べれば量は少ない。

(4) 第Ⅱ地点の調査

調査地点は、西ヶ原貝塚の西端で、酒詰によって観察された貝層の広がりから西に約50m離れた地点である。1989（平成元）年に約280㎡の調査が実施されている。

貝層は、ほとんど形成されておらず、僅かに堀之内1式期の土坑覆土中からクロダイの歯1点と貝類の破砕片が微量に検出されたにとどまる。

遺構は、堀之内1式期の土坑が3基検出されている。微量の破砕貝を含む土坑は、直径0.5m、深さが1.0mで第Ⅰ・ⅩⅠ地点などでも確認されている大型のピットといえよう。4号土坑は直径1.5m、深さ1.2mの円筒状の大型土坑である。性格は明らかにされていないものの、貯蔵穴の可能性が考えられる。3号土坑は検出範囲が限られるため、詳細は不明である。なお、報告書では6号住居址が縄文時代のものとされているが、平面形や住居址内構造物から弥生時代後期から終末にかけてのものである。

遺物は、土器が一定量出土している。前期後半諸磯b式や加曽利E式、加曽利B式も出土しているが、ほとんどが堀之内1式である。

(5) 第Ⅷ地点の調査

調査地点は、西ヶ原貝塚の南端であり、酒詰によって観察された貝層の広がりの南東端部から西に20mほどの地点である。1996（平成8）年に約70㎡の

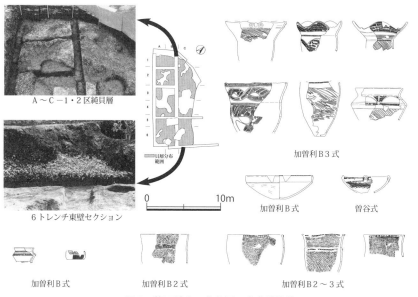

図5　第Ⅷ地点　全体図・出土遺物①

調査が実施されている（図5・6）。

　貝層は、加曽利B式～曽谷式期の大規模な面貝層が調査区一面に形成され、層厚20～60cmの純貝層～混土貝層であり、混土率や平面的なまとまりなどで14のブロックに分けられている。貝種は、ヤマトシジミが主体で85％を占め、ハマグリが10％、オオノガイ・マガキが各2％である。概ね東側の斜面上方から投棄が始まり、西側の斜面下方に向けて埋められていったと考えられる。

　魚類は、ウナギ(16%)・ギバチ(13%)・コイ科(12%)・エイ類(12%)・ハゼ科(7%)・カレイ科(7%)・イワシ類(8%)・クロダイ(6%)・タイ科(4%)・スズキ(3%)など多種が認められる。爬虫類・鳥類・哺乳類では、ウミガメ類・ヘビ類・キジ属・シカ・イノシシ・ノウサギ・タヌキ・イヌ・カワウソなどが確認されている。組成はシカが50％、イノシシが25％で、残りがその他である。シカについては出土した角座骨の全てに被熱の痕跡が認められ、出土状況として興味深い。

　遺構は、貝層中にはピット群、貝層直下～中にかけて構築された土壁状の盛土、貝層直下から、シカ・イノシシの顎骨と共に大・小破片の土器と灰ブロックの集中箇所、10cm程度の段差を持つ円形の落ち込み、ソフトローム層上面で確認されたピット群がある。いずれも詳細な性格は不明であるが、ピット群や貝層直下の落ち込み、土壁状遺構などは、平地式の住居址などの建物を想定

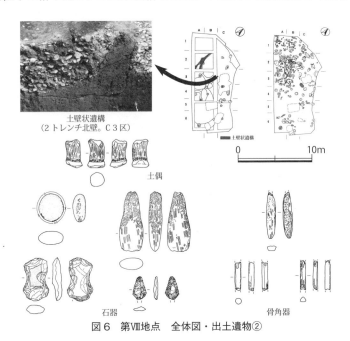

図6　第Ⅷ地点　全体図・出土遺物②

させる遺構であり、獣骨・土器片・灰の集中箇所は祭祀や儀礼を連想させる。

遺物は、土器・土製品・石器・骨角器が出土している。

土器は、加曽利E式～後期安行式までの各型式の土器が出土しているが、圧倒的に出土量が多いのは加曽利B式であり、中でも加曽利B2～3式が主体を成す。器種は深鉢が圧倒的に多いものの、浅鉢も比較的出土量が多く、台付鉢や異形台付土器の出土も見られる。また、精製土器だけではなく粗製土器の紐線文土器も多く出土している。土製品は土偶の足が1点出土している。

石器は磨・敲石が8点と最も多く出土しており、ほかには打製石斧・磨製石斧・石鏃が出土している。

骨角器は、鹿角製のヤス状刺突具が3点出土している。

(6) 第Ⅸ地点の調査

調査地点は、西ヶ原貝塚の南西端部付近にあたり、1996（平成8）年に9㎡の調査が実施されている。

貝層は、小規模なブロックが3箇所確認されるが、いずれの貝層ブロックも破砕貝が多く堆積がランダムで後世の遺構内覆土中から確認されたブロックもあるため、全て二次堆積によるものと判断されている。貝種は、ヤマトシジミが60％前後を占め、ハマグリが20％弱、マガキやオキシジミが6～7％である。ほかにはオオノガイやシオフキなども見られる。貝類以外では、クロダイ・シカ・イノシシ・モグラがごく僅かに出土している。

縄文時代の遺構は確認されていない。遺物は中期後半の土器が50％前後、後期の土器が40％強、晩期の土器が10％未満の割合で出土している。貝種の組成や時期毎の遺物の出土量から、当調査地点の貝層ブロックは加曽利E式期のものと推定される。

(7) 第ⅩⅠ地点の調査

調査地点は、西ヶ原貝塚の南西端部付近にあたり、2002（平成14）年に約120㎡の調査が実施されている（図7・8）。

貝層は、加曽利E式～安行1式期にかけての遺構内覆土中に9箇所形成されており、いずれも小規模なブロックである。ほかに中世以降の遺構内覆土中に二次堆積のブロックが1箇所確認されている。加曽利E式期の貝層は4・5号住居址覆土中に1箇所ずつ形成された混土貝層や混貝土層で、層厚は25cm前後である。貝種はヤマトシジミが90％近くを占め、一部マガキが多く混じるブロックもあるが、ハマグリ・オキシジミ・シオフキなどと合わせ総量で10％になる。称名寺式～堀之内式期の貝層は、1～3号住居址覆土中に3箇所、1号土坑の覆土中に1箇所形成された混土貝層～混貝土層で、層厚は10～35cmである。貝種はハマグリが50％弱で主体であり、オキシジミ・ハイガイ

は各10%前後、マガキ・ヤマトシジミ・イボキサゴは5%前後あり、その他にシオフキ・サルボウ・アサリが多いブロックも存在するなど多様な貝種で構成される。安行1式期の貝層は、8号住居址覆土中に1箇所形成された混土貝層で、層厚は20cmである。貝種は、ヤマトシジミが50%強、ハマグリが40%強で主体であり、シオフキ・マガキ・オオノガイなどが微量に混じる。中世以降の7号土坑覆土中の貝層は、主体的に出土する土器が安行3式のため、晩期の貝層の二次堆積と判断している。貝種はヤマトシジミが80%強を占め、ハマグリ・マガキ・オオノガイ・オキシジミなどが微量に混じる。

　魚類は、多種が確認されており、アジ類、ウナギ、ニシン科、サメ・エイ類が主体である。中でもアジ類が中期～後期にかけて一貫して主体となっている。ニシン科、サメ・エイ類も時期的な変動は小さい。キス属、サバ属は中期から後期前葉に多く、ウナギは後期以降に多く確認される。カタクチイワシは中期と後期後葉で多い。スズキやクロダイなどの大型魚や淡水系のコイ科、ドジョウ科、ギバチは各時期を通して少量確認される。両生類、爬虫類ではヘビ類、カエル類、鳥類ではキジ属、カモ類が主体であるが、出土量はごく僅かである。哺乳類では、タヌキ、イヌ、テン、イタチなどの小型獣も確認されているが、シカとイノシシが圧倒的多数を占め、中期後半から後期前葉ではイノシシ、後期後葉以降はシカが主体をなす。

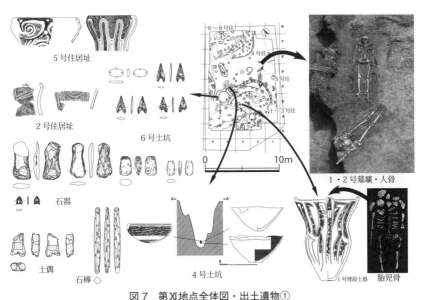

図7　第XI地点全体図・出土遺物①

遺構は、加曽利E式〜安行1式期までの住居址・貝層ブロック・土坑（墓壙を含む）・屋外埋設土器・ピットなどが確認される。

　住居址は、加曽利EⅢ式期が3軒、E式期が1軒で2軒は貝層を伴う。称名寺Ⅰ式期・堀之内式1式期はともに各2軒確認され、称名寺Ⅰ式期は1軒、堀之内1式期は2軒とも貝層を伴う。詳細な時期が不明確な後期の住居址は1軒あり安行1式期の貝層を伴う。

　土坑は、加曽利E式期が2基あり、墓壙と貯蔵穴の可能性が高い。堀之内2式期は1基で上層に貝層を伴う。加曽利B式期と考えられる墓壙からは4体の縄文人骨が確認される。そのうち3体は遺存状態が非常に良好で、詳細な記録が残せた点からしても資料的価値は高い。曽谷式期の土坑は可能性があるものを含め2基検出される。いずれも深さが1m以上あり、正確な用途は不明ながら柱穴の可能性が高い。なお、1基からは意図的に1/3程打ち欠かれた3個体の浅鉢が入れ子状になって出土している。ほかには、時期の不明確な陥し穴と考えられる土坑と時期・性格共に不明確な土坑が各1基検出されている。

　屋外埋設土器は2基確認され、1基は加曽利EⅢ〜Ⅳ式期、もう1基は称名寺Ⅰ式期である。ただし、称名寺Ⅰ式期の屋外埋設土器からは保存状態の良好

図8　第Ⅺ地点　全体図・出土遺物②

な胎児骨が確認されているので、1号住居址に伴う可能性がある。

　出土遺物のうち99%以上は土器で占められており、早期前半～晩期前半まで約17,000点出土している。中でも半数近くが加曽利EⅢ～Ⅳ式や曽利系といった中期後半の土器である。早期や前期の土器はごく僅かで、後期はほぼ全ての型式の土器が各々1割弱から2割程度出土しており、晩期の土器は2～3%出土している。器種では深鉢が圧倒的に多く、ごく僅かに浅鉢や台付鉢などが出土している。土製品は、土器片錘や円盤状土製品のほかに破損した土偶の一部が出土している。

　石器・石製品は56点出土しており、磨・敲石が約半数を占める。次いで石鏃、打製石斧、砥石、磨製石斧、石錘、石皿の順である。石製品では、石棒、石剣、玉、垂飾未成品と推測されるものが各1点出土している。

　骨角器・貝製品は28点出土しており、刺突具や針、鏃などのほかに髪針や玉といった装飾品もある。貝刃はハマグリが用いられており、サルボウの穿孔品が出土している。

(8) 第XⅢ地点の調査

　調査地点は、西ヶ原貝塚の北東部で、2009（平成21）年に 0.8 × 4.0m 前後のトレンチ調査が3箇所実施されている。

　調査区内で明確な貝層は確認されていないが、アカニシ・マガキ・ハマグリの3種の貝が確認されている。

　遺構は、中期後半と後期中葉、時期不明確な土坑3基とピット1本が確認されている。検出範囲が限られているため、詳細な性格は不明である。

　遺物は、後期安行式が多く出土しており、次いで加曽利B式、堀之内式の順である。加曽利E式や前期前半の土器も僅かながら出土している。土器以外では、打製石斧・敲石・剥片が各1点出土している。

(9) 試掘・確認調査

　第Ⅹ地点は、西ヶ原貝塚の北西部にあたる。試掘のみで本調査には至ってい

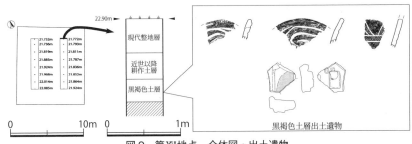

図9　第XⅥ地点　全体図・出土遺物

ないため詳細は不明だが、貝層は確認されている。
　第XIV地点は、西ヶ原貝塚の中央やや南西寄りにあたり、2010（平成22）年に試掘調査が実施されている。現況地表面より0.9〜1.2m下部からローム層上面が確認でき、ピットが1本検出されている。
　第XVI地点は、西ヶ原貝塚の中央からやや南寄りにあたり、2010（平成22）年に試掘調査が実施されている（図9）。遺構は確認されなかったが、現況地表面より1.1m前後下部の標高21.8m前後で関東ローム層上面が確認される。また、ローム層直上の黒褐色土中からは安行3c式の土器や石皿が出土している。

2　西ヶ原貝塚の地理的環境

　武蔵野台地は、関東平野西部の多摩川と荒川に挟まれた地域に広がる台地である。多摩川によって東京都青梅市付近を扇頂とした扇状地が形成され、それを基盤として上部に関東ローム層が数mから十数mの厚みを持って堆積している。武蔵野台地の北東端部は本郷台と呼ばれ、本郷台は東京都北区赤羽から台東区上野付近までの北西から南東に延びる標高22m前後の長方形状の台地である。西側は南東流する谷端川[5)]によって豊島台と画され、東側は比高差15〜20m前後ある急峻な崖線を境に、荒川や利根川などによって形成された東京低地が千葉県市川市付近の下総台地まで広がる。本郷台は、東流する石神

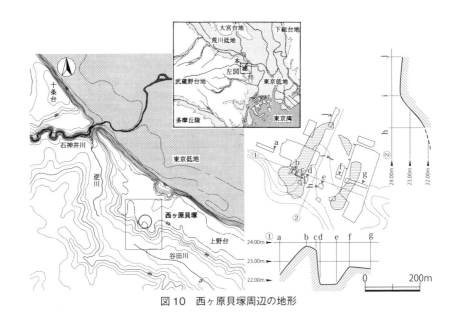

図10　西ヶ原貝塚周辺の地形

井川や江戸時代に開削されたとされる北耕地川[6]によって南北に3つに分断されており、北から通称「赤羽台」、「十条台」、「上野台」と呼ばれる。

　東京都北区西ヶ原三丁目一帯に所在する西ヶ原貝塚は、その「上野台」と呼ばれる台地上に立地している。さらに細かく見ると、遺跡が立地する台地の南西側には南東流する谷田川[7]があり、谷底に向かって比較的緩やかに傾斜している。西ヶ原貝塚の貝層や集落は、上野台の台地上から谷田川へと向かう緩斜面にかけて形成されている。また、図10に示す通り、貝塚の中心部には谷田川によって開析された小支谷が入り込んでいる。第XVI地点の関東ローム層が確認できる標高は21.8m前後で、ローム層直上の黒褐色土層中からは晩期中葉の安行3c式土器が出土している。貝塚西側の第XI地点の関東ローム層上面の標高は23.5m前後、北・東側の第IV・XIII・XV地点などの関東ローム層上面の標高は22.6〜22.9mで、遺構や貝層が形成されている地点は中心部より西側で1.5m前後、北・東側でも1m前後標高が高い。つまり、貝塚の中心部には、縄文時代晩期以前は谷田川へと続く谷頭が窪地として存在しており、その周囲に住居址や貝塚が形成されたといえる。

3　西ヶ原貝塚の変遷

　西ヶ原貝塚における最古の住居址は前期前半の黒浜式期だが、貝層はまだ形成されていない。後続する前期後半の諸磯式期には住居址すら確認されない。黒浜式期では、西ヶ原遺跡群一円に住居址が確認され、大規模な集落が形成されている。西ヶ原貝塚で検出された住居址は、そちらの集落の一部といえる。

　西ヶ原貝塚に本格的に集落が営まれ始めたのは、中期後半の加曽利EIII式期からである。この時期の住居址は貝塚南西端部付近に色濃く残されており、

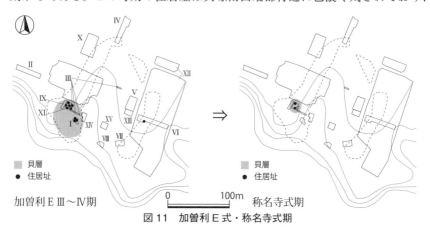

図11　加曽利E式・称名寺式期

貝層も形成され、加曽利EⅣ式まで続いている。第Ⅻ地点でも住居址が1軒検出されているが、集落の中心は貝塚南西端部と見て良いであろう（図11）。

　中期後半の生業活動で特徴的なことは、漁撈活動のうち主体的に採取していた貝類がヤマトシジミという点である。西ヶ原貝塚の西約1kmの東京低地にほぼ同時期に形成された著名な中里貝塚とは廃棄された貝種が明瞭に異なり、貝種による利用の差として注目されている（阿部2000、植月2002、樋泉ほか2000）。魚類ではアジ類などの出土量が多く、サメ・エイ類やキス属なども比較的多い。クロダイ・スズキなどの大型魚は少ない。狩猟活動では、両生類・爬虫類・鳥類・哺乳類の出土が認められるものの、貝塚規模の割には種類が少ない。また、出土する総量のうち、8割以上をシカ・イノシシで占め、特にイノシシの割合が大きい。しかし、これも魚類の豊富な出土量に比べれば少ない。また、磨・敲石や石皿、打製石斧なども出土しているので、堅果・根茎類などの植物質食料の採集も、当然行われていたであろう。

　後期初頭の称名寺式期では、居住や生業活動の痕跡が貧弱で、貝塚南西端部付近の第Ⅺ地点と東側の第Ⅵ・Ⅻ地点で確認されるだけである（図11）。続く、後期前葉の堀之内式期になると、住居址数が爆発的に増え、西ヶ原貝塚の一円に広がる。本貝塚で確認できる住居址数が最も多い時期は堀之内式期であろう。この住居址の多さに呼応するように貝層も貝塚一円に形成されており、さらに、貝塚から外れた地点にも活動の痕跡が残されている。後期中葉の加曽利B式期は、加曽利B2式期の貝層形成低調期によって前・後半に大きく二分されるものの、西ヶ原貝塚で最も活発に貝が採取・投棄され、大規模な貝層が形成される時期である。堀之内式期までは遺構内覆土中に貝層ブロックが形成されることが多いが、この時期には貝塚の南側で谷田川に向かう緩斜面に位置す

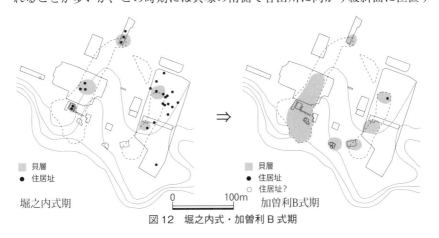

図12　堀之内式・加曽利B式期

る第Ⅰ・Ⅷ・Ⅻ地点周辺で、第Ⅰ地点は前半に、第Ⅷ・Ⅻ地点は後半に大規模な斜面貝層が形成される。しかしながら、明瞭に確認された住居址は少なく、大規模な貝層を残しておきながら、本貝塚に人々が居住しなかったとは考えにくい。1951（昭和26）年に本貝塚を調査した酒詰仲男の調査概報によれば、「貝殻が散布している部分だけ隆起していて」との記述がある（酒詰1951）。現在では戦後の宅地化による削平を受け、その面影は皆無だが、その隆起していた部分に当該期の住居址が構築されていた可能性や竪穴住居だけではない別の居住形態を視野に入れ、調査方法を再考する必要がある（図12）。後期後葉の曽谷式～安行2式期になると、住居数も貝層の形成も低調に転じて、その痕跡はごく僅かな調査地点で確認されるに留まる（図13）。

　後期の生業活動の特徴は、加曽利B2式期の貝層形成低調期を挟んだ堀之内式～加曽利B1式期の前半と加曽利B3式～安行2式期の後半で狩猟・漁撈活動の様相が大きく異なる点である。前半は、漁撈活動のうち採取される貝種の主体が中期後半から一転してハマグリに変わる。ただし、東側の第Ⅻ地点ではヤマトシジミの出土量も多い。魚類は中期後半とさほど変わらないが、ウナギの出土量が増大する。狩猟活動も加曽利E式期と大きな変化は見られない。後半の漁撈活動では、採取される貝種の主体が加曽利B3式期にヤマトシジミに変わる。その後、安行1式期にハマグリが主体となり、安行2式期以降は再びヤマトシジミ主体に変化する。魚類は中期後半以降大きな変化は見られないが、第Ⅴ・Ⅷ地点などではウナギ・コイ科など淡水魚の出土量が目立つ地点があり、地点によって組成が異なる。狩猟活動では鳥・獣骨の種類に変化はなく、シカ・イノシシで主体を占める点にも変化はないが、安行1式期以降シカの割合が多くなり、魚骨との割合も時期が下るにつれ徐々に獣骨が増加しだす。採集活動

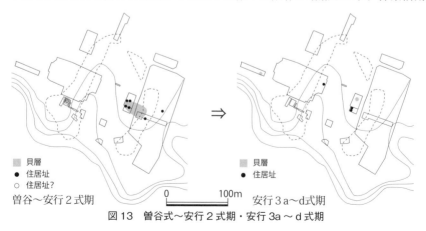

図13　曽谷式～安行2式期・安行3a～d式期

では、後期全般にわたり石器の組成や出土量に中期後半との明確な変化は認められないので、中期後半同様の植物質食料を獲得していたものと考えられる。

　晩期前半の安行3a～d式期になると、住居や貝層が前時期までよりやや貝塚の内側に形成されるようになる。また、第Ⅲ・ⅩⅤ地点で住居址が確認されているように谷頭を挟んだ貝塚の東西で確認されるので、当該期でも谷頭を囲むように集落が形成された可能性がある（図13）。

　晩期の生業活動を示すデータ量は貧弱なため不明確な部分が多いが、採取される貝類の主体はヤマトシジミが主体のようで前時期と同様の傾向である。狩猟活動においてはシカの主体の組成は変わらず、出土量は増え、より狩猟活動の比重が増加していると推測される。

　これまでのところ、晩期後半以降には住居や貝層形成の痕跡は確認されていないので、貝層は安行3a式期、居住は安行3d式期を持って西ヶ原貝塚の集落は終了する。

おわりに

　栃木県小山市の寺野東遺跡の調査で一躍有名になった「環状盛土遺構」は、発見当初こそ巨大な祭祀スタジアム説など遺構の規模の大きさから非日常的な性格が考えられた。しかしながら、現在では研究者によって細かな差異はまだ残るものの、関東地方の縄文時代後・晩期における長期的に継続する大規模で拠点的な集落という点で意見は一致している。ここで、西ヶ原貝塚の形成時期や集落の変遷、規模、地形的な立地条件を改めて見てみると、南北約180m、東西約150mの範囲に加曽利E式～安行3d式期にかけて中央の窪地である谷頭を囲むように地点を変えながら集落や貝層が形成され、最終的に馬蹄形となった貝塚で、貝層部分は周囲より盛り上がっていたとされる。このような西ヶ原貝塚の特徴は、いわゆる「環状盛土遺構」と呼ばれる遺跡に類似しており、本貝塚も「環状盛土遺構」と呼ばれるにふさわしい貝塚であったのではなかろうか。いずれにしても、西ヶ原貝塚は東京湾西岸における数少ない中期から晩期まで続く大規模な集落であり、関東地方における縄文時代後・晩期研究に豊富な資料と課題を提供してくれる学史に残る重要な遺跡の一つといえる。

　前項も含め本項の図版を作成するにあたり青池紀子氏のお手を煩わせた。文末であるが明記し、深甚なる謝意を表したいと思う。

註

1）　地点名は『西ヶ原貝塚Ⅳ』の地点名を踏襲し、それ以降の調査地点は、調査

年代の古い順に地点名を付けた。また、西ヶ原貝塚では前項の國學院大学や酒詰仲男、都内重要遺跡等調査団、東京都埋蔵文化財センターなどによる調査が実施されている。ほかにも記録が残されていない調査が多数あるが、ある程度報告・発表された調査を調査地点として扱っている。
2) その他の調査地点の成果については、各調査地点の報告書を参照のこと。
3) 遺構名は報告書によって呼称が異なるので、本項では簡便化を図るために住居址・竪穴建物址・SIといった、いわゆる住居址などは「○号住居址」、SK・土坑は「○号土坑」などと統一した。
4) 第XV地点の調査は、東京都北区教育委員会が調査主体者で、筆者が調査に従事し執筆したものである。
5)6)7)　現在はいずれも暗渠化されている。

引用・参考文献

阿部芳郎 2000「縄文時代の生業と中里貝塚の形成」『中里貝塚』東京都北区教育委員会
阿部芳郎・須賀博子ほか 1998「第Ⅰ部 北区西ヶ原貝塚」『都内重要遺跡等調査報告書』都内重要遺跡等調査団
植月　学 2002「結語」『七社神社裏貝塚・西ヶ原貝塚Ⅲ・中里貝塚Ⅱ』東京都北区教育委員会
植月　学・坂上直嗣ほか 2002『七社神社裏貝塚・西ヶ原貝塚Ⅲ・中里貝塚Ⅱ』東京都北区教育委員会
北区史編纂調査会編 1994『北区史　資料編　考古1』東京都北区
北区史編纂調査会編 1996『北区史　通史編　原始古代』東京都北区
酒詰仲男 1951「東京都西ヶ原昌林寺附近（飛鳥中学校附近）貝塚概報」『飛鳥の友』創刊号、飛鳥中学校PTA、成人教育委員会
坂上直嗣・植月　学ほか 2004『西ヶ原貝塚Ⅳ』東京都北区教育委員会
坂上直嗣・柴田英行 2005『区内遺跡発掘調査報告』東京都北区教育委員会
樋泉岳二・保阪太一・山谷文人 2000「中里貝塚における人間の活動」『中里貝塚』東京都北区教育委員会
東京都北区教育委員会 2011『北区埋蔵文化財調査年報』―平成21年度―
東京都北区教育委員会 2012『北区埋蔵文化財調査年報』―平成22年度―
西澤　明・栗城譲一ほか 2011『西ヶ原貝塚』東京都埋蔵文化財センター
「馬場小室山遺跡に学ぶ市民フォーラム」実行委員会 2005「「環状盛土遺構」研究の到達点」予稿集
「馬場小室山遺跡に学ぶ市民フォーラム」実行委員会 2007「「環状盛土遺構」研究

の現段階―馬場小室山遺跡から展望する縄文時代後晩期の集落と地域―」
本郷学園社会科学研究クラブ 1952「西ヶ原昌林寺貝塚概報」『かけら』5
松本太郎・鵜飼堅証ほか 1994『西ヶ原貝塚Ⅱ・東谷戸遺跡』東京都北区教育委員会
三田村美彦・菊川由里子ほか 1986『北区　西ヶ原貝塚』西ヶ原貝塚遺跡調査団

3 西ヶ原貝塚第Ⅲ地点—東京都教育委員会調査分—

須 賀 博 子

　日本考古学史上、古く明治時代から調査研究されてきた西ヶ原貝塚は、1919（大正8）年に都内旧跡に指定されている。その後馬蹄形状を呈する貝層の広がりなどは指摘されていた一方で（酒詰 1951）、遺跡の広がる地形や範囲、その成り立ちには不明な部分が近年まで残されていた。そのような状況下、東京都による旧跡を史跡に指定しなおす事業の中で、将来の保存と活用を見据えた、遺跡の遺存状態や内容を確認する調査が計画された。その地として選ばれたのが本地点である（図1左上）。

　調査地点は、それまで馬蹄形貝層の西側部分の調査が少なかったこと、灰や堅果類の詰まった小形竪穴群の検出など成果を上げた酒詰の飛鳥中学校の調査地点（酒詰 1951）を再確認すること、などを考慮して選択された。調査は1995（平成7）年の1次調査、それを踏まえた翌年の2次調査と、2回にわたり行われている。

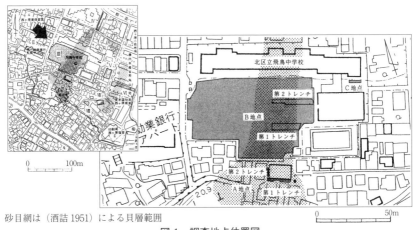

砂目網は（酒詰 1951）による貝層範囲
図1　調査地点位置図

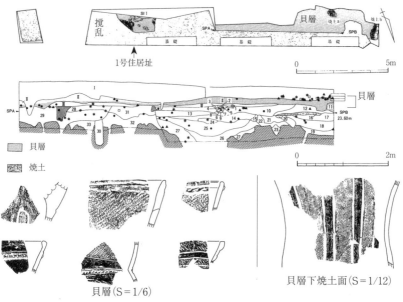

図2　A地点第1トレンチ

　まず1次調査では、中学校の校庭部分の旧地形と遺構・貝層の分布を、地中探査レーダーにより推定した。その結果、校庭の東側で、東に向かって傾斜面を持ち、一部はテラス状となる埋没地形が復元された。このことから、中央の凹地地形の存在が推測されたのである。一方、推定された遺構・貝層の密な分布については、その後の発掘調査で撹乱が大部分であることが明らかになった。しかしながら残されたわずかな部分から晩期の住居址が検出されるなど、貴重な成果が得られている。

　発掘調査をしたのは、A～C地点（図1右）である。1次調査では、A地点で貝層部、C地点で中央凹地に相当する部分の調査を行っている。2次調査では、地下レーダーの成果をうけて、馬蹄形の貝層部から中央凹地にかかるB地点、及びA地点貝層部の追加調査を行った。

　では、各地点の内容を概観してみよう（阿部ほか1998）。

1　貝層部の調査―A地点―

　A地点は、馬蹄形貝層の西側の広がりに相当する部分である。建物と塀の間に貝の散布しているわずかに残された部分をねらってトレンチが設定された

(図1右)。1次調査で東西方向の第1トレンチ（図2）、2次で南北方向の第2トレンチ（図3）の調査を行っている。両トレンチにわたり、中期後葉〜後期前葉の遺構や貝層の上に、後期前葉〜中葉の面的に広がる貝層が重なって堆積している状況が認められた点が、遺跡の成り立ちを考える上で重要な成果である。

第1トレンチ（図2）　西側は、建物の基礎部分を除き、後期の土器を主体とする約20cm厚さの混土貝層が、表土下に広く広がっていた。そして貝層の下には、焼土面を含む複雑な土層堆積が、ハードローム上面まで厚く堆積している。

上部の貝層とその下の数枚の土層からは後期前葉〜中葉の堀之内式〜加曽利B式土器、その下位の層群からは中期後葉の加曽利EⅡ〜Ⅲ式土器が主に出土している。このような状況から、中期後葉〜後期前葉の遺構群が構築された後に、後期前葉〜中葉の貝層が形成された、という過程が確認できる。

東側は撹乱部分が多いものの、中期後葉の加曽利EⅡ〜Ⅲ式期の住居址の一部が遺存していた。覆土からはわずかだが貝層が検出されている。また住居址の上部には、西側で確認された後期の貝層がここにも広がっていた。

第2トレンチ（図3）　第1トレンチの西端で検出された、後期貝層の広がりと遺存状況を確認するために設定されたトレンチである。

その後期の貝層は、第2トレンチにも、表土下に広く広がることが確認された。また、トレンチ北側では、後期貝層下に焼土層の間層を挟み、中期後葉の貝層と、その貝層が住居址の床面と推測されるローム面を覆っている堆積状況がみられた。第1トレンチと類似する堆積の形成過程が確認できたのである。

なお、トレンチ南西端のE-1-13グリッドでは、後期の貝層下部から、ヤス状鹿角製品が6点纏まった状態で出土した（図3下）。出土状況から堀之内式期に比定される。この地点に近接する第1トレンチの西端では、ほぼ同レベルの焼土面で、加工痕を残す鹿角がまとまって出土しており、この付近が鹿角製品の製作と関連を持つ場であったことが推測される。

貝層部分は、全量を人工層位単位でサンプルし、水洗選別を行った。A地点の貝層は、中・後期ともハマグリとヤマトシジミを主体種とし、大局的にみれば後期の方がヤマトシジミの比率が高くなっている。しかしながら細かくみると、同時期内のサンプル間でも組成にはばらつきがみられる。また、海退現象とは一見矛盾するような後期におけるハマグリのサイズ構成のピークの大型化、さらに中期〜後期の周辺遺跡との貝層の比較などから、海退に伴う鹹水種の減少という単純な説明では不十分であることが指摘されている。

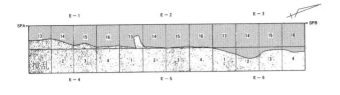

上部貝層の
広がり

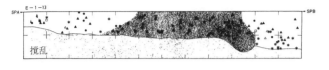

上部貝層下の
焼土層と遺物
出土状況

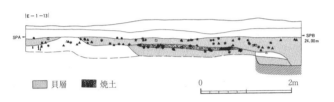

焼土層を挟み、
後期の貝層と
中期の貝層が
重なっている

第2トレンチの南西端、E-1-13グリッドの後期貝層の下部からヤス状鹿角製品が、6本まとまって出土した。

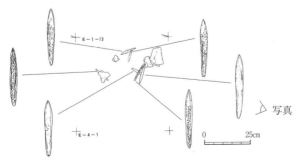

図3　A地点第2トレンチ

2　貝層から中央凹地部にかけての調査―B地点―

　B地点は、貝層から中央部分にかけての地形と、貝層・遺構の広がりの関係や内容を解明するために設定された（図1）。

　第1・2トレンチとも、西側部分は、ローム層まで広範囲に撹乱が及び、包含層や面的に広がる貝層は遺存していなかった。対して、中央から東側にかけては、両トレンチで、ローム面が東側に向かって緩く傾斜し、中途で急激に落込む状況が明らかになった。近世に構築された2本の溝による影響もあろうが、地下レーダー探査で事前に推測されていたとおり、本来中央に凹地地形が存在したことが確認できたのである（図4）。

　トレンチ西方のローム面では、多数の土坑やピットの残存部分が検出された。出土した土器小片を参考にするならば、後期中葉の加曽利B式期を中心として、中期末葉から晩期前葉に及ぶ遺構が、多数構築された状況がうかがえる。また、面的な貝層の堆積は捉えられなかったものの、遺構内に遺存する貝層や、中央よりの傾斜地に移動された撹乱貝層の存在から、本来は酒詰が指摘した面的な貝層が平坦部に広がっていたものと推測された。

　一方、中央凹地に向かって傾斜する位置には、晩期中葉の安行3d式期の住居址が、第2トレンチで検出された。

　このような状況から、中央凹地を囲む高い平坦面に後期中葉を主体に中期末から晩期前葉にかけての遺構や貝層が形成され、晩期中葉には中央凹地よりの傾斜地に遺構が構築されていた様相が明らかになった。

　なお、当初の目的のひとつであった、1951（昭和26）年の酒詰仲男を中心とした東京大学人類学教室の調査地点は、確認することができなかった。

　検出された主な土坑　土坑には、形態や出土遺物などの点で、多様な様相がみられる。特徴的な例をみてみよう。

　第1トレンチでは、土坑12基、ピット23基が検出された。うち3基の土坑に貝層や微量な貝が認められた。

　3号土坑は掘り込みの浅い土坑墓で、大腿骨の上に加曽利B1式粗製土器の大形片が被せられていた。この地点には後期中葉の墓が形成されていたことが窺える。

　第2トレンチでは、土坑4基、ピット32基が確認された。土坑2基から貝層、1基から魚骨が出土している。

　4号土坑では埋まりかかった土坑上部に浅い凹みを形成し、イノシシの頭骨を埋納していた（図4左下）。上部には貝層が堆積しており、その形成の初期に行われたものである。加曽利B2式土器が出土しており、後期中葉頃に比定

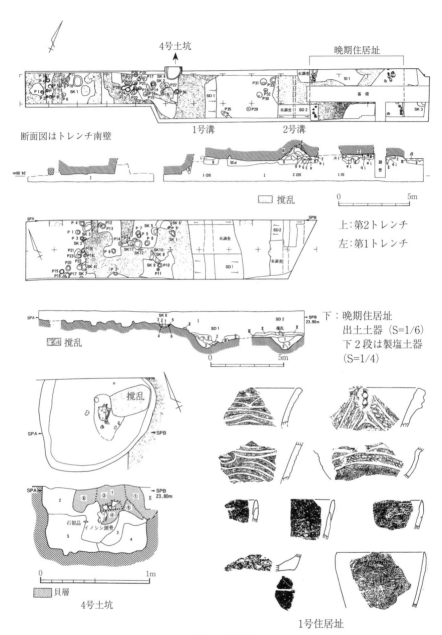

図4 B地点

される。

　2号土坑からは、細かな魚骨が多量に出土した。一部の鑑定の結果、アジ類など小形魚を主体としたものであることが判明している。加曽利B2式土器が出土しており、該期の水産資源の利用形態を考える上で注目される。

晩期中葉の住居址の調査　第2トレンチで検出された住居址は、床面付近から出土した土器から、晩期中葉の安行3d式期に比定される（図4右下）。調査できたのは一部分であり、炉址は検出できなかったが、東西の壁柱穴列と、覆土が一部残存していた。確認面の覆土は暗褐色と、一部漆黒の黒色土からなるものであった。

　調査当初に注意されたのは、径1mm前後を主体とする細かな焼骨粉が多量にみられることであった。祭祀行為と結びつけて説明されることが多い焼骨粉であるが、まずは住居址内での分布状況を明らかにするために、覆土を50cm四方、厚さ5cmの単位で全量をサンプル・水洗し、重量分布を分析した。その結果、調査時の所見通り、壁柱穴周辺の土壌中に分布重量が高いこと、壁柱穴内には含まれないことが明らかになった。また、壁柱穴周辺のブロック状の複雑な土層の堆積状況もあわせて、壁体の一部として利用された可能性が指摘されている。

　なお、土壌サンプルのもう1つの目的は微小な遺物類の回収にあったが、チャートを中心とした剥片・チップ類が多量に検出された。

　もう1点注目されたのは、安行3d式土器に伴ういわゆる製塩土器の出土であった（図4右下）。製塩行為を検証する手立てとして、珪藻分析など理化学的な手法が調査時から計画され、製塩土器の上下の周辺土壌も比較サンプルとして採取された。その結果、比較土壌や非製塩土器に比べ、海水性種の珪藻が、種類と量の点で製塩土器に多い傾向が認められている。

　また、胎土分析の結果、出土した製塩土器が、比較のために分析した霞ヶ浦沿岸の法堂遺跡の製塩土器とは異なり、伴出した安行3d式土器と類似性の高い在地的な胎土で製作されていることが推定された。

　このような点から、これまでの霞ヶ浦沿岸の製塩土器を多産する遺跡からの周辺地域への搬出という一方向的な図式に対し、後者の地における自給的な製塩土器の生産と製塩活動の存在、という問題がなげかけられている。

3　中央凹地部の調査—C地点—

　C地点は、馬蹄形を呈する貝塚の中央部分に位置する。貝層内側の部分における遺構の広がりの有無が問題になる地点で、地形的にはB地点の東側部分との比較が注意される地点である（図1・5）。

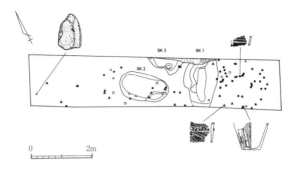

図5 C地点

　表土と旧耕作土の下には、極薄い暗褐色土が堆積し、以下、漸移層を挟まずローム層へ移行していた。後期中葉～晩期中葉の土器が出土しているが、主体は後期中葉の加曽利B式である。土坑が3基検出され、いずれも後期中葉と推測された。
　当地点は、中央凹地内でもやや平坦な地形を呈する地点であり、貝層の内側の部分にも、後期中葉の遺構が広がることが確認された。

＊

　当調査地点は、事前に予測した以上に撹乱されており、残された部分はごくわずかであった。しかしながら、残された部分を丹念に繋ぐことによって、西ヶ原貝塚の中期～晩期にわたる遺構や貝層の形成過程を検討できることも明らかになったのである。
　これらの結果を踏まえ、西ヶ原貝塚は、1999（平成11）年に、東京都史跡に指定されている。

引用・参考文献
　阿部芳郎ほか 1998「第Ⅰ部　都指定旧跡　北区　西ヶ原貝塚」『都内重要遺跡等調査報告書』都内重要遺跡等調査団
　酒詰仲男 1951「東京都西ヶ原昌林寺附近（飛鳥中学校附近）貝塚概報」『飛鳥の友』創刊号、成人教育委員会
　挿図は全て（阿部ほか1998）から引用し、一部を改変した。

4 堀之内式期集落の様相
—平成19〜20年度発掘調査の成果を中心として—

西　澤　　明

はじめに

　西ヶ原貝塚は、古くから知られた著名な貝塚で、これまでの調査成果により、縄文時代早期前半から晩期前半にかけての生活痕跡が確認されており、貝塚は、中期後半から晩期前半にかけて馬蹄形に形成され、南北約180m、東西約150mの規模をもつこと等が判明してきている。

　中期後半については、住居跡内に形成された地点貝塚と大規模な面貝塚が、馬蹄形に展開する貝塚の東側部分からのみ確認されており、西側部分からは発見されていない。平成19〜20年度発掘調査地点（以下においてはⅫ地点とする）では、加曽利E4式期の生活痕跡が小規模ながら認められているものの、加曽利E1〜3式期の土器片の出土は極少量にとどまっており、中期後半においては、環状集落のような典型的な集落形態を見出すことはできないようである。当該期の集落構成を考察する際は、西ヶ原貝塚のみで集落形態を考えるのではなく、北側に近接する御殿前遺跡をふまえた広範囲を対象にした上での検討が必要であり（阿部1998b）、北東の崖線下に位置する中里貝塚との関連性も無視することはできないであろう。

　後期以降の集落については、次章で概述するが、本論では、後期堀之内式期に焦点を絞り、Ⅻ地点の調査成果をふまえながら、その集落の様相について考察を加えたい。

1　後晩期集落の特性

　馬蹄形に分布する貝層及びその他の生活痕跡は、後期以降、南側に向かって開口する窪地の谷頭付近一帯を取り囲むように形成されており、これ以降における占地規制の基本となる（図1）。この占地規制が顕著に確認できるようになるのは、堀之内1式期の中段階であり、称名寺式期〜堀之内1式期古段階には、窪地を挟んで東西両側に生活痕跡が確認できるものの、一時期の住居軒数は1〜2軒に過ぎない（図2）。

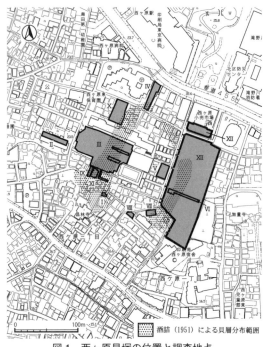

図1　西ヶ原貝塚の位置と調査地点

　堀之内1式期中〜新段階に属する住居は12軒を数え、集落における生活痕跡の密度は最初のピークを迎える。堀之内2式期古段階においては、遺構・遺物の検出を認めることができるが、堀之内1式期中段〜新段階ほど、濃密ではない。堀之内2式期中段階になると、再び顕著な生活痕跡が残されるようになり、Ⅻ地点の様相を見る限りでは、西ヶ原貝塚における後期の中でも、一番活発な生活痕跡が残された時期の可能性がある。堀之内2式期新段階〜加曽利B2式期中段階にかけても断続的に生活痕跡が残されており、加曽利B1式期には、窪地を取り囲むような生活痕跡を東西で確認することができ、西側では大規模な面貝層も形成されている。ただ、加曽利B2式期新段階には、貝層の検出を認めることができず、遺物の出土量も極めて少なくなることから、集落低調期を迎えると思われる。

　加曽利B3式期以降、断続的な生活痕跡が再び確認できるようになるが、これまでとは、集落の占地規制に変化を認めることができる。すなわち、窪地の谷頭付近一帯の中でも、旧谷田川寄りの南側部分が主たる生活域として選択されており、集落規模も後期前半のピーク時程大きくなることはないようである。住居等の生活痕跡は、晩期前半にかけて、規模は小さいながらも断続的に確認することができ、現段階で認められている一番新しい時期の住居は安行3c式期、土器は安行3d式期のものである。

　以上、集落の変遷をふまえながら、その構成・規模・占地規制等に関わる特性についてふれたが、後期前半と後半では、加曽利B2式期新段階を挟んでその様相が異なることを指摘することができる。また、注目される点として、北東部の一角に堀之内1式期・堀之内2式期・加曽利B1式期・加曽利B2式期・

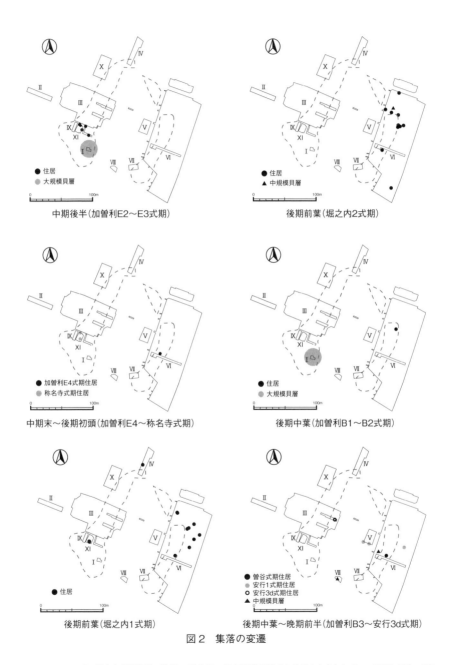

図2　集落の変遷

図3 XⅡ地点における堀之内1式期の様相

加曽利B3式期・安行1式期・晩期前半において、断続的に廃棄場として利用されている場がある（図3）。後期後半以降、主となる居住域が南側に移った後も利用され続けていることが特異であり、当該地からは、遺棄されたと思われる堀之内1式土器の半完形品や加曽利B1式期の注口土器等の出土がみられる他、後期前半に属する焼骨集中部が認められており、長期的に祭祀的な性格を有する場として機能していた可能性がある。

貝層にみられる貝種の組成についても、後期前半と後半で様相の変化を認めることができ、ハマグリ・ヤマトシジミ主体型からヤマトシジミ主体型への変化が指摘されてきている。この背景については、汽水域の拡大を一つの要因として考えることもできるが、XⅡ地点における調査成果によると、「加曽利B3式期にはヤマトシジミの小型化から捕獲圧が増大した可能性も考

144 第Ⅲ章 西ヶ原貝塚の発掘

えられること、安行1式期にはハマグリが再び増加することから、この時期のヤマトシジミの増加は人為的な選択性に起因する短期的な現象である可能性」も示唆されている（樋泉2011b）。

2 堀之内式期集落の様相

(1) 上野台北部における堀之内式期集落

　本郷台地の南東端に位置する上野台北部で確認されている堀之内式期の遺跡は、8ヵ所あり、堀之内1式期が8ヵ所、堀之内2式期が5ヵ所である。堀之内1式期の遺跡は住居が確認されている遺跡が3ヵ所、住居以外の遺構のみが確認されているものが2ヵ所、遺物のみしか出土していないものが3ヵ所ある。堀之内2式期の遺跡で、住居が確認されているのは西ヶ原貝塚のみで、この他に遺構が確認されている遺跡は、現在までのところ確認されていない。遺物のみが出土している遺跡は4ヵ所ある。

　堀之内1式期の住居は、西ヶ原貝塚で12軒、御殿前遺跡で2軒、東谷戸遺跡で1軒確認されている。西ヶ原貝塚では、窪地を取り囲むように集落が形成されており、御殿前遺跡で確認されている2軒も、西ヶ原貝塚と隣接した部分で確認されているものであり、この占地形態の中で捉えることができよう。東谷戸遺跡の住居は、西ヶ原貝塚・御殿前遺跡が形成されている面よりも一段低い面から確認されているが、西ヶ原貝塚に近接した場所であり、堀之内1式期における住居を伴う居住痕跡は西ヶ原貝塚付近を一つの核としていると思われる。ただ、住居は伴わないものの、七社神社裏貝塚や中里峡上遺跡では、土坑内に形成された地点貝塚が確認されており、当該期の生活域を西ヶ原貝塚周辺にも認めることができる。

　堀之内2式期になると、住居は西ヶ原貝塚のみで確認されるようになり、西ヶ原貝塚以外では遺構の検出は認められず、遺物の出土も極めて少ない。上野台北部における生活痕跡は、堀之内1式期においては、西ヶ原貝塚を核としながらも、広範囲で確認することができるが、堀之内2式期には、生活痕跡が、西ヶ原貝塚に一極化するようである。

(2) 西ヶ原貝塚にみる堀之内式期集落

　集落の概要　堀之内1・2式期の住居は共に、南側に位置する旧谷田川に向かって開口する窪地の谷頭付近一帯を取り囲む占地形態をとることで共通しており、それぞれ1式期の中〜新段階、2式期の中段階に集落規模のピークを認めることができる。墓は、堀之内1式期から2式期を通じて、住居の跡地もしくは住居隣接地に形成されている。このような墓の占地場所は、東関東地方で一般的にみられる様相と一致しており、集落内の広場等の共有地ではな

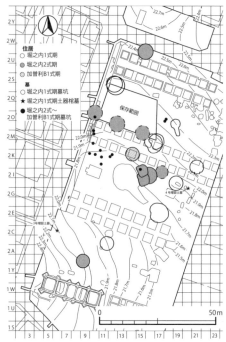

図4　XII地点における堀之内2式〜
　　　加曽利B1式期の住居・墓坑分布図

く、個々の住居（群）に対応した個別の場が選択されていると考えられる。墓地の規模は、堀之内1式期には個別の場に1〜2基程の墓が確認される程度である。2式期には、一定規模の墓地として認められる部分もあるが、墓地経営の基盤は、個別の住居（群）に応じた形成であり、墓坑数がそれほど多くない点もこのことを暗示していると思われる。墓の形態は、土坑墓が一般的であるが、1式期には土器棺墓も確認することができる。

　貯蔵穴は、検出数は少ないものの、堀之内1式期には個々の住居（群）に対応した場に形成されている。ただ、確実に堀之内2式期に属する例を抽出することはできない。

住居の累積とその形成過程

遺構として確認される住居の累積は、同一床面付近を用いながら、建て替える場合と遺構構築面を上位レベルに更新しながら、住居を再構築する場合がある。前者は、堀之内1式期において顕著に確認できる。XII地点の10・14号住居は、ほぼ同規模の住居が同一床面付近でもって、旧住居の設計を踏襲し、複数回の建て替えを行っている例で、この場合、その痕跡は、柱穴や炉の重複として確認されている。これらの重複は隣接して検出されており、長期間の非居住期間を経てからの建て替えとは考えにくい。むしろ、継続居住中の建て替え、もしくは、短期間の非居住期間を経てからの建て替え事例と考えられる。また、住居規模を縮小して建て直した例としては、28号住居の跡地を利用した4号住居がある。

　堀之内2式期については、遺構構築面を上位レベルに更新しながら、住居を再構築する例を認めることができるので、XII-G地点（2H-15〜18・2I-15〜18・2J-15・16グリッド付近、図6・7に土器出土状態を示した）と保存区の土層断面（図8）を例として、その形成過程について検討する。XII-G地点では、堀之内

1式から加曽利B2式にかけての土器が大量に出土しており、ドットで取り上げた遺物だけでも20,041点あり、個体別資料は100点余りある。時期的には、堀之内2式中段階が大半を占め、次いで堀之内2式新段階が多い。この他には、加曽利B1式からB2式古段階が少量認められるが、堀之内1式から堀之内2式古段階にかけての資料は極めて少ない。これらの土器片は、そのほとんどが竪穴住居の跡地に廃棄されたものと考えられ、ピット・焼土跡・貝層の分布状況及び土器の接合関係等をふまえると、最低4軒の住居を抽出することが可能である（図5）。3号

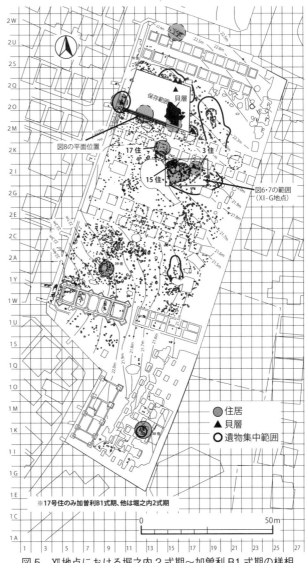

図5　XII地点における堀之内2式期〜加曽利B1式期の様相

住居の床面直上からは、堀之内2式古段階の土器が出土しており、当該期に属する住居と思われるが、本地点では一番古期に属する。一方、本地点の東隣には堀之内1式期に属する14号住居があり、西隣には、加曽利B1式期に属す

る17号住居がある。本地点の住居の覆土中から出土している土器片は、ほとんどが堀之内2式中段階であるが、15号住居の覆土出土土器のみは堀之内2式新段階が主体である。以上のような様相をふまえると、住居の平面的な占地場所は、概ね新しくなるにつれて集落の内側に移動しているが、堀之内2式中段階には、比較的近接する範囲内での重複現象をうかがうことができる。

　土器の接合関係からは、個体別資料が一部でやや拡散する個体があるものの、多くは比較的狭い範囲から出土し、複数の個体別資料がまとまった場所から出土するという傾向性を抽出することができる（図7）。このまとまりは、ほぼ住居跡地に対応しており、住居跡地を単位とした廃棄場が断続的に累積した結果、Ⅻ-G地点における廃棄場が形成されたと考えられる。

　次に保存区南壁の土層断面をみると、住居が折り重なるように構築されていることを看取することができる（図8）。時期的には堀之内2式期から加曽利B1式期に属するものであり、Ⅻ-G地点における平面的な様相を断面に投影した部分として捉え直すことが可能である。すなわち、Ⅻ-G地点から保存区南側にかけての一帯は、建物基礎により、一部不明な部分があるものの、堀之内2式期から加曽利B1式期にかけての住居が、累積的に構築された場で、その

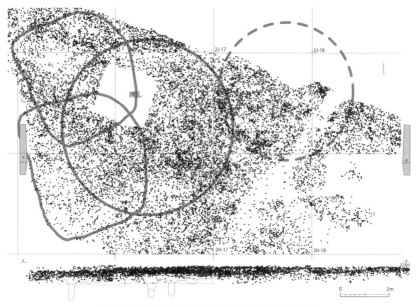

図6　Ⅻ-G地点における後期土器の出土状況図

構築軒数のピークは堀之内2式中段階である。占地場所の大局的な動きとしては、廃棄場を居住域の外側に有しながらの集落内側への移動として捉えることができ、近接する時期において住居が構築される場合は、比較的狭い範囲内での住居構築の累積を確認することができる。

以上、堀之内1式期における住居の累積については、同一床面付近を使用した建て替え行為が顕著にみられた。住居廃絶後の跡地利用は、一定程度覆土が堆積し、窪地化した所への廃棄行為を確認することができ、廃絶後まもなく、もしくは、一次堆積土の堆積前にも同様の行為を認めることができる。また、竪穴住居廃絶後の明らかな埋め戻し行為を認めることはできなかった。

一方、堀之内2式期には、住居の同一床面付近を使用した建て替え痕跡の検出は低調であるが、平面的には不規則な重複関係をもち、遺構構築面を上位レベルに更新しながら、住居を再構築する例を一般的に抽出できる。これらは、住居プランの一部を重複しながら、比較的狭い範囲で住居が累積して構築され

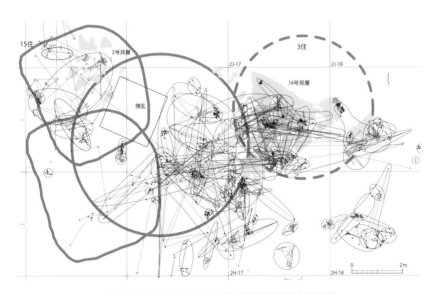

図7　XII-G地点における個体別資料の接合関係図

図8　保存区南壁の土層断面図

ているが、住居の時期および切りあい関係をふまえると、同一時期に機能していた住居は1軒のみである。住居廃絶から再構築に至る過程の中に埋め戻し行為を認めることはできず、住居跡地における廃棄場としての活用が顕著に確認できる。旧住居廃絶後、新住居が再構築されるまでには、一定期間存在していたのであろう。また、場の利用形態としては、居住地もしくは居住地と墓の重層的な形成を看取することが可能である。

貝層及び土器出土状況にみる廃棄活動　堀之内1式期の貝層は、8ヵ所で検出されており、住居跡内に形成されたものが6ヵ所ある。住居跡内の貝層は、Ⅳ・Ⅸ地点から検出されている住居跡内から径1m程の規模をもつ貝層が確認されているが、その他のものは小ブロックが主体である。また、これらの貝層は、床面直上から検出されており、本期の住居内貝層は、住居廃絶後の床面埋没前に形成されていることが大きな特徴である。貝組成は、マガキやハイガイ等の泥質干潟性の貝種が含まれるが、主体はハマグリとヤマトシジミである。

　堀之内2式期の貝層は、6ヵ所で確認されており、全てが住居跡内に形成されたものである。貝層規模については、一定期間継続もしくは断続的に累積した結果、竪穴内に一定規模を有するものや1シーズンに形成されたと思われる小ブロックが複数単位形成されているものがある。これらの貝層は、住居の床面直上もしくは、覆土中に形成されており、複数形成されている小ブロックについては、床面直上から確認されている例はない。また、堀之内1式期に確認されていたような一単位の小ブロックが床面直上より検出された例はない。貝組成の主体は、堀之内1式期同様、ハマグリとヤマトシジミである。

　土器の出土状況は、住居跡内から出土しているものが多く、住居跡地を利用した廃棄活動が顕著であったことをうかがうことができる。Ⅻ地点から出土している土器点数は、グリッド単位でドットによる取り上げを行なった遺物の点数が、堀之内1式D・E・F群[1]が1,739点、堀之内2式朝顔形土器が4,382点である。堀之内1式A・B・C群の出土量については、D・E・F群よりは相対的に少なく、D・E・F群の点数からの積み上げはそれほど多くはないと思われる。一方、堀之内2式については、Ⅻ-G地点のデータを検討すると、ドットで取り上げた約20,000点の土器の大半が堀之内2式であり、該期に属する未カウントの無文破片や縄文のみの破片が相当数あると思われ、堀之内2式の出土量は、堀之内1式のそれの数倍に及ぶのではないかと思われる。

　貝層の様相をみる限り、堀之内1式期のⅫ地点においては、竪穴住居内から検出されている貝層は小ブロックが主体で、貝類の活発な廃棄行為を抽出することはできない。ただ、Ⅳ・Ⅸ地点では、一定規模の貝層も検出されており、各居住単位でみられるあり方は、一様ではない。一方、堀之内2式期にお

いては、一定規模をもつ住居内貝層が複数地点で形成されており、貝類に関わる活発な廃棄行為を看取することができる。土器に関わる廃棄行為もその量を見る限り、堀之内2式期において活発であり、堀之内式期集落における貝類及び土器に関わる廃棄活動は、堀之内1式期中～新段階よりも堀之内2式期中段階において顕著に確認することができる。

3 堀之内式期集落の構成と形成過程

堀之内式期の集落を総括する。堀之内1式期から2式期にかけては、南側に向かって開口する窪地の谷頭付近一帯を取り囲むような占地規制が維持されており、XII地点については、堀之内1式期の中～新段階に5ブロック、堀之内2式期の中～新段階に少なくとも5ブロック抽出することが可能であり、集落内における居住単位の規模は、大きく違わないようである。ただ、居住単位内の住居軒数については、堀之内2式期の方が多い部分もあり、その形成過程に差異を見出すことが可能である。

堀之内1式中～新段階の様相をもう少し詳しくみてみよう。集落全体においては、居住単位を7ブロック認めることができるが、各居住単位が同一時期に機能していた可能性は少ないので、小規模集落の累積により形成された可能性が高い。また、4・28号住居のように、廃絶され一定期間を経た後に、住居跡地を再利用している例を認めることができる。これは、同一集団による反復利用、もしくは、別集団による住居跡地の再利用の結果と考えられよう。

堀之内2式期については、XII-G地点から保存区南側付近において確認された遺構（住居）集中を本期の特徴としてあげることができ、場の選定にあたっては、住居跡地もしくは住居隣接地という個別の場に墓地構築する占地規制と東側の隣接地に祭祀的な性格を持つ場を有していることが、複合的に作用していると考えられる。

堀之内2式期中段階においては、廃棄された土器の量及び貝層形成の状況をみる限り、集落における定着度は比較的高かったと思われ、西ヶ原貝塚周辺で、本期の集落が確認されておらず、本貝塚に一極化する様相を呈している点もこのことを示唆していると思われる。

もう一つの大きな特徴として、XII-G地点でみられたような住居の不規則重複をあげることができる。同様の事例は、神奈川県横浜市港北ニュータウン遺跡群の原出口遺跡（堀之内1～2式期）等で認められており、原出口遺跡でも不規則重複を含む住居群が一時期1軒の累積により形成されたことが示されている（石井1995）。このような住居形成過程は、堀之内式期～加曽利B1式期の南西関東において看取することができる住居累積の例として捉えることができ

よう[2]。特に、西ヶ原貝塚では、住居群が一時期1軒の累積であるという居住集団規模に比べ、遺物の出土量が非常に多いことを指摘することができ、ここにも、その背景にある強い定着性を見出すことが可能であろう。

註
1) 堀之内1式の分類は、石井(1993)のA～F群によった。
2) 不規則に住居が重複する事例は、東京都西多摩郡奥多摩町下野原遺跡の加曽利E3～4式期においても確認されている。ただ、住居の造りは貧弱なもので、谷口康浩は「便宜的な家屋更新」と呼んでいる（谷口2009）。西ヶ原貝塚や原出口遺跡で確認されている家屋更新は、柱穴等を含め、しっかりとした造りの住居で行われており、住居の不規則重複の背景を一律で捉えることはできないようである。

引用・参考文献
阿部芳郎 1998a「貝塚産二枚貝のサイズと構成からみた水産資源の利用形態」『都内重要遺跡等調査報告書』都内重要遺跡等調査団

阿部芳郎 1998b「西ヶ原貝塚の形成過程と遺跡群の構成」『都内重要遺跡等調査報告書』都内重要遺跡等調査団

石井　寛 1993「堀之内1式土器群に関する問題」『牛ヶ谷遺跡　華蔵台南遺跡』（財）横浜市ふるさと歴史財団

石井　寛 1995「川和向原遺跡・原出口遺跡の縄文後期集落」『川和向原遺跡　原出口遺跡』（財）横浜市ふるさと歴史財団　横浜市教育委員会

坂上直嗣 2004『西ヶ原貝塚Ⅳ』東京都北区教育委員会

酒詰仲男 1951「東京都西ヶ原昌林寺附近（飛鳥中学校附近）貝塚概報」『飛鳥の友』創刊号、飛鳥中学校PTA、成人教育委員会

谷口康浩 2009「縄文時代の生活空間―「集落論」から「景観の考古学」へ―」『縄文時代の考古学8　生活空間―集落と遺跡群―』同成社

樋泉岳二 2011a「貝層サンプルから検出された骨類」『西ヶ原貝塚』東京都埋蔵文化財センター

樋泉岳二 2011b「貝類」『西ヶ原貝塚』東京都埋蔵文化財センター

西澤　明ほか 2011『西ヶ原貝塚』東京都埋蔵文化財センター

西澤　明 2012「縄文ムラと貝塚―北区西ヶ原貝塚の事例から―」『研究論集26』東京都埋蔵文化財センター

第Ⅳ章　中里貝塚形成と貝塚の多様性

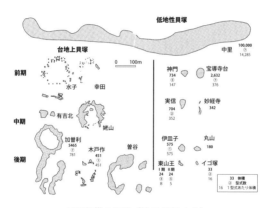

貝層規模の比較（植月 2001 より）

1 低地における貝塚形成の多様性からみた中里貝塚

植月　学

はじめに

　中里貝塚は、縄文時代の汀線付近に形成された巨大な貝塚であり、その調査成果は、台地上の集落内貝塚を基準に構築されてきた従来の貝塚形成のイメージを一新させた。こうした低地性の貝塚の発見は、発掘調査の範囲が沖積低地にも及ぶとともに増加傾向にある。筆者はかつて、洪積台地上の貝塚とは立地の異なるこうした貝塚を低地性貝塚と呼び（低位段丘上も含む）、そのいくつかの分析を通じて貝塚形成の多様性について論じたことがある（植月2000a・b・2001）。本稿では、東京湾沿岸の他の低地性貝塚と比較することによって、中里貝塚の特徴を浮き彫りにしてみたい。

1 低地性貝塚とは

　低地性貝塚は、下総台地や武蔵野台地で一般的に縄文時代の貝塚集落が形成される台地上よりも標高が低く、より海岸に近い低位段丘上や沖積低地に形成された貝塚である。図1には、東京湾岸で確認された低地性貝塚の位置を示した。その特徴や性格は時期や地域によって多様で、必ずしも中里貝塚のように貝類利用に特化した性格を持つわけではないが、大別すれば単純型と複合型に分類するこ

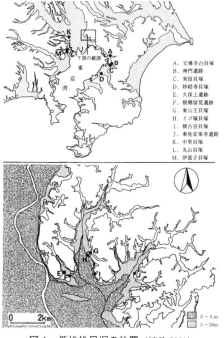

図1　低地性貝塚の位置（植月2001）

表1 低地性貝塚の類型

	複合型	単純型
時期	前期～中期初頭	後期前半
遺跡例	市川市東山王（Ⅰ期）、根古谷、根郷留見、千葉市神門、宝導寺台	市川市イゴ塚、東山王（Ⅱ期）、奉免安楽寺、港区伊皿子、丸山
人工遺物	土器は普通。石器は少ないが、集落と大差なし。	土器、石器ともに少ない
遺構	集石遺構のみ。ただし、台地上でも住居跡が稀な時期。	焚き火跡のみ。台地上には竪穴住居跡を伴う集落多数。
貝類組成	台地上の集落内貝塚と大差なし	台地上と異なる。 ・イボキサゴの希少性（土器を要する処理） ・マガキの多産 ・台地上での希少種が目立つ ・台地上に運搬する理由→分業 ・台地上では種類が絞られる理由→交換？
その他の動物遺体	魚骨希少。獣骨なし。台地上でも少ない例多い。	魚骨希少。獣骨なし。 （伊皿子は魚類も多いが、鱗が多いという作業場的なあり方）。台地上では普通。
季節性	市川では秋期が主体	冬～春先
性格	短期的・季節的居住地	作業場・中間消費地

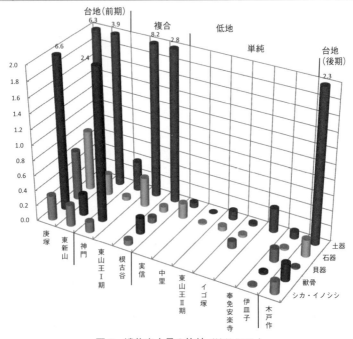

図2 遺物出土量の比較（植月 2000a）

とが可能である（表1）。

　単純型の低地性貝塚は、ほぼ貝類の処理や消費に関わる遺跡であり、それ以外の活動の痕跡が乏しいことを特徴とする。図2に示したように、同時期の集落内貝塚と比較すると、土器、石器、獣骨類の出土量がきわめて限定される。

　これに対して、複合型の低地性貝塚は遺物がより多様であり、同時期の集落

と比較しても大きな差はない。こうした複合型の貝塚が盛んに形成された時期の一つが、前期末葉〜中期初頭である。この時期は、台地上でも竪穴住居跡の検出が稀であり、低地性貝塚は短期的（季節的）な居住地の一つであったと考えられる（植月1999・2007b）。

市川市東山王貝塚は同じ立地上で、下層の時期（前期後葉から中期初頭）には複合型、上層の時期（後期前半）には単純型として使用された遺跡である。土器や石器の量は下層で一定量出土するのに対し、上層では非常に乏しく、この間の性格の変化をよく示す例である（図3）。

以上の比較については、遺構や人工遺物の質的な比較も含めて植月（2000a・2001など）においてすでに論じているので、そちらを参照されたい。以下ではその後の季節性分析の結果も踏まえ、貝類採集と貝塚形成の面から低地性貝塚の性格を比較する。

2　低地性貝塚における貝類利用の特徴

(1) 貝類組成（図4）

単純型の低地性貝塚は、貝類組成においても同時期の台地上の集落内貝塚とは違いがみられる場合が多い。中里貝塚がマガキとハマグリを主体とするのに対し、同時期の集落内貝塚（七社神社裏貝塚、西ヶ原遺跡群）がヤマトシジミを

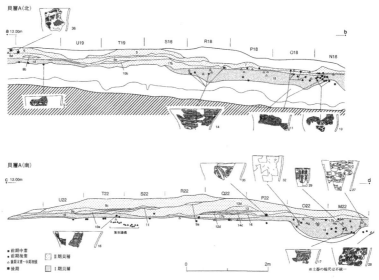

図3　市川市東山王貝塚における遺物出土量の変化
（市川市教育委員会2000『東山王貝塚・イゴ塚貝塚』より）

主体とするのはその一例である（樋泉ほか 2000）。

　中里貝塚に見られるマガキの多産は、後期前半の単純型の低地性貝塚にも見られ、同じ東京湾西岸の伊皿子貝塚、丸山貝塚だけでなく、東岸のイゴ塚貝塚や奉免安楽寺貝塚などでも確認できる。集落内の主体種は西岸ではハマグリ、ハイガイ、東岸ではイボキサゴ、ハマグリと異なるが、いずれもマガキは主体的な存在ではない。マガキは、低地で消費もしくはむき身などに加工される傾向にある貝種といえる。

　マガキとは逆の傾向を示すのがイボキサゴである。本種は特に東京湾東岸の集落内貝塚での多産が知られるが、低地性貝塚では稀である。低地ではなく、集落内で消費されることが多かった種といえる。

　このような低地と台地上集落での消費貝種の差は、土器の利用と関係があると考えている。単純型の低地性貝塚では土器の出土はまれであり、土器を用いずに貝を処理、消費することが一般的であったと推定される。小型の巻貝であるイボキサゴは一つ一つ処理するには非常に手間がかかる貝であり、むしろ植物質食料など他の食材と共に土器で煮込み、うま味や塩味を加える「調味食材」としての価値があったとの説もある（西野 1999）。土器を持ち込まず、多様な食材を消費する場ではない低地性貝塚では消費の機会が少なかったのであろう。

　逆に、マガキはむき身にするのに必ずしも土器を必要とせず、中里貝塚で検出された貝蒸し遺構や、より単純に焚火の熾火を利用して殻を開けることが可能であったと推測される。殻がかさばるという特徴のために、低地での消費や、殻を落としての身の運搬などが選択されたと推測される。

　図5には市川市イゴ塚貝塚の焚火跡状遺構を示した。この種の遺構が目立つことは伊皿子や奉免安楽寺でも指摘されており、土器を用いずに焼く、あるいは焼け礫を利用するなどの方法が想定されている（中村ほか 1981、堀越 1983）。集落内の貝層でもしばしば灰や炭などの廃棄ブロックは見つかるが、低地性貝塚での検出状況がそれらと異なる点は現地性の遺構であることである。つまり、その場で焚火を行った痕跡であり、炭化物下部の貝殻がその場で焼けているのが確認される。

　オーストラリアのアボリジニには、次のような貝の調理法がある（Meehan1982）。貝の死殻と薪に火をつけ、30分後に燃え残った木をどかして、貝殻と炭化物をかき混ぜる。この上に採集してきた貝をのせ、その上を枝や木の皮で覆い、蒸気を逃さないようにして蒸し焼きにする。貝は2分ほどで食べられる。イゴ塚貝塚においては焚火跡状遺構だけでなく、炭化材や焼貝が混在した状態で多く検出されており、類似の方法が想定される。

　低地性貝塚における多数の焚火跡と焼貝の存在は、土器や蒸し穴のような特

別な構築物を必要としない簡便な貝のむき身処理法として、類似の方法が用いられていたことを窺わせる。集落内の貝塚が廃棄の場であるのとは異なり、低地性貝塚の場合には廃棄した貝殻の上が調理、消費の場にもなっていたことが、こうした特徴的な遺構形成の背景にあるのだろう。

東山王貝塚では、マテガイ、オオノガイ、カガミガイなど集落では一般に希

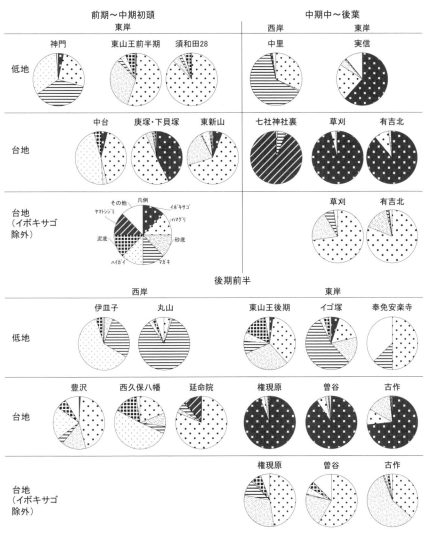

図4　台地上貝塚と低地性貝塚の貝類組成

図5 イゴ塚貝塚における焚火跡状遺構の断面（左）と平面（右）
（市川市教育委員会 2000『東山王貝塚・イゴ塚貝塚』より転載）

少である種も特徴的であった。採集効率や資源量の面からは、ハマグリ、アサリ、シオフキなどに及ばない副次的な種であったと推測される（植月 2000b）。こうした多分に嗜好的な雑多な種の利用も、集落とは異なる消費活動の結果と考えられる。

以上のような、貝類消費・加工における集落内貝塚との明確な差は単純型のみの傾向であり、複合型ではその差は明確でない。図4で明らかなように、前期～中期初頭の複合型の貝類組成は、近い時期の台地上集落の貝組成とこれほど顕著な差は見出せない。この点は複合型が台地上の貝塚と同様、居住地であったという見方に合致する。

(2) 季節性（図6・7）

中里貝塚におけるハマグリの採集季節は、貝殻成長線分析による季節性推定により、春から夏に集中することが確認され、集落内貝塚である七社神社裏貝塚が春後半から秋前半まで採集されているのとは異なるあり方を示した（樋泉ほか 2000）。現在の潮干狩りもそうであるように、春の大潮の時期は潮が大きく引く時間帯が日中にくることから、年間でもっとも貝類の採集条件に恵まれる時期である。小池（1979）は、集落内貝塚において周年採集を基本としながらも春先にピークがある場合が多い背景に、こうした理由を想定している。これに対して、樋泉（1999c）は、こうしたパターンが一般化できないことを千葉県の複数遺跡の分析結果により論じている。

少なくとも貝類採集・加工に特化した場と考えられる中里貝塚において、条件の良い季節に集中的に貝類採集が行われたのはその性格によく合致するといえよう。なお、マガキの採集季節については直接的な方法では確認されていないが、現在の旬から類推すれば晩秋から冬を中心としていたと推測され、ハマグリとは異なる採集の季節性があった可能性が高い。市川市イゴ塚貝塚では、マガキ主体貝層から石灰質のエノキ内果皮が多数出土した（百原 2000）。エノ

キは秋に実をつけるので、この結果はマガキの採集季節が秋を含んでいたことを示す珍しい例である（植月 2000b）。

後期の単純型低地性貝塚である市川市イゴ塚貝塚、東山王貝塚での貝殻成長線分析によ季節推定でも、冬期〜春期を中心とする明確な季節性が確認された（図6、植月 2009）。これは近隣の集落遺跡である曽谷貝塚の後期前半の貝層で周年採集が確認されているのに対してより限定的である（小池1979。A地点：称名寺〜堀之内、B地点：加曽利B）。背景には、次のような要因が想定される。(1) 集落で貝類採集が盛んな時期には多くの労働力が投入されたため、中継地的な低地の貝塚でも消費が行われる機会が増えた。(2) 集落内での消費が増えた分、低地の作業場でも活発な処理が行われた。以上のように、貝類採集盛期における集中的利用という面でも中里貝塚と二つの単純型低地性貝塚の間に共通性が認められる。

これに対して、複合型低地性貝塚での様相は異なる。東山王遺跡下層の前期末葉〜中期初頭の層では、後期とは逆に夏期から秋期の貝類採集の集中が認められた（図7）。縄文時代の貝類採集季節としては特異な例だが、同様の傾向は同じ市川市の須和田遺跡28地点でも確認された（図6）。須和田遺跡の場合はより秋期への集中が顕著である。

集落内貝塚でもこの時期の採集が確認できる例はあるが、一般的には採集が低調な季節であり、このように秋期にピークがある例は珍しい。その理由はこの季節が縄文時代の重要な食料である堅果類の採集と保存加工の時期にあたり、貝類採集のようなカロリー面からみてマイナー、かつ季節的な制約の低い（他の季節にも採れる）生業活動に労働力が投下されなかったためと推測される。

このような前期末葉の秋期を中心とする貝類採集の背景には環境変動による植物利用条件の悪化が関与している可能性がある（植月1999、2007b）。前期末葉は関東平野で集落遺跡が減少する時期であり、その傾向は東関東では中期初頭まで継続する。この現象の原因を考察した今村啓爾は、単なる遺跡数の減少ではなく、遺跡立地の変化と生業の変化を伴っていることから、背景に環境変動があると論じた（今村1992）。

前期末葉は海水準の低下期であり（小杉1998）、海岸線の後退はそれまでの資源の空間的バランスを崩し、定住的な生活の継続を困難にしたと推測される。低地や低位段丘への貝塚の移動は、こうした変化への対応と考えられる。しかし、低地性貝塚には住居跡が存在せず、周年の生活が展開したとするには人工・自然遺物ともに貧弱である。一方で、台地上にも散布地は残るものの、住居跡は検出されなくなる。遺跡立地の変化とともに、より遊動的な居住形態への移行がこの時期の環境変化への適応であったと考えられる。

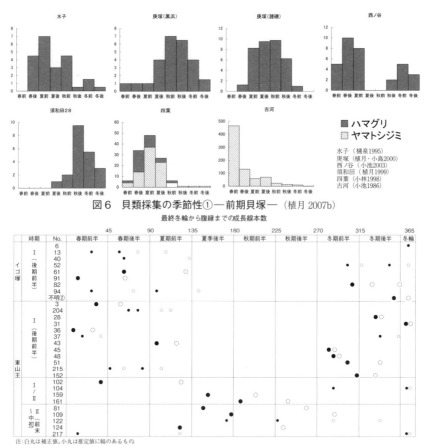

図6 貝類採集の季節性①―前期貝塚―（植月 2007b）

図7 貝類採集の季節性②―市川市イゴ塚、東山王遺跡―（植月 2009）

　貝類採集の秋期への集中は、海退とは異なるこの時期の環境変化の側面を物語っている。先述のように、この季節は通常であれば堅果類の採集に労働力を投下すべき季節と推測される。その季節に集中して貝類を採集しているのは、逆に堅果類の採集が不調であったことを窺わせる。

　海退は地球規模の気候変動による現象であり、その影響は当然のことながら海域だけでなく、陸域の生態系にも影響を与えたはずである。この時期の遺跡減少が関東地方の沿岸部だけでなく、内陸部でも起きていることはその証拠となる。低地性貝塚はこうした植物利用、特に堅果類の不作に際して補完的に利用された短期的な居住地の一つであったと推測される。その形成は、台地上で再び安定的に集落と貝塚が形成され始める中期前葉には見られなく

なるのである[1]。

3 低地性貝塚の中における中里貝塚の位置づけ

　これまでの検討により、低地性貝塚形成の背景には大きく分けて二つのパターンがあることを示した。

　一つは台地上において集落の定住度が低下し、低地が居住地の一つとして選択された結果残された、複合的な性格を持つ遺跡である。時期的には前期末葉から中期初頭を中心とする、海退期の遺跡減少期に顕著である。

　二つ目は定住的な集落が形成された時期に、集落を離れた作業場や加工場として残されたために、ほぼ貝類採集に特化した単純な性格を持つ遺跡である。時期的には、中期中～後葉や後期前半など台地上に集落遺跡が安定して形成された時期に顕著である。

　中里貝塚は後者のタイプであり、以下の点で他の単純型の貝塚と多くの共通点を持つ。

　　・土器の希少性（土器を用いない処理）
　　・魚骨・獣骨類の希少性（限定的な生業活動）
　　・台地上の集落との貝類組成の差（貝類の処理・消費の空間的計画性）
　　・貝類採集季節の限定性（貝類の処理・消費の季節的計画性）

　以上はほぼ貝類の採集、処理に関わるという場の性格の共通性によると考えられる。

　しかし、大きく見れば単純型として括れる貝塚群も地域の遺跡群の中において同様の役割を持っていたわけではない。特に中里貝塚を理解する上で重要なのは、その規模において他の単純型低地性貝塚からは隔絶しているという点である。図8に示したように、中里貝塚は他の単純型低地性貝塚よりはるかに規模が大きい。さらに、関東地方で最大級とされる曽谷貝塚や加曽利貝塚などの集落内貝塚と比較しても10～20倍程度の体積を有すると推定される。

　以上の差は、継続年代の差によっては説明できない。なぜなら、中期中葉～後期初頭でほぼ形成が終了したと考えられている中里貝塚と、中期後葉から後期後葉（曽谷）、中期中葉～後期中葉（加曽利）まで貝塚形成が継続したとされる曽谷貝塚や加曽利貝塚の間に、規模の格差に見合うほどの継続期間差があるとは考えられないからである。

　中里貝塚の大きさは時間という変数によっては説明できないので、消費量の大きさによると考えざるを得ない。その場合、1人当たりの消費量の多さ、もしくは消費に関与した人口の多さが変数となり得る。前者の場合、国内でも貝類の消費がもっとも盛んな地域の一つと考えられる千葉県の貝塚密集地帯に比

べて、さらに10〜20倍の貝を中里周辺の人々が消費したということになる。これはかなり無理のある想定である。したがって、中里貝塚の規模の大きさは形成に関与した人口の多さによるとみなすのが妥当である。

　次に問題となるのは、中里貝塚周辺にそのような巨大な人口を想定できるだけの大規模な集落が集中するわけではないことである。その消費者はより広域に求めざるを得ず、すでに樋泉（1999a）、樋泉ほか（2000）、阿部（2000）が論じているように、中里貝塚より石神井川などの河川をさかのぼった武蔵野台地の内陸部に多数存在する同時期の集落遺跡群がその有力な候補となる。

　低地性貝塚の規模の差を生んだのは、①沿岸部の多くの集落がそれぞれ貝類採集を行い、場合によっては低地に中間消費地的な貝塚を残した東京湾東岸の貝塚形成システムと、②沿岸部の一部集団が低地において集中的に貝を加工し、内陸部の多数の集団に供給した中里貝塚を中心とする貝塚形成システムとの違いであると考えられる。

4　低地性貝塚からみた台地上大型貝塚の性格

　最後に中里貝塚を含む低地性貝塚の調査成果から台地上の大型貝塚における貝類利用の性格を検討する。中里貝塚の規模の隔絶性と、想定される広域的な貝類の供給ネットワークの存在は東京湾岸、特に東岸の下総台地における大規模貝塚の性格を理解する上で参考になる。周知のように、東京湾東岸には中期

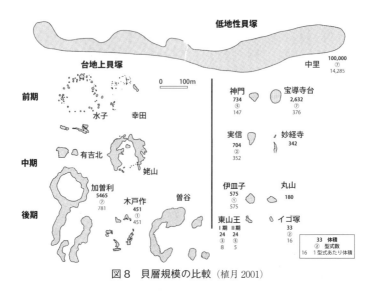

図8　貝層規模の比較（植月2001）

から後期にかけて多数の大型貝塚が形成される。その成立背景を説明した仮説として著名なのは後藤和民による干し貝加工場説である（後藤 1974）。後藤は、これら大型貝塚が周辺の貝塚を形成しない集落の住民も含めて、協働で内陸の石材などと交換するための干し貝を加工した遺跡であると考えた。

　大型貝塚成立の要因を、広域的な遺跡群の動向の中で解釈しようと試みた後藤の先見性は高く評価できる。しかし、中里貝塚の調査成果は干し貝加工場説に見直しを迫る。西野雅人（1999・2005）は中期中葉の大型貝塚である千葉市有吉貝塚の分析結果と中里貝塚を比較し、以下の点から「干し貝加工場説」に疑問を呈した。

1. 貝漁に限らず多様な資源に支えられた継続的定住集落であった。
2. 貝漁の目的は、生の貝を集落まで持ち込むことであった。また、小形のイボキサゴは干し貝にするには効率が悪い。
3. 貝殻成長線分析により周年採集が確認され、廃棄単位も大きくなく、日常的な利用が想定される。

そして、以上3点について中里貝塚は遺構・遺物から見た専業性、貝類組成の限定性、採集季節の限定性において相反する様相を呈することを論じた。筆者も低地性貝塚である市川市東山王貝塚、イゴ塚貝塚の分析を通して、台地上への運搬や加工効率の悪いイボキサゴの選択的運搬が干し貝加工とは矛盾する現象であることを指摘したことがある（植月 2000a）。

　以上によって、台地上の大型貝塚が干し貝加工場でないことはほぼ明白だが、本稿での分析結果をふまえてさらに2点の反証をあげておく。第一に規模の点である。縄文時代における交易用の貝類加工場の規模が中里貝塚の調査により実際に示されたことによって、国内最大級とされた加曽利貝塚さえ、それに遠く及ばないことが判明した。これにより規模の大きさから余剰、さらには交易を想定する根拠が薄弱となった。

　もちろん、交易にもさまざまな規模があり得るので、加曽利では中里の10〜20分の1程度の規模の交易が行われていたという可能性も残る。しかし、樋泉（1999b）による加曽利貝塚における貝層形成の季節推定結果は、小規模な廃棄単位の累積を示しており、後藤の協働作業による干し貝加工という解釈から想定される季節集中的な廃棄層には合致しない結果となっている。

　第2の点は立地に関することである。中里貝塚は、貝類に特化した加工場がどのような立地に存在するかを示した。漁場に近い浜辺は、貝類をむき身にしたり、干し貝に加工したりする上では合理的な立地である。同様に自家消費を超える規模と考えられている三河湾奥の後晩期の「加工場型貝塚」群も、やはり海浜部の低地に立地している（岩瀬 2008 など）。

東京湾岸の大型貝塚の台地上という立地は、貝類を多量に加工するには非合理的であり、台地上に貝を運び上げている理由を考える必要がある。筆者はかつて後期の低地性貝塚の性格を検討する中で、より海岸部に近い場での消費が可能にもかかわらず、台地上の集落まで貝を運び込んでいる理由として集団内での分業を考えた（植月 2000a）。貝類採集にかかわったのは集団の全成員ではなく一部であり、他の成員のために集落へ持ち帰ったと推測したのである。
　西野（1999）も指摘しているように、この地域での貝類の利用価値は「日常的に鮮度のよいものが安定して手に入る」という点にあり、大量に採集して保存加工し、他地域へ搬出するという性格のものではなかったと結論付けられる。殻付の貝をわざわざ台地上まで運び上げている背景には以上のような利用形態が想定され、干し貝加工場説は成立しないと考える。

5　おわりに

　中里貝塚は低地性貝塚の中でも特異な性格を持ち、その背景には先述のような地理的な条件と広域的な遺跡群の動向があった。中里貝塚の形成は後期には終焉、もしくは縮小する。しかし、中里貝塚周辺において後期に入って貝類採集条件が著しく悪化したわけではなく、ハマグリの利用は台地上で継続する（図9）。このことは中里貝塚の終焉に環境的な条件よりも社会的な条件、つまり広域的な遺跡間関係の崩壊が大きく作用していたことを示唆する（樋泉ほか 2000、阿部 2000）。

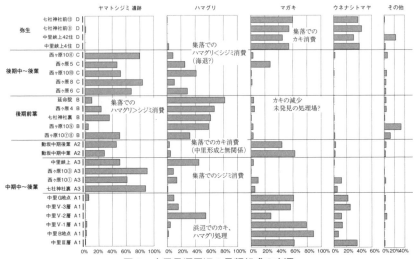

図9　中里貝塚周辺の貝類組成の変遷

ただし、マガキについては少なくとも後期の台地上では利用の痕跡が貧弱であり、マガキ資源の消長が貝塚形成終焉に関与した可能性はある。低地においてマガキの利用（廃棄）が継続していたことも考えられるが、その規模は現時点までに発見されない程度の小さなものであったと推測される。この点の解明には、中里貝塚におけるより広範な地点の調査や沖積層における古環境調査が必要である。

　中里貝塚の規模や調査成果は非常にインパクトがあったために、低地の貝塚＝貝類加工場というような印象が浸透したきらいがある。本稿で見てきたように、低地性貝塚の性格は多様であり、地域の遺跡群の中に位置づけることを通じて、個別の性格を見きわめていくことが遺跡の理解にとって重要である。

註
1) ただし、これは下総台地北西部の真間川流域の遺跡群についてであり、下総台地南部には市原市の実信貝塚（千葉県文化財センター 1999）や妙経寺遺跡（小出・忍澤 1996）など中期中葉以降に形成され、その性格もやや複合的である例が存在する。これらについては、低地の複合的な作業場や季節的な居住地などの可能性が考えられ、周辺遺跡の動向も含めてさらに詳細な検討が必要である（植月 2001）。

引用・参考文献
　阿部芳郎 2000「縄文時代の生業と中里貝塚の形成」『中里貝塚』東京都北区教育委員会、pp.243-259
　今村啓爾 1992「縄文前期末の関東における人口減少とそれに関連する諸現象」『武蔵野の考古学』pp.85-115
　岩瀬彰利 2008「東海の貝塚」『日本考古学協会 2008 年度愛知大会研究発表資料集』pp.47-68
　植月　学 1999「縄文時代前半期低地性貝塚の研究―国分川流域の事例分析―」『早稲田大学大学院文学研究科紀要』44―4、pp.73-85
　植月　学 2000a「縄文時代後期における貝類採集活動の空間的構造」『史観』142、早稲田大学史学会、pp.92-109
　植月　学 2000b「低地性貝塚の性格と貝類採集活動の変化」『東山王貝塚・イゴ塚貝塚』市川市教育委員会、pp.155-163
　植月　学 2001「縄文時代における貝塚形成の多様性」『文化財研究紀要』14、東京都北区教育委員会、pp.1-27

植月　学 2007a「動物遺体」『中里峡上遺跡中里 3-12-2 地点』大成エンジニアリング株式会社、pp.174-181
植月　学 2007b「縄文前期の環境、生業と定住性」『日本の美術』496、pp.36-41
植月　学 2009「縄文時代における居住の季節性の変遷―貝殻成長線分析による貝塚遺跡の季節性の研究―」『吉田学記念文化財科学研究助成金　研究論文誌まなぶ』第 2 号、pp.9-15
小池裕子 1979「関東地方の貝塚遺跡における貝類採集の季節性と貝層の堆積速度」『第四紀研究』17―4、pp.267-278
小出紳夫・忍澤成視 1996「姉崎妙経寺遺跡」『第 11 回市原市文化財センター遺跡発表会要旨』
小杉正人 1998「完新世における東京湾の海岸線の変遷」『地理学評論』62A
後藤和民 1974「社会と集落」『千葉市史　原始古代中世篇』千葉市史編纂委員会
千葉県文化財センター 1999『市原市市原条里制遺跡』
樋泉岳二 1999a「東京湾地域における完新世の海洋環境変遷と縄文貝塚形成史」『国立歴史民俗博物館研究報告』81、pp.289-310
樋泉岳二 1999b「加曽利貝塚における貝層の研究―貝殻成長線分析による貝層形成過程と貝類採集活動に関する考察―」『貝層の研究Ⅰ』千葉市加曽利貝塚博物館、pp.1-99
樋泉岳二 1999c「二枚貝の成長線分析」『研究紀要』19、（財）千葉県文化財センター、pp.180-181
樋泉岳二・保阪太一・山谷文人 2000「中里貝塚における人間の活動」『中里貝塚』東京都北区教育委員会、pp.215-235
中村若江ほか 1981「貝・獣・魚類の採集・捕獲」『伊皿子貝塚遺跡』港区伊皿子貝塚遺跡調査会・港区教育委員会、pp.459-462
西野雅人 1999「縄文中期の大型貝塚と生産活動―有吉北貝塚の分析結果―」『研究紀要』19、（財）千葉県文化財センター、pp.135-150
西野雅人 2005「縄文時代の通年定住型集落を支えた食―植物食の発達と貝・小魚の通年利用―」『研究紀要』24、（財）千葉県文化財センター、pp.85-94
堀越正行 1983「奉免安楽寺貝塚の提起する問題」『史館』14、pp.1-13
百原　新 2000「イゴ塚貝塚出土植物遺体の同定結果」『東山王貝塚・イゴ塚貝塚』市川市教育委員会、p.139
Meehan, Betty 1982 *Shell Bed to Shell Midden*. Australian Institute of Aboriginal Studies

2 武蔵野台地の地域社会―集落の分布と消長から―

奈 良 忠 寿

はじめに

　武蔵野台地が、中期集落の密集地であることはよく知られている。当然、人が集まれば資源利用でのトラブルが発生し、それを回避するための仕組みがあっただろう。また、黒曜石のような遠隔地から運ばれる資源が広く分布することからは、遺跡間を結ぶネットワークの存在も予想される。
　これから、武蔵野台地の集落の分布や消長から、遺跡の密集を可能にした社会とネットワークの変化とを考えてみたい。

1 集落分布から見た地域社会研究の動向

　環状集落を中心とした集落の分析や、それらの縄文集落の相互関連を把握し、縄文社会の解明をめざす研究は多く行われている。そして、その研究をリードするフィールドの一つが縄文時代中期の関東地方西南部である。そのなかでも多摩ニュータウン遺跡群を扱った小林達雄の「セトルメントパターン」の提示（小林1973）は、その後の研究に大きな影響を与えた。そして、谷口により、拠点集落とその領域が例示されることになる（谷口1993）。谷口は、領域を特定の集落の成員が食料獲得などの日常的な資源開発を行うテリトリーと定義し、ティーセン多角形を応用した領域設定法に基づき、縄文時代中期後半の関東地方の集落と領域のモデル化を行っている。
　このほか、集落間の関係や領域の問題については、土器の型式（様式）分布圏から（小林1983）や貝塚の動物遺存体からのアプローチ（赤沢1983）、八ヶ岳山麓の縄文時代中期遺跡群の分布から領域や社会組織の考察を試みたもの（勅使河原1992）など、様々な視点・手法で領域が推定されているが、縄文社会の実態は、それらの領域・社会構造が重層的になっていたと考えられる。
　これらの研究の概要に触れた論文は数多いが、特に近年の研究史は、拠点集落と領域について研究を積み重ねている谷口の論文に詳しい（谷口2005）。
　拠点集落の概念として、谷口は環状集落のなかでも特に集中度の高い集落を

「拠点集落」、その周囲に展開する比較的短期間で規模も次ぐ衛星的な環状集落を「準拠点集落」と呼ぶ。そして拠点集落の立地として次の3点が重視されたと推定している。①近隣の集団との関係を調整しつつ、一定の領域を確保し、領域内の資源利用をできるだけ効率的に行いうるもっとも有利な立地。②地域社会を相互に連絡し、物資・情報・人の伝達を可能とする広域ネットワークの結節点としての機能。③広場と集団墓に象徴される、社会的活動の求心点としての機能である（谷口 2005）。

では、谷口も扱った武蔵野台地の縄文時代中期で、「拠点集落」やそれ以外の集落の消長がどのようになっているか、そこから考えられる縄文時代の地域社会とはどのようなものなのか、具体的に見ていこう。

2　武蔵野台地における縄文時代中期中葉から後葉集落の分布

(1) 集落規模と分布の特徴

武蔵野台地の縄文時代中期の集落遺跡のうち、勝坂式期から加曽利E式期までの住居跡が検出された遺跡を分析対象とした。集落規模は検出された住居跡数を基準として分布図に表しているが、住居跡数の数え方は、掘り込みの数によるものから、建替えも一軒と数える数え方（建築回数によるカウントと仮に呼ぶ）まで報告書により様々であった。特に、集落景観を復元する論考（安孫子 1997、小林 1995・2004 など）や、その重要性が認識されつつある近年の大規模集落の報告書で、建築回数によるカウントが多かった。しかし、個々の報告書すべてを再検討して統一することは困難なことから、ここでは基本的に報告書に記載された住居跡数に基づく。

なお、分析対象とした武蔵野台地の遺跡は数多く、調査事例も多い。そのため、可能な限りの報告書を参照したが遺漏もあると思われる。また、未調査部分が存在する遺跡がほとんどであるため今後の調査で変動することも十分考えられるが、大きな特徴をつかんでみたい（図1）。

多摩川に沿った崖線上には、8～10kmの間隔をおいて、向郷遺跡、南養寺遺跡、清水が丘遺跡、弁財天池遺跡といった数多くの住居跡が累積している遺跡が残されているのに対し、武蔵野台地北東部では、崖線に沿って点在するという分布はみられず、崖線からやや台地内に入ったところに大規模な遺跡が認められる。

この違いは、遺跡が立地する河川の長さと関連した選地の反映だと考えられる。多摩川に沿った崖線には、崖線に直行する小河川はそれほど発達していないのに対し、武蔵野台地北部や東京湾岸地域では柳瀬川や黒目川・石神井川・渋谷川といった崖線に直行する小河川が台地を刻んでいる。そうした小河川や

図1　武蔵野台地の縄文時代中期主要集落遺跡の規模と分布

その支流では、最上流域にその流域での最大規模の遺跡が存在し、8kmほどの間隔をおいて中・下流にも大規模な遺跡が存在している。河川の長さが比較的長い柳瀬川では、最上流部の椿峰遺跡群（高峰遺跡・海谷遺跡）、中流域で支流との合流点に存在する和田遺跡・西上遺跡、下流域には西原大塚遺跡が存在している。柳瀬川よりも短い黒目川では、上流域に自由学園遺跡、下流域に泉水山遺跡が存在するが、約8kmという間隔は変わらない。さらに短い小河川では、図1中には河川が図示されていないが、砂川流域の西ノ原遺跡・東台遺跡のように、流域に大規模遺跡は1つしか存在しない。
　多摩川沿いでは、段丘縁辺に存在する湧水を水源とする小流が多摩川に流れ込んでいるが、その長さが短いため湧水点ごとに遺跡が存在している。そして、野川のような段丘縁辺の湧水を水源とする河川も段丘に沿って流れるため、遺跡は段丘上に並ぶ。これに対し、荒川にそった河岸段丘が多摩川沿いほどには発達せず、古多摩川の名残川沿いに湧水点が存在する武蔵野台地北部では、台地を刻む小河川に沿った湧水点に遺跡が立地するため、こうした遺跡の分布状況が生じたのだろう。十菱が湧泉集落として指摘しているように（十菱1993）、湧水という利用しやすい水資源の分布や、流域の動植物資源量が関係していると考えられる。
　分布図には、袋町貝塚のような低地の貝塚遺跡や元町貝塚のように詳細がわからないまま消滅してしまった貝塚遺跡も示している。千鳥久保貝塚も著名なわりには、詳細が不明な貝塚遺跡であるが、住居内貝層と深い関連が考えられる勝坂3式土器が出土していること、貝層との関わりは不明だが勝坂2式土器から加曽利E3式土器が出土していることから（大田区教育委員会1997）、勝坂2式期から加曽利E式期まで十数軒の住居跡が残された集落遺跡である可能性が高い。
　そうした遺跡を含めても、武蔵野台地で、今回対象とした時期の貝塚遺跡は、住居跡数が50軒を越えるような集落遺跡数に比べると、それほど多くはない。江戸時代以降の都市化によって多くの遺跡が煙滅している可能性も考慮しなければならないが、東京湾東岸地域で、加曽利貝塚や荒屋敷貝塚をはじめとする貝層を伴う集落遺跡が多く残されていることとは対照的とさえ言える。そして、東京湾東岸地域のように、旧海岸線から大きく内陸に入り込む貝塚遺跡が見られない点も、武蔵野台地の特徴と言える。

(2) 形成・存続時期からみた特徴

　次に、変遷を取り上げる。図1で取り上げた遺跡を、勝坂式を3細分、加曽利E式を4細分して再度分布図を作成した（図2～4）。竪穴住居跡の所属時期は、住居跡に設置された施設に用いられた土器や、覆土中から主体として出土

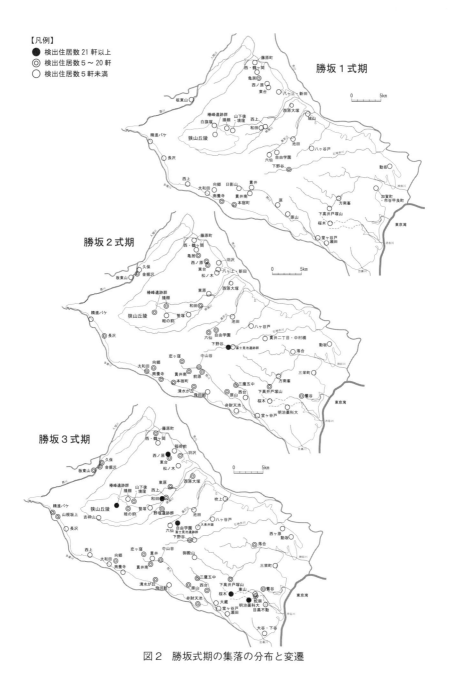

図2 勝坂式期の集落の分布と変遷

した土器を判断基準として、総合的に判断した。土器の細別基準は、勝坂式については隆帯上や隆帯に沿って施文される文様に基づいて大きく3細分、加曽利E式については、大きく4細分した（黒尾1995）。地域や報告書によっては別の細別、例えば埼玉県ならば「埼玉編年」（谷井ほか1982）を用いている場合もあったが、可能な限り出土土器図版を参照し、細別時期の統一を図っている。しかし、報告書を確認することができず、一部の住居跡の細別時期を確認できなかった遺跡もある。なお、遺跡の中には住居の時期の詳細な報告がないものがあり、その遺跡は分布図では省略されている。

　勝坂1式期は、住居跡が検出された遺跡が少なく、一遺跡あたりの住居数も少ない。そのなかで、南養寺遺跡や本宿町遺跡、亀居遺跡などいくつかの遺跡

図3　加曽利E式期の集落の分布と変遷（1）

で住居数が比較的多いことが注目される。

　勝坂2式期は遺跡数が増加する。また、武蔵野台地で100軒以上住居跡が累積した集落遺跡のほとんどが、この時期に集落形成が始まっている。分布図中には反映されていないが、特に勝坂2式後半から住居跡数が増える傾向にある。また、河川流域内の領域が細分化されていくのもこの時期からである。

　勝坂3式期は、多くの遺跡で住居跡数の一つ目のピークを迎える。そして次の住居跡数のピークは加曽利E2式からE3式にかけてである。加曽利E2式期・加曽利E3式期は大規模集落で住居跡が増えると同時に、周辺に分村的な遺跡を形成した結果として住居数・集落数ともに増えたのであるが、時期や地域によってやや違いも認められる。

　加曽利E4式期は集落数・住居数ともに激減する。ただ、詳細に見ると、勝

図4　加曽利E式期の集落の分布と変遷（2）

坂1式期と同様に、流域の核となる遺跡では住居跡が検出されている。また、分布図には必ずしも示されていないが、それまでの集落立地とは異なる地点に、1・2軒の住居跡しかもたない集落が出現する。こうした状況については、加曽利E2式からE3式期の状況とともに、次章で詳しく触れる。

ところで、主な大規模集落の住居数の変遷からは、大きな傾向として遺跡の形成・存続についていくつかのパターンが見て取れる。

まず、第一にもっとも多い例が、勝坂式期から加曽利E式期まで住居跡が検出され、住居数のピークが加曽利E式期にある場合である。武蔵野台地で100軒を越える住居跡が検出されている遺跡は、例外なくこのパターンといってもよい。次に、勝坂式期から加曽利E式期まで住居が検出されるが、住居数のピークは勝坂式期にある遺跡。南養寺遺跡や向郷遺跡のA地点があてはまる。第一のパターンとは異なり、勝坂1式期から集落の形成が始まり、勝坂2式期に住居数のピークがある。多摩丘陵地域では神谷原遺跡（八王子市椚田遺跡調査会1982）などの例があるが、武蔵野台地では数少ない。ただ、神谷原遺跡でも隣接して後続する時期の集落である椚田遺跡が存在しており（八王子市椚田遺跡調査会1975、東京都埋蔵文化財センター2005）、向郷遺跡のように居住域が移動したためにそのように見えている場合が多いようだ。流域内での居住地の変遷を考える上では興味深い事例である。第三のパターンが、加曽利E式期から集落が形成される遺跡である。新山遺跡や大橋遺跡が該当する。

武蔵野台地北東部は、小林謙一が勝坂1式期のこの地域のセツルメントパターンとして分散的・短期的・不安定なものであったと指摘している通り（小林1988）、勝坂式期の初めは多くの地点で小規模集落であり、勝坂式期後半から大規模集落化していくようだ。興味深いのは、下野谷遺跡や自由学園南遺跡のように、流域の最上流域にあり、なおかつ最大規模の遺跡で、勝坂1式の段階から累積的に住居が営まれる遺跡がある点である。そうした遺跡を拠点集落として、周辺地域の資源利用を図っていくようだ。

第三のパターンでは、それまでの土地利用が低調だった場所に加曽利E期にのみ集落が形成されている。新山遺跡は加曽利E式期以外の時期は土器片の出土もごくわずかで、加曽利E式期以外の土地利用はきわめて低調だったと考えられる（新山遺跡調査団1981）。新山遺跡の場合、谷口はティーセン多角形から仮定した領域の境界付近に存在することから、「境界線上の集落」と位置づけ、拠点集落の人口増加の分村と位置づけている（谷口2005）。

このように、拠点集落と考えられる大規模集落の位置に、一定の規則性がみられることから、そこには縄文人の集落を中心とした資源利用のための領域と拠点集落を結びつけるネットワークが分断しない距離が存在すること、それら

の維持のための大規模集落間の調整機能の存在が考えられる。また、河川の上流部にまず集落ができることから、領域の形成が河川流域と深く関わっていることも推測できる。

3 拠点集落と周辺遺跡の関係

　河川ごとに拠点集落が存在し、その流域の資源確保と利用に関わっていることが推測できた。だが、流域には拠点集落以外にも時期が限定的な遺跡や、累積の住居数が少ない遺跡が存在する。それらとの関係や変遷を検討する。武蔵野台地すべての水系を取り上げることはできないので、いくつかの河川流域を取り上げ、例としたい。

(1) 矢川・野川上流域の様相（図5）

　矢川は、府中崖線からわき出る湧水を水源とし、青柳段丘上を流れ多摩川に合流する全長2kmほどの小河川である。野川は、国分寺崖線からわき出る湧水を水源し、仙川と合流して多摩川に注ぐ。つまり、野川は矢川よりも一段高位の段丘崖に沿って流れていることになる。この地域の遺跡群について、中山、小林謙一・津村らが詳細な分析を重ねている（小林・津村2003、中山2007）。ここでは、その成果を小河川での遺跡群の一つの例として取り上げたい。

　中山は、矢川流域の五領ヶ台1式期から勝坂1式期の集落について分析し、この流域の人々が拠点集落である南養寺遺跡に定着するのは勝坂1式期の後半からであり、それ以前は頻繁に居住域を変えていたことを指摘している。また、野川上流域でも野川の水源地を中心に半径0.5kmほどの範囲の別地点に分散していた居住地が、恋ヶ窪遺跡や恋ヶ窪東遺跡に勝坂2式期に集約されてくる傾向があると指摘している（中山2007）。

　今回は、資料的な制約もあり中山のような詳細な土器編年に基づく分析は行えなかったが、勝坂1式期に近接した遺跡で同じような軒数の遺跡が存在する場合は、中山が矢川流域で指摘したような状況を検討する必要があるといえる。

　また、向郷遺跡については低位の段丘に存在する緑川東遺跡を含めた半径0.3kmほどの範囲で、居住域の移動が明らかにされている。向郷遺跡は、崖線下に存在する湧水点を囲むように馬蹄形に台地上に遺跡が広がっている。そして、勝坂式期の住居跡が主に検出される部分（A地点）と、加曽利E式期の住居跡が検出される部分（B地点）、縄文早期・前期や後期の遺構が検出される部分（C地点）に区分することができる。このなかで、A地点の第15次調査では、加曽利E式期の住居跡が環状にめぐり、中心部に土坑群が検出されて

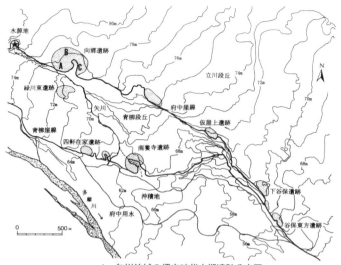

1 矢川流域の縄文時代中期遺跡分布図

2 矢川流域周辺の縄文時代中期初頭〜前半の遺跡　3 矢川流域周辺の縄文時代中期遺跡の住居数

4 向郷遺跡の縄文時代中期前半の集落

図5　矢川流域の縄文時代中期の様相（1・2・4：中山 2007　3：小林・津村 2003）

おり、集落の環状構造が見て取れる。時期によって遺跡の空間利用が大きく変わった好例である[1]。

そして、向郷遺跡・南養寺遺跡に住居数が多くなる勝坂2式期、向郷遺跡に多くなる加曽利E2・E3式期には、同時期の住居跡が存在する遺跡が周辺にも出現する。これらの遺跡は、遺物の出土量や建替え痕跡の残る住居跡の多さなどから、拠点的集落の人口増加に伴い、一部が移動した遺跡と考えられるだろう。やがて、加曽利E4式期には再び分散的な居住になるようだ。

(2) 富士見市周辺の様相

富士見市・ふじみ野市（旧大井町・上福岡市）域は、武蔵野台地北部に位置し、扇状地形の扇端湧水やローム層中の宙水を水源とする小河川とそれによる樹枝状に解析された台地が特徴の地域である。このため、河川の全長は3km程度と短いものが大部分であり、近年は水量が少なくなり、枯れてしまったものも存在する。地形的には内陸部が旧大井町域、台地の末端部が富士見市・旧

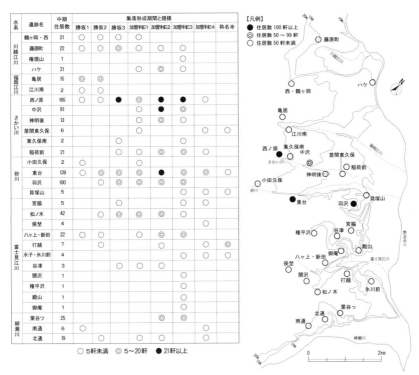

図6　富士見市周辺の縄文時代中期の様相

上福岡市域となり、現河床面との比高差も、内陸部では谷が狭く浅いため2〜3mであるが、台地末端部では10m以上の部分もあるという違いがある。両市域では、土地区画整理事業や小規模宅地開発行為による断片的な調査が積み重ねられ、巨視的には集落の規模や消長がうかがえるようになってきた。

小河川の流域ごとに特徴を見てみよう（図6）。

川越江川の流域では、今のところ3つの集落遺跡の存在が判明している。上流域に位置する、西遺跡（ふじみ野市域の遺跡名称）・鶴ヶ岡遺跡（川越市域の遺跡名称）と藤原町遺跡が勝坂式期の集落遺跡であり、加曽利E式期になると、荒川低地沿いのハケ遺跡に集落の立地が移動している。

福岡江川水系では、集落遺跡は勝坂式期のもののみが確認されている。比較的住居数の多い亀居遺跡と、時期的に並行するが住居数が少ない遺跡として0.5kmほど離れた場所に江川南遺跡がある。両遺跡とも勝坂式期の前半期の遺跡であり、この流域では加曽利E式期の集落が確認されていないことが興味深い。

さかい川は、現在では砂川に合流する小河川である。最上流部に勝坂式期から加曽利E式期まで住居跡が検出され、数も多い西ノ原遺跡が存在し、中流には加曽利E式期に出現し住居数も50軒を越える中沢遺跡、下流域に稲荷前遺跡が存在する。このほかにも住居数が少なく、継続期間が限定的な遺跡が点在している。

砂川流域では、上流部に今のところ住居数がもっとも多く、継続期間の長い東台遺跡が存在し、下流域の別の小支谷を望む位置には羽沢遺跡がある。

富士見江川流域では、突出した住居数を残している集落遺跡は存在しないが、時期的に古い住居跡が見つかっている八ヶ上遺跡・新田遺跡や、数ではもっとも多い松ノ木遺跡がこの流域の中核遺跡であったのだろうか。

この地域の集落変遷を分析した坪田は、亀居遺跡を武蔵野台地北部では勝坂前半期の継続遺跡としては唯一のものだとし、亀居遺跡での土地利用が終了した後、西ノ原遺跡や西遺跡・鶴ヶ岡遺跡に移動したと考えている（坪田1998）。亀居遺跡が優位な存在だったとしても、矢川流域の様相を参考とすれば、複数の小河川にまたがるものの、直線距離で約8kmの間にある各小河川上流域の西遺跡・鶴ヶ岡遺跡、亀居遺跡、西ノ原遺跡、東台遺跡、八ヶ上遺跡・新田遺跡などに分散し、頻繁に居住域が変わっていたが、勝坂2式から3式の時期に特定の集落に集中していく状況だとも捉えられる。

加曽利E式期には特に、さかい川流域の西ノ原遺跡、中沢遺跡と、砂川流域の東台遺跡と羽沢遺跡に住居跡が集中する。このうち、中沢遺跡は加曽利E2式にピークをもち加曽利E式期のなかで成立・消滅する集落遺跡である

(早坂・隈本 1999)。住居数だけからみると、中沢遺跡と西ノ原遺跡ではピークにずれがある。中沢遺跡で住居数がもっとも多いのが加曽利 E2 式期で 39 軒だが、加曽利 E3 式期では 7 軒と減少する。これに対し西ノ原遺跡では、加曽利 E2 式期は 22 軒だが、加曽利 E3 式期では 54 軒と増加する。このように西ノ原遺跡で増加した人口が分散し成立したが、また西ノ原遺跡に集合していく状況だと捉えることが可能である。下流域にある稲荷前遺跡は、調査が限定的なこともあり軒数はまだ多くはないが、中沢遺跡よりも継続期間が長い集落遺跡である(隈本・加藤 2010)。流域の領域分割としては、上流の西ノ原遺跡が成立した後に約 2km の間隔をおいた下流に稲荷前遺跡が成立し領域が分割され、その後さらに両遺跡の中間地点に中沢遺跡が成立しさらに細分されたと考えられる。そして、大きく見ると、西ノ原遺跡と稲荷前遺跡・苗間東久保遺跡が相互補完的な組み合わせで機能していたと考えられる。砂川流域では稲荷前遺跡のような存在が羽沢遺跡なのだろう。

　また、この地域は、巨視的には縄文時代後期へ向けてさらに大きく遺跡立地が変化し、加曽利 E 式の後半から成立し後期まで続く貝塚山遺跡のように、荒川低地を望む崖線により近くに、また低位の段丘面に遺跡の立地が移動している。

　立地と資源利用の点からみると、勝坂式期には内陸部に集落を選地し、荒川低地域も含め小河川流域ごとに資源利用を進めていた姿が想像される。その後、人口増加に伴って約 2km の間隔をあけて羽沢遺跡や稲荷前遺跡のような遺跡が成立する。そこでは、樹枝状に台地が解析する地形を選地し、低地部の資源利用に重点を置く集落と、台地の内陸部に基盤を置き、内陸部の資源利用に重点を置く集落とで棲み分けをしていた姿が想像される。

　しかし、加曽利 E 式期になるとさらに人口増加に対応し、両者の中間地点に集落を設け、両方の遺跡と資源利用の棲み分けを図り、対応した結果が遺跡分布に現れていると考えられる。

(3) 北区周辺の遺跡とその変遷 (図 7)

　この地域は、中里貝塚との関係から非常に興味深い地域であるが、市街化が進み断片的な調査にならざるを得ない点や調査されずに破壊された遺跡も多いと思われることから、遺跡群の状況に不明な点が多い。しかし、これまで見てきた武蔵野台地の様相を踏まえ推測してみたい。

　谷田川の流域では、動坂貝塚で勝坂 1 式期の集落が形成されている。しかし、武蔵野台地の他地域の状況とも勘案すると、動坂貝塚にこの時期の住居跡が集中する可能性は低く、同じ流域内や、隣接する河川流域の遺跡にも居住地が存在する分散的な状況だったのだろう。その後、勝坂 2 式期以降、集落遺跡

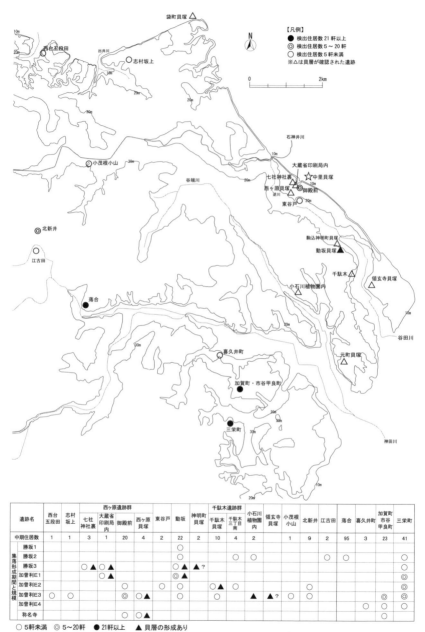

図7 北区周辺の縄文時代中期の様相

182　第Ⅳ章　中里貝塚形成と貝塚の多様性

として展開していく地点はもちろんのこと、それ以外の場所にも活動域が存在したと考えられる。

　勝坂2式期には、集落遺跡が増加する。この時期は、武蔵野台地の他地域では小河川ごとに後に大規模集落化していく遺跡が成立・展開していく時期であり、図示した範囲では、神田川流域の落合遺跡、三栄遺跡、谷田川では動坂貝塚が小河川・支流単位での拠点的な集落として展開している可能性が高い。谷田川流域では、動坂貝塚から1kmほど離れた千駄木遺跡群（千駄木三丁目南遺跡）で集落の形成が始まる。

　勝坂3式期から加曽利E1式期には住居跡数が増えると同時に、ヤマトシジミを主体とする貝層の形成が見られる遺跡も存在する。流域での拠点的な遺跡の一つとして展開しつつある七社神社裏貝塚・大蔵省印刷局内貝塚では住居跡内にヤマトシジミを主体とする貝層が形成される。七社神社裏貝塚・大蔵省印刷局内貝塚は後に出現する御殿前遺跡とともに、谷田川に面した遺跡ではなく、奥東京湾に面した崖線に存在する湧水によって選地された遺跡であるが、谷田川流域の遺跡群とは無関係とは思えない。また、動坂貝塚に加え、動坂貝塚に隣接する神明町貝塚でも貝層の形成が見られる。武蔵野台地全体で住居跡数が増加する時期であり、神明町貝塚の成立は動坂貝塚の居住域が拡大した結果だと考えている。

　加曽利E2式期からE3式期にかけて、新たに集落遺跡が出現する。東谷戸遺跡や千駄木遺跡がその例である。御殿前遺跡は、向郷遺跡で見られたように、七社神社裏貝塚・大蔵省印刷局内貝塚からの居住域の移動で成立したのだろう。武蔵野台地では加曽利E2式期の集落遺跡増加は、一遺跡内の住居跡数や遺跡の継続性から考えて、人口増加による分村的遺跡が成立した結果であり、加曽利E3式期、とくに後半期の小規模遺跡の増加は環境変化に対応した分散居住の結果に思えるが、西台五段田遺跡や志村坂上遺跡の成立をみる限りは、この地域も同様だろう。また、富士見市域などで存在した、加曽利E3式以降、集落立地が河川の下流域に移動する例として加賀町・市谷甲良町遺跡や喜久井町遺跡が、同じ遺跡群の中でも立地が移動し、後期へと活動が継続する例として西ヶ原貝塚の成立があげられる。

　ところで、中里貝塚と周辺遺跡の関連や、武蔵野台地の貝塚遺跡の特徴から、この地域の遺跡を改めて検討しよう。

　貝の利用形態を貝塚に残された遺物から推測すると、中里貝塚のようにサイズが揃い貝種も限定された大規模な貝層が残され、貝以外の生活遺物の出土がほとんど見られない遺跡での形態を集約的な資源利用、七社神社裏地点のような集落内に貝が持ち込まれ、そのサイズや種類も多様な形態を自己消費的な資

源利用と捉えることができる。その両方の利用形態が存在することが、この地域の特徴といえる。

　集落に持ち込む自己消費的な利用は、動坂貝塚や、少し地域を広げてみても和光市の吹上貝塚や大田区の千鳥久保貝塚など、勝坂3式期から認められる。その形態は加曽利E2式期には一時的に少なくなるものの、加曽利E3式期に再び登場する。そして、西ヶ原貝塚昌林寺地点の加曽利E3式期の住居内貝層が、小形の貝でイクボガキ、マガキを主体としてハマグリ、サルボウなど多種類の貝で構成されているという特徴（北区史編纂調査会1994）や、七社神社裏貝塚の加曽利E1式期の住居内貝層の特徴から阿部が指摘しているように（阿部2000）、そこには中里貝塚と相当に異なる貝類の消費形態がある。

　次に、集約的利用を考えよう。

　図2から図4でみてきたように、武蔵野台地北東部は勝坂2式期までの住居跡の存在がきわめて希薄である。部分的な調査にもかかわらず、文京区の千駄木三丁目南遺跡では勝坂2式期の住居跡が1軒検出されていることから、市街地のため発掘調査が行われず確認されていない集落や、市街化の過程で煙滅した遺跡も多いとは思われる。だが、武蔵野台地北部の様相を考えると、勝坂2式期までの集落遺跡は住居跡数が比較的少ないものであり、勝坂1式期・勝坂2式期は居住地が分散的であり、一つの地点の継続的な利用を行わなかった可能性が高い[2]。武蔵野台地の拠点集落と考えられる遺跡の多くが、勝坂2式から集落の形成が始まり、軒数が増加するのが勝坂3式期であることから、武蔵野台地の集落領域や集落間のネットワークは、勝坂3式期に大きく発展・変容したと考えられる。中里遺跡の貝層の形成が勝坂式期から始まっているが、その集約的利用が盛んになったのは、勝坂3式期からのことだろう。

　谷田川、谷端川の流域、神田川流域は市街地化が進み、小河川沿いの大規模遺跡の存在が把握しにくい。しかし、武蔵野台地の他の地域の特徴を当てはめるならば、住居数は勝坂3式期以降急増し、加曽利E2式～加曽利E3式期にもっとも増大すると考えられる。実際に今までのところ、北区内で確認されているなかで中期住居軒数がもっとも多い御殿前遺跡もE3式期の住居跡が主体であることをはじめ、中里貝塚周辺では加曽利E2式からE3式に住居数のピークを迎える遺跡がほとんどである。そのため、中里貝塚の貝層と周辺の集落遺跡に持ち込まれた貝層の存在と時期的な変化は、環境の変化・人口増加などと関連し、集約的資源利用と自己消費的資源利用とのどちらかが主体・どちらかが客体といった、資源利用に関わる戦略や地域社会のあり方の揺らぎ（集約的利用の卓越と自己消費型の卓越）の表れなのではないか。そして、加曽利E3式期には自己消費的な資源利用の結果である住居内貝層をもつ遺跡が増加すると

いう現象と、台地上の集落が住居数の増加とともに分散化していく動きは、共通する要因がもたらした結果だと考えている。

その場合、阿部が推測したように（阿部1998）、西ヶ原貝塚で加曽利E式期の面的貝層が存在したとすると、面的貝層の形成要因として西ヶ原集落の住居数増大に併せて自己消費的な形態が増した結果なのか、中里貝塚の貝層形成終末段階と重なる時期でもあり、興味深いところではある。

中里貝塚の貝類採取活動については、その量とサイズの均質性から、強い社会規制が存在したと考えられている（樋泉ほか2000）。中里貝塚にもっとも近い遺跡は西ヶ原遺跡群である。ただ、貝類を採集する場としては、動坂貝塚や千駄木遺跡群の居住者、領玄寺貝塚の形成者とも活動域が重複しただろう。そこにも採集域のとりきめ、時期・サイズの規制などが必要だったと考えられる。それは、ある間隔性をもった遺跡分布の背景に考えられる、陸上資源利用の上での取り決めと同様のものが、貝類にもあったということになる。

中里貝塚が、「水産工場」として、遠隔地に干し貝を供給していた可能性もある。ただ阿部が指摘したように、中里貝塚にもっとも近い御殿前遺跡や七社神社裏貝塚で、干し貝の対価となったものが集積されたり、大量に消費された痕跡が認められないという点もある（阿部2000）。とするならば、中里貝塚の厚い貝層は、武蔵野台地で加曽利E2式期を中心に起きた、領域の細分化とそれに伴う領域内の資源の集約的な利用により形成されたと判断することも可能である。

4　遺跡の分布と地域社会

大規模遺跡の分布に、規則性がみられる状況をこれまでみてきた。規則性の背景には、集落周辺の資源利用との関連があると考えられている。狩猟採集民の平均的な領域規模は半径10kmほどと一般的に仮定されているが、谷口が拠点集落の分布から分析した武蔵野台地の領域の平均値は半径4.2kmの円の面積に等しく、それよりも狭い（谷口2005）。さらに、その領域内で富士見市周辺での例のように集落遺跡が約2kmの間隔で位置し、時期によってはさらに間隔が狭まっている。距離には多少の前後はあるが、約2kmの間隔で位置するという現象は、武蔵野台地だけでなく中部から関東地方の中期中葉から後葉にかけての集落遺跡に共通してみられる現象であり（杉原・戸沢1971、勅使河原1992など）、その空間を勅使河原は生活領域と呼んでいる。約2kmの間隔で集落遺跡が分布する状況では、植物質資源の確保には十分だが狩猟による動物資源の確保には不十分であり、狩猟に関しては生活領域を越えて行われていたと考えられている（勅使河原1992、林2004など）。そして、武蔵野台地で

は、これまで見てきた集落の変遷から、複数の集落間で取り決めが必要な資源を管理する単位が小河川流域であり、河川の全長によっては、上・中・下流域に分割し互いの調整を行い、またそれぞれの内部の管理を行った社会が想定できる。勅使河原のいう生活領域と、複数の生活領域を包括した集団領域というその上位の領域が存在する重層的社会組織が存在した[3]。

　中里貝塚の貝のサイズからは、強い社会規制の存在が予測されている。それは、集落遺跡の立地状況からみる陸上資源の社会規制と同種のものであり、貝層の規模に加え、ハマグリはその漁場が集落近辺ではなく遠方に存在したと考えられることから（樋泉ほか2000）、集団領域のような、複数の生活領域にまたがる上位の社会組織により規制されたものだったのだろう。加曽利E2式期の集落遺跡でムラ貝塚が見られない現象は、人口が増大し資源を最大限に管理するために規制が強化された結果、ムラ貝塚に貝を持ち込むこともできなかった可能性も考えられる。

　領域の資源利用の問題は、当然のことながら陸上の資源にも存在する。住居跡が見つからないものの、遺物のみが出土する遺跡や集石土坑が見つかる遺跡は、作業場として利用された活動痕跡だろう。今回、河川流域単位で遺跡の消長を示した遺跡のなかで、住居跡が確認されない時期には、そこが作業場として利用されていた場合も多い。

　拠点集落の機能として、広域ネットワークの結節点としての機能が考えられている。黒曜石など、産地が限られる物資が広範囲の遺跡で出土することから、集落を結ぶ何らかのネットワークが存在したことは確実であるが、具体的な立証は難しい。この点について今福は、縄文土器の文様要素の出現頻度の分析からアプローチしている（今福2010）。今福の分析では、関東・甲信地方という武蔵野台地よりも広い範囲での分析であるが、拠点集落ではより多様な土器文様がより多く出現することから、情報の結節点であったことが浮き彫りにされている。武蔵野台地の集落も、小河川単位で最初に出現する遺跡が結節点となって台地全体の遺跡が結びついていたことだろう。

　中里貝塚や武蔵野台地の密集する集落遺跡が示す地域社会は、武蔵野台地でもっとも住居数が増加する加曽利E2式期からE3式期が中心のものであり、各集落の領域確保・資源維持のために地域社会が複雑化した姿である。そして、加曽利E4式期になると住居数が減少し居住域も移動する。そこには、流域に点在する小規模な遺跡や袋低地貝塚の成立にみられるように、分散して流域の資源を利用していくような新たな形と、それを進めるための地域社会の変化があったと考えている。

註
1) 南養寺遺跡でも谷状地形を挟み、馬蹄形に遺跡が形成される。これまでは、その南側しか調査がされていないが、北側には南側では住居跡が希薄な加曽利E式期の居住域が存在する可能性が考えられる。
2) 武蔵野台地北東部に勝坂式の大集落が存在しない点には、樹枝状の谷が入り組む地形的な要因も影響しているのではないか。武蔵野台地北部の富士見市・ふじみ野市域でも、樹枝状に谷が入り組んでいる台地の縁辺部には勝坂式期の大規模集落は存在しておらず、勝坂式期集落の内陸資源重視の姿勢が示されているともいえる。
3) 勅使河原は八ヶ岳山麓の分析で、河川に挟まれた尾根筋を集団領域の範囲としているが、今回は、小河川の流域範囲を生活領域よりも上位の社会組織と考えている。しかし、それが集団領域に対応するかについては今後の課題としたい。

引用・参考文献

赤沢　威 1983『採集狩猟民の考古学』海鳴社
安孫子昭二 1997「縄文中期集落の景観—多摩ニュータウンNo.446遺跡—」『東京都埋蔵文化財センター研究論集』16
阿部芳郎 1998「西ヶ原貝塚の形成過程と遺跡群の構成」『都内重要遺跡等調査報告書』都内重要遺跡等調査団
阿部芳郎 2000「縄文時代の生業と中里貝塚の形成」『中里貝塚』東京都北区教育委員会
今福利恵 2010『縄文土器の文様生成構造の研究』アム・プロモーション
大田区教育委員会 1997『大田区の縄文貝塚』
北区史編纂調査会 1994『北区史　資料編　考古1』東京都北区
隈本健介・加藤秀之 2010「稲荷前遺跡　第9地点」『市内発掘調査Ⅲ』富士見市教育委員会
黒尾和久 1995「縄文中期集落遺跡の基礎的検討（Ⅰ）」『論集 宇津木台』1
小林謙一 1988「縄文時代中期勝坂式・阿玉台式土器成立期におけるセツルメント・システムの分析—地域文化成立過程の考古学的研究(2)—」『神奈川考古』24
小林謙一 1995「住居跡のライフサイクルと一時的集落景観の復元」『シンポジウム縄文中期集落研究の新地平』（発表要旨・資料）縄文中期集落研究グループ
小林謙一・津村宏臣 2003「立川市向郷遺跡と周辺の縄紋中期集落の様相」『セツルメント研究』4

小林謙一 2004『縄文社会研究の新視点─炭素 14 年代測定の応用─』六一書房
小林達雄 1973「多摩ニュータウンの先住者」『月刊　文化財』112、第一法規出版
小林達雄 1983「縄文時代領域論」『坂本太郎博士頌寿記念日本史学論集　上巻』吉川弘文館
十菱駿武 1993「縄文時代の多摩川地域文化」『二十一世紀への考古学』雄山閣
新山遺跡調査団 1981『新山遺跡』東久留米市教育委員会
杉原荘介・戸沢充則 1971「(三) 縄文時代の社会と生活」『市川市史』第 1 巻、吉川弘文館
谷口康浩 1993「縄文時代集落の領域」『季刊考古学』44、雄山閣
谷口康浩 2005『環状集落と縄文社会構造』学生社
谷井　彪・宮崎朝雄・大塚孝司・鈴木秀雄・青木美代子・金子直行・細田　勝 1982 「縄文中期土器群の再編」『研究紀要』埼玉県埋蔵文化財調査事業団
坪田幹男 1998「武蔵野台地北部の縄文時代中期前半の竪穴住居について」『亀居遺跡』埼玉県大井町遺跡調査会
樋泉岳二・保阪太一・山谷文人 2000「第Ⅵ章 2 節　中里貝塚における人間の活動」『中里貝塚』東京都北区教育委員会
東京都教育庁社会教育部文化課 1985『都心部の遺跡』
東京都埋蔵文化財センター 2005『八王子市椚田遺跡 E 地区』
勅使河原　彰 1992「縄文時代の社会構成(上・下)」『考古学雑誌』78 ─ 1・78 ─ 2
中山真治 2007「縄文時代中期の小規模集落─矢川・野川上流域の中期初頭・前半集落を例に─」『セツルメント研究』6
八王子市椚田遺跡調査会 1975『椚田遺跡群』
八王子市椚田遺跡調査会 1982『神谷原Ⅱ』
早坂廣人・隈本健介 1999「中沢遺跡」『勝瀬原遺跡群発掘調査報告書』富士見市遺跡調査会
林　謙作 2004『縄紋時代史Ⅰ』雄山閣
東京都埋蔵文化財センター 2005『椚田遺跡　E 地点』
山谷文人 2002「中里貝塚Ⅱ」『七社神社裏貝塚・西ヶ原貝塚Ⅲ・中里貝塚Ⅱ』東京都北区教育委員会
今井　堯・坪井幹男 1996『西ノ原遺跡』埼玉県大井町遺跡調査会

なお、分布図作成のために使用した各遺跡の報告書については、紙数の関係から省略した。

3 中里貝塚の形成過程と石器組成からみた武蔵野台地の生業構造

渡邊笑子

はじめに

　巨大なハマ貝塚である中里貝塚がどのような背景のもとに形成されたのかという点について、それが石器石材などの遠隔地の資源との交換財だとする考えや、それが遠隔地ではなく、至近の武蔵野台地の内陸部の集団に流通したという相異なる指摘がされている。樋泉岳二は沿岸部の漁業集団と内陸部の狩猟・採集集団が地域的な分業体制を敷き、両者の間で食料物資を交換することにより、海や陸の多様な資源環境を利用する広域的システムを構築していた可能性を指摘している（樋泉1999）。また阿部芳郎や植月学は、中里貝塚で生産された貝肉の加工品を武蔵野台地の内陸部へ流通させたと考え、中里貝塚の形成背景について論じている（阿部2000、植月2001）。

　しかし、中里貝塚の出現とその終焉が具体的にどのような生業構造の中で生じたのかという点については、中里貝塚とその周辺遺跡との比較が必要とされることや貝類だけでなく他の生業活動との比較検討が必要なこともあり、あまり検討が進んでいない。

　そのような中で、本論ではこうした地域の中での生業活動の枠組みを検討することで、中里貝塚の成立から衰退への背景を探る手掛かりとしたいと考えている。そこで、本論では生業活動の構成を示すと考えられる生産用石器の組成と食料貯蔵施設と考えられる土坑の形態と数に着目した。

　まず、縄文時代中期の石器組成を時期ごとに追うことで、武蔵野台地上の集落における生業形態の変化と中里貝塚の形成から衰退に至るまでの関係をみることができると考えた。さらに武蔵野台地の地域性を明らかにするために、同じ東京湾に面していながらも規模や形態、立地が異なる馬蹄形貝塚が形成されている下総台地を比較対象として分析した。

1 目的と方法

　まず、石器組成を検討するための方法を説明しておく。遺跡報告書に掲載さ

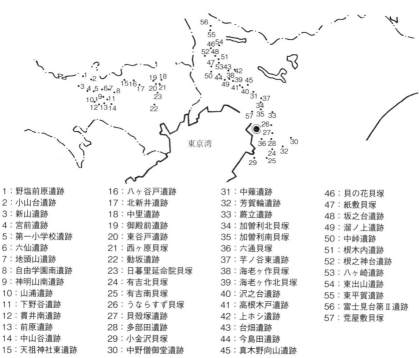

1：野塩前原遺跡	16：八ヶ谷戸遺跡	31：中蕪遺跡	46：貝の花貝塚
2：小山台遺跡	17：北新井遺跡	32：芳賀輪遺跡	47：紙敷貝塚
3：新山遺跡	18：中里遺跡	33：蕨立遺跡	48：坂之台遺跡
4：宮前遺跡	19：御殿前遺跡	34：加曽利北貝塚	49：溜ノ上遺跡
5：第一小学校遺跡	20：東谷戸遺跡	35：加曽利南貝塚	50：中峠遺跡
6：六仙遺跡	21：西ヶ原貝塚	36：六通貝塚	51：根木内遺跡
7：地頭山遺跡	22：動坂遺跡	37：芋ノ谷東遺跡	52：根之神台遺跡
8：自由学園南遺跡	23：日暮里延命院貝塚	38：海老ヶ作南遺跡	53：八ヶ崎遺跡
9：神明山南遺跡	24：有吉北貝塚	39：海老ヶ作北遺跡	54：東出山遺跡
10：山浦遺跡	25：有吉南貝塚	40：沢之台遺跡	55：東平賀遺跡
11：下野谷遺跡	26：うならすず貝塚	41：高根木戸遺跡	56：富士見台第Ⅱ遺跡
12：貫井南遺跡	27：貝殻塚遺跡	42：上ホシ遺跡	57：荒屋敷貝塚
13：前原遺跡	28：多部田遺跡	43：台畑遺跡	
14：中山谷遺跡	29：小金沢貝塚	44：今島田遺跡	
15：天祖神社東遺跡	30：中野僧御堂遺跡	45：真木野向山遺跡	

図1　分析対象遺跡分布図

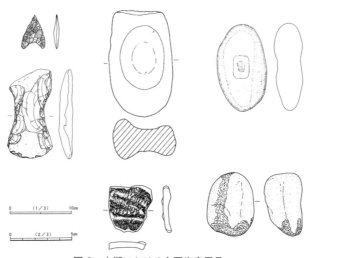

図2　中期における主要生産用具

190　第Ⅳ章　中里貝塚形成と貝塚の多様性

れている石器は比較的豊富な数が存在するものの、遺構などから出土して明確な時期がわかる資料は限定されている。しかし、本論では土器型式を時間単位とするため、敢えて時期が明確な資料に限定して扱うことにする。

今回の分析の対象となる時期は縄文時代中期であるが、その時期区分については土器型式を単位とし、その時期決定には遺構から出土した土器を参考にした。本論で検討の対象とする武蔵野台地と下総台地では、特に中期中葉の土器型式に地域的な違いが顕著であり、勝坂式と阿玉台式土器の細別の併行関係には、不明確な部分も残るため、ここでは阿玉台・勝坂式を前半期（古期）と後半期（新期）とに2分してまとめた。また、関東地方東部の地方型式として言及されている中峠式土器については、加曽利E1式期に含めて扱うこととする。

分析を進めるにあたって、これらの土器型式を単位に各時期ごとの石器組成グラフを作成した。その際、土堀具として根茎類の採取・管理に利用されていた打製石斧、堅果類加工具として利用された磨石・石皿・敲石・凹石・蜂の巣石、狩猟用具の石鏃、加工具として利用されたスクレイパー・横刃形石器・不定形石器・石錐・砥石・削器・掻器・礫器、漁労具として利用された石錘などに区分した。また石器ではないが、漁労具の網の錘と考えられている土器片錘を加えた（図2）。その他の内訳は、磨製石斧、浮子、スタンプ形石器等である。

2　地域別にみる石器組成

(1) 武蔵野台地の中期の集落における石器組成

これらを時期ごとに分類し、グラフ化したものが図3である。今回の武蔵野台地における時期ごとの検討遺跡数と住居数は、勝坂・阿玉台式（古）期は4遺跡24軒、勝坂・阿玉台（新）期は12遺跡129軒、加曽利E1式期は12遺跡55軒、加曽利E2式期は11遺跡94軒、加曽利E3式期は9遺跡70軒、加曽利E4式期は2遺跡17軒である。

これらのグラフから、武蔵野台地上では勝坂・阿玉台式（古）期から加曽利E4式期にかけて縄文時代中期のどの時期も生産用具の中では打製石斧が多くを占めており、生業形態は基本的に根茎類を主体としていることがわかる。こうした現象はすでに多くの指摘がある。しかし、その利用度には時期により変化が見られることが指摘できる。

勝坂・阿玉台式（古）期では打製石斧の占める割合は69%、次に高い割合を示しているものが漁労具で13%、そして磨石、石皿などの堅果類加工具と続いている。

勝坂・阿玉台式（新）期では打製石斧の占める割合がさらに高くなり、勝坂・阿玉台式（古）期では2番目に高い割合を占めていた漁労具が大きく減少

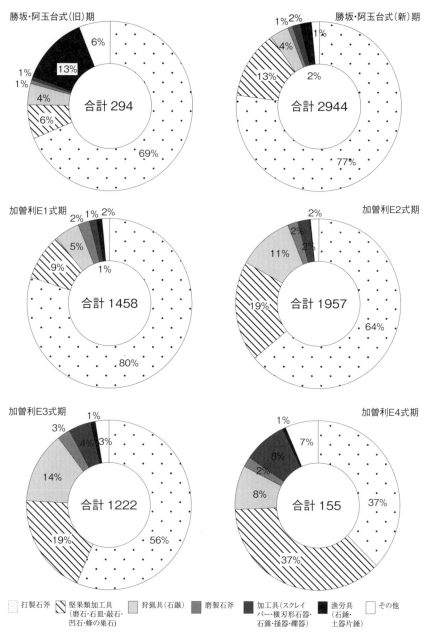

図3　武蔵野台地における中期集落の石器組成

している。その内訳は、打製石斧が77％、次いで堅果類加工具が13％、そして狩猟具が4％である。

　加曽利E1式期では、勝坂・阿玉台式（新）期のグラフとほとんど変わらない。打製石斧が80％、次いで堅果類加工具が9％、そして狩猟具が5％を占めている。

　加曽利E2式期においても打製石斧、堅果類加工具、狩猟具で全体の約95％を占めているがその割合に変化が見られた。打製石斧が64％、次いで堅果類加工具が19％、狩猟具が11％を示している。

　加曽利E3式期においても各々の割合に変化が見られ、打製石斧が56％、次いで堅果類加工具が19％、狩猟具が14％を示している。

　しかし加曽利E4式期ではこれまでのグラフとは異なる。打製石斧と堅果類加工具が最も高い割合を占めており、共に37％を占めている。この時期では打製石斧の割合が大きく減少し、堅果類加工具の占める割合が高くなっていることが指摘できる。

(2)　下総台地の中期の集落における石器組成
　下総台地も同様の分析方法でグラフを作成した（図4）。今回の下総台地における時期ごとの検討遺跡数と住居数は、勝坂・阿玉台式（古）期は10遺跡59軒、勝坂・阿玉台（新）期は5遺跡14軒、加曽利E1式期は10遺跡106軒、加曽利E2式期は11遺跡110軒、加曽利E3式期は20遺跡93軒、加曽利E4式期は10遺跡45軒である。

　勝坂・阿玉台式（古）期では、際立って多くを占めるものはない。最も高い割合を示しているのが堅果類加工具で25％、次に打製石斧で17％、そして狩猟具が14％である。

　勝坂・阿玉台式（新）期では、勝坂・阿玉台式（古）期と同様に際立って多くを占めるものはない。最も高い割合を示している打製石斧で21％、次に堅果類加工具が18％、そして狩猟具が15％を占めている。

　加曽利E1式期では、これまでの傾向とは大きく異なるものとなっている。これまで全体の10％ほどしか占めていなかった漁労具が全体の58％と最も高い割合を示している。次いで堅果類加工具が13％、打製石斧と狩猟具が11％を占めている。この時期下総台地側では、漁労が活発に行われ始めたことが読みとれる。また、全体を占める割合は減ったものの堅果類や根茎類も利用されていたことがわかる。

　加曽利E2式期では、加曽利E1式期と比べると少し変化が見られる。加曽利E2式期においても加曽利E1式期と同様に漁労具が最も高い割合を示しているが、その割合は全体の37％であり、次に高い割合を示す堅果類加工具が

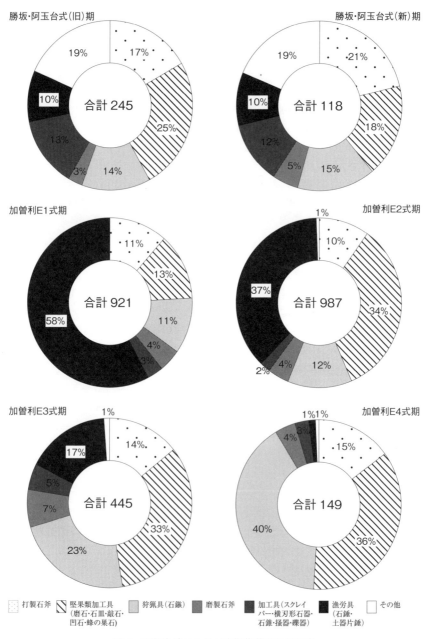

図4　下総台地における中期集落の石器組成

194　第Ⅳ章　中里貝塚形成と貝塚の多様性

34％とほとんど同じくらい多くを占めている。次いで狩猟具が12％、打製石斧が10％とこれらは加曽利E1式期とほとんど変わらない。これらの結果から、加曽利E2式期では、漁労と共に堅果類の利用が生業の基本となっていたことが推測される。

さらに加曽利E3式期では、加曽利E2式期と比べると少し変化が見られる。加曽利E3式期では堅果類加工具の占める割合が全体の33％を示しており、加曽利E2式期とほとんど同じであるが最も高い割合を示している。次いで狩猟具が23％を占めている。加曽利E1式期、加曽利E2式期と共に最も高い割合を占めていた漁労具は、加曽利E3式期になると全体の17％であり3番目に多くを占める結果となっている。次いで打製石斧が14％を占めている。これらの結果から、加曽利E3式期では、堅果類の採取を生業の基本とし、狩猟や漁労、根茎類の採集も行われていたことが推測される。

加曽利E4式期では、打製石斧の占める割合や堅果類加工具の占める割合が加曽利E3式期とほとんど変わらず、この2種類で約50％を占めていることがわかる。しかし加曽利E3式期と大きく異なる点は、加曽利E4式期で最も高い割合を占めるのが狩猟具で40％であること、さらに加曽利E3式期では17％を占めており、それ以前の時期でも多くを占めていた漁労具が全体の1％にしか満たないことである。出土石器の内訳を全体の割合が高い順にみてみると、狩猟具が40％、次いで堅果類加工具が36％、打製石斧が15％を占めるという結果になっている。これらの結果から、石器組成から見るならば加曽利E4式期では、狩猟と堅果類の採取を生業の基本とし、根茎類の採集も補助的に行われていたことが推測される。

3　武蔵野台地と下総台地の様相

(1) 石器組成からみた地域的特性

ここまで、縄文時代中期の武蔵野台地と下総台地における石器組成を時期ごとに追ってきた。これらを比較することで両地域間での石器組成の違いが明らかになった。縄文時代中期の武蔵野台地における生業形態は、時期により変化はあるものの基本的に根茎類を主体としていた。しかしその利用度は時期により変化が見られることが比較的明確に指摘できる。

勝坂・阿玉台式（古）期から打製石斧の割合は増加し、加曽利E1式期にピークを迎える。そしてその後減少していくことがグラフから読み取れる。打製石斧の減少と共に堅果類加工具の増加もグラフから読み取ることができ、加曽利E4式期に関しては打製石斧とほとんど同じ割合を示している。このように石器組成からみた場合、武蔵野台地における中期終末期では石器組成に大き

な変動が認められることがわかる。

　一方で下総台地では武蔵野台地ほど極端に特定の生業に依存するということはない。そのような中で地域的特性として加曽利E1式期と加曽利E2式期では漁労具とした網の錘が比較的高い割合を占めており、この時期に網漁を主体とした漁労活動が活発に行われていたと考えられる。また、狩猟具が高い割合を占める時期もあるが漁労具も狩猟具も武蔵野台地のように極端に依存することはなく、高い割合を占める時期以外では10％前後と低い割合を示している。また、中期における下総台地では、武蔵野台地のように特定の生業に極端に依存するということはないが、常に堅果類加工具が一定の割合を占めていることが指摘できる。

(2) 貯蔵穴・集石土坑の在り方からみた地域的特性

　次に、食料の貯蔵用施設と考えられている貯蔵穴の在り方を比較してみよう。今村啓爾は、関東地方の中期における生業活動を明らかにする目的で、この時期に特徴的に出現する打製石斧と群集貯蔵穴の在り方に注目し、打製石斧を根茎類の採取する際の掘り棒の先端に付けた石器と考えて、堅果類を主体とした生業活動と群集貯蔵穴に相関関係があることを指摘した。そして武蔵野台地における打製石斧の多量出土を根茎類に極度に依存した生業の地域的特性として理解した（今村1989）。中期において、生業活動に大きな地域性が存在したという指摘は、本論のテーマである中里貝塚の在り方を考える際に示唆に富む。

　まず土坑の形態に着目すると武蔵野台地における土坑の平面プランは、楕円〜長円形を主体としていた。また土坑の規模は全体的に0.5〜1.5mであり、深さに関しては0.1〜0.5mのものが多く見られた。形態や規模は時期による特徴は見られなかった（図5）。

　その一方で、下総台地の土坑の形態は円形のものがほとんどで規格性が高いといえる（図6）。土坑の規模は、どの時期においても0.5〜2.5m前後と幅広い。これらの状況から、土坑には複数の機能をもつものが混在している可能性が高い。しかし加曽利E4式期においては2mを超えるものは存在せず土坑の規模が極めて小さいが、その深さは幅広く、規模と深さは比例していないということがわかる。中期全体でみても深さに関して0.1〜1.5mの間に幅広く存在する。武蔵野台地と下総台地それぞれの土坑の実測図を比較してもその違いは明らかである。

　次に土坑の数に着目する。中期の武蔵野台地における土坑の発見数は各時期1遺跡に対して5基前後、多い時期で20基程度であり時期ごとに大きな偏りはない[1]。その一方で下総台地における土坑数は、加曽利EⅠ〜Ⅲ式期にピー

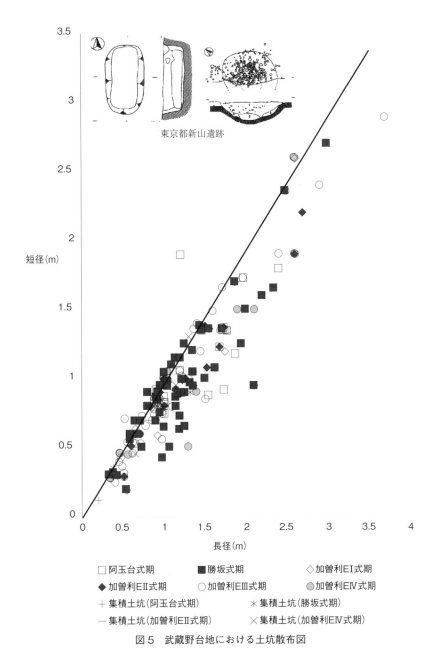

図5 武蔵野台地における土坑散布図

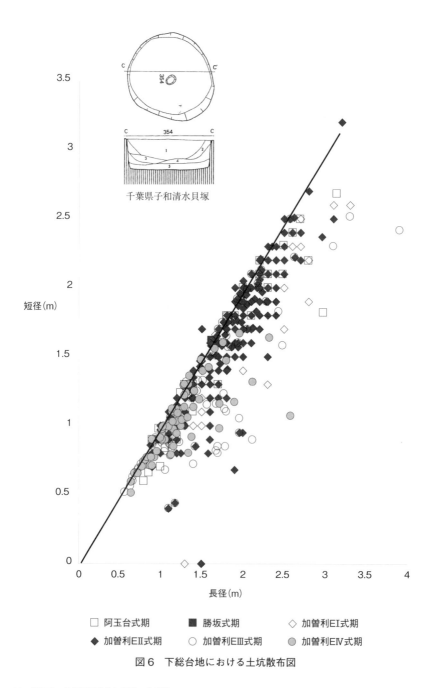

図6　下総台地における土坑散布図

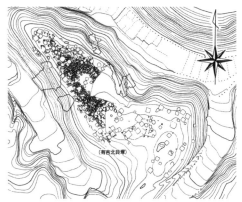

図7　有吉北貝塚全体図

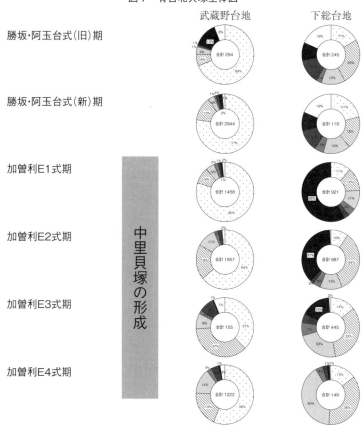

図8　武蔵野台地と下総台地における石器組成の変遷

クを迎えている。有吉北貝塚はこの時期の典型的な在り方を示している（図7）。また、どの時期においても武蔵野台地における土坑の数は下総台地における土坑の数と比較すると極めて少ないことも明らかである。

土坑の分析と石器組成の分析から、すでに今村啓爾も指摘しているように下総台地の堅果類の加工を主体とした生業では、多数の円形貯蔵穴を作っていたことを確認することができる。

さらに注目すべきことは集石土坑（図5）の存在である。武蔵野台地では多数の類例が見られた集石土坑であるが、どの時期においても武蔵野台地よりも極めて多くの土坑が存在した下総台地では、逆に集石土坑はほとんど見られなかった。一般に指摘されるように集石土坑は土坑のなかで焼石を用いた調理を行う施設である点から、食物加工の方法においても両地域には比較的明瞭な地域的な違いがあることがわかる[2]。

4　中里貝塚形成期における武蔵野台地の生業構造と特性

これまで武蔵野台地と下総台地の生業形態を、石器組成と土坑の形態と数に着目して分析を進めてきた。両者には時期認定において不明確な部分を残すものの、各時期・地域での特徴は知ることが出来た。その結果、両地域における生業活動の構成と、地下貯蔵、焼石調理の頻度や規模の違いは明らかであり、同じ東京湾沿岸地域でも台地単位で大きく異なる生業活動が行なわれていたことが明確となった。筆者は、武蔵野台地と下総台地のあいだに指摘できる中期の貝塚形成の地域差と、これらの現象は相関関係にあると考えている。その中で、特に、武蔵野台地の中期中葉から終末にいたる時期のなかで指摘できる石器組成の変化に注目すべき変化が認められた（図8）。

また、武蔵野台地における様相を時期別に分析したことで、武蔵野台地の生業形態と中里貝塚の存在が深い関係を持つことが明らかとなった。

武蔵野台地上では、勝坂・阿玉台式（古）期から加曽利E3式期にかけて縄文時代中期のどの時期も生産用具の中では打製石斧が多くを占めているが、中期終末の加曽利E4式期には打製石斧の割合が大きく減少し、磨石や石皿などの堅果類加工具の占める割合が高くなっている。すなわち中里貝塚の貝層形成のピークを迎える時期（加曽利E1式期）には打製石斧は石器の全体を占める割合もピークを迎え、中里貝塚の衰退と共に打製石斧の全体を占める割合も減少していく。このように時期ごとに石器組成をみることで、武蔵野台地の生業形態と中里貝塚の形成には相関する関係があることがうかがえる。つまり中里貝塚では、打製石斧に代表される根茎類への依存を強めていた武蔵野台地の中期の生業活動の一環として、台地上の多くの集落への水産物の流通を目的として

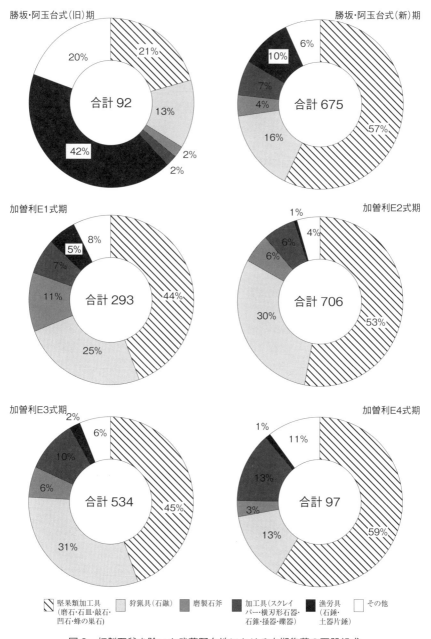

図9 打製石斧を除いた武蔵野台地における中期集落の石器組成

計画的に干貝生産が行われた可能性を指摘できるであろう。
　では、打製石斧以外の生業のバランスはどのようになっているのか。ここでは試みに打製石斧を除いたグラフを作成した（図9）。すると中里貝塚の形成が始まる阿玉台・勝坂式（新）期から加曽利E4式期までの時期では共通して堅果類加工具が50%前後の割合を占めていることがわかる。この事実は、基本的な生業活動の主体が堅果類などの植物質食料であったことを示すであろう。その一方で、中里貝塚が形成される前の勝坂・阿玉台式（古）期における堅果類加工具の占める割合は約20%ほどであり、最も高い割合を示しているのが漁労具である。異なる労働用具の数を同等の意味で比較するには無理があるものの、少なくとも中里貝塚の形成と武蔵野台地の打製石斧に代表される生業が、生業活動の地域的構成において深い関わりをもつことが推測できる。すなわち、堅果類に加え、根茎類への依存を強めていた武蔵野台地の生業形態は、中里貝塚の形成により貝類の流通を通じて沿岸部と堅密な関係を形成し、堅果類と根茎類や狩猟活動に加えてハマグリやカキなどの水産資源を入手していたと推測することができる。
　また、土坑の分析からも武蔵野台地と下総台地の違いが明らかになった。武蔵野台地の土坑は、下総台地の土坑と比べて全体的に数が少なく、形態も異なっていた。しかしそれ以上に注目するべき点は、集石土坑が武蔵野台地のみで検出されているということである。武蔵野台地において勝坂・阿玉台式（古）期から集石土坑は存在している。そのため中里貝塚の成立する前から、焼け石を使用して食物の蒸し上げをするという調理技術は、武蔵野台地上の人々の伝統的な食物加工技術であったと考えられる。こうしてみた場合、中里貝塚で検出された木枠付土坑は、そのような武蔵野台地上の人々の食物加工の技術転用であったと推測することができる。この焼石を利用する調理形態と打製石斧を用いる生業との間に意味のある関係性を指摘することができた。
　以上のように、中里貝塚の形成に関連させながら石器組成と土坑に着目したことで、中里貝塚と武蔵野台地の生業形態との間に深い関係性を指摘することができた。
　これまで海辺での貝の加工場として考えられてきた中里貝塚であるが、多くの研究者により指摘されてきたように、その貝は武蔵野台地上の集落、特に直接的に魚介類の手に入りにくい内陸部へと供給されていたことを生産用具の組成と貯蔵施設の在り方から追認することができた。中里貝塚は、縄文時代中期の武蔵野台地の人々の生業の中で、水産資源の流通の支えとなる重要な役割をになった存在であったといえるだろう。
　中期終末の打製石斧の組成率が減少する時期に中里貝塚が終焉を迎えている

が、その背景には生業の大規模な組み換えが予測される。すでに今村啓爾が指摘しているように中期終末における根茎類の利用の低下が台地の人々の生業活動に大きく影響した可能性が考えられる。

註
1) ただし、分析対象とした土坑は時期判定の可能な土器が出土しているものに限定しているため、発見されている遺構の実数はより大きい。ここでは同じ条件で両台地の比較をして、特性を比較するという点に目的を置いている。
2) ただし、下総台地の遺跡では、少ないながらも焼礫が出土する場合も報告されており、規模や回数はすくないものの、焼石をもちいた食物加工が行われていた可能性は残る。

引用・参考文献

阿部芳郎 1996「水産資源の活用形態」『季刊考古学』55
阿部芳郎 1996「台地上の大きなムラ跡と海辺での活動」『北区史』通史編原始古代
阿部芳郎 1998「貝塚産二枚貝のサイズと構成からみた水産資源の利用形態」『西ヶ原貝塚』
阿部芳郎 1998「西ヶ原貝塚の形成過程と遺跡群の構成」『都内重要遺跡等調査報告第1部西ヶ原』
阿部芳郎 2000「縄文時代の生業と中里貝塚の形成」『中里貝塚』東京都北区教育委員会
阿部芳郎 2006「貝食文化と貝塚形成」『地域の文化の考古学Ⅰ』明治大学文学部
阿部芳郎 2007「貝塚から縄文社会を読み解く」『考古学ジャーナル』
荒川区教育委員会 1990『日暮里延命院貝塚』
井口直司 1981「新山遺跡出土土器の観察と検討」『東久留米市埋蔵文化財調査報告第8集、新山遺跡』新山遺跡調査団
市川市教育委員会 1969『今島田遺跡』市川市文化財調査報告第1集
今村啓爾 1989「群集貯蔵穴と打製石斧」『考古学と民族誌』六興出版
植月 学 2001「縄文時代における貝塚形成の多様性」『文化財研究紀要』14、東京都北区教育委員会
大村裕・大内千年 2004「房総半島における縄文中期中葉の土器群について―勝坂式および勝坂式に影響を受けたと思われる土器群を中心に―」『下総考古学』18
岡崎文喜、石井 穂 1982「蕨立遺跡を中心とした縄文時代中期初頭集落址の研究」『遺跡研究論集Ⅰ』遺跡研究会

小田静夫・伊藤富治夫・C.T. キーリー 1976『前原遺跡』国際基督教大学考古学研究センター
加藤建設株式会社 2010『千葉県松戸市紙敷遺跡第 1 地点』
北区飛鳥山博物館 1999『貝塚と縄文人のくらし』特別展
木村政五郎 1886「真砂 婁遺構」『東京人類学会報告』1—7、東京人類学会
共和開発株式会社 2006『北区御殿前遺跡—西ヶ原二丁目 45 番 10 号地点—』株式会社レアルシエルト、共和開発株式会社
清瀬市教育委員会 1982『野塩前原』清瀬市文化財調査報告書 1
清瀬市郷土博物館 2003『清瀬市　野塩前原遺跡群』
ケーヨー興産株式会社加藤建設株式会社 2006『千葉県流山市富士見台第Ⅱ遺跡 F 地点発掘調査報告書』流山市埋蔵文化財調査報告 Vol.37
小金井市教育委員会 1972『中山谷遺跡』小金井市文化財報告書 1
小金井市中山谷遺跡調査会 1987『中山谷遺跡—第 9 次～第 11 次調査(1981～1983)—』
小金井市貫井南遺跡調査会 1974『小金井市貫井南遺跡調査報告』
小金井市貫井南遺跡調査会 1980『東京都小金井市　貫井南遺跡』
小山台遺跡発掘財調査団東久留米市埋蔵文化財報告第 23 集 1997『小山台遺跡Ⅱ』東久留米市埋蔵文化財報告第 23 集
佐藤傳蔵・鳥居龍蔵 1894「武蔵北豊島郡中里村貝塚取調報告」『東京人類学雑誌』9—98・99
佐藤傳蔵・鳥居龍蔵 1896「武蔵國北豊島郡中里村貝塚取調報告」『東京人類学雑誌』11—121
ジェラード・グロート・篠遠喜彦 1952『姥山貝塚』日本考古学研究所
下野谷遺跡整理室 2001『下野谷遺跡Ⅲ—縄文中期（墓域）—』早稲田大学
自由学園遺跡調査団 2005『自由学園南遺跡Ⅳ、Ⅴ』
自由学園南遺跡調査団 1983『自由学園南遺跡—東京都東久留米市所在の先土器時代、縄文時代遺跡の調査—』
自由学園南遺跡調査団 1996『自由学園南遺跡Ⅲ』東久留米市埋蔵文化財報告第 21 集
住宅・都市整備公団千葉地域支社 1998『千葉東南部ニュータウン 19—有吉北貝塚（旧石器・縄文時代）—』千葉県文化財センター調査報告 324 集
白井光太郎 1886「中里村介塚」『人類学会報告』1—4、東京人類学会
新山遺跡調査団 1981『新山遺跡』東久留米市埋蔵文化財調査報告第 8 集
神明山南遺跡調査団 1994『神明山南遺跡』東久留米市埋蔵文化財報告第 19 集
高橋大地・建石　徹 2004「勝坂式土器の地域性に関する研究史—房総半島の勝坂

式を中心に一」『下総考古学』18
田川　良・小川和博 1982「千葉県における縄文時代中期土器の変遷（Ⅰ）」『日本考古学研究所集報』Ⅳ、日本考古学研究所
東京都北区教育委員会 1988『御殿前遺跡』北区埋蔵文化財調査報告第4集
東京都北区教育委員会 1989『御殿前遺跡Ⅱ』北区埋蔵文化財調査報告第5集
東京都北区教育委員会 1994『西ヶ原貝塚Ⅱ　東谷戸遺跡』
東京都北区教育委員会 1997『御殿前遺跡Ⅴ』北区埋蔵文化財調査報告第21集
東京都北区教育委員会 2000『中里貝塚』
東京都北区教育委員会 2002『七社神社裏貝塚・西ヶ原貝塚Ⅲ・中里貝塚Ⅱ』北区埋蔵文化財調査報告第29集
東京都北区教育委員会 2003『御殿前遺跡Ⅶ』埋蔵文化財調査報告第31集
東京都北区史編纂調査会 1996『北区史　通史編　原始古代』
東京都北区教育委員会 2004『西ヶ原遺跡Ⅳ』北区埋蔵文化財調査報告第34集
正福寺 2004『千葉市台畑遺跡一平成15年度調査一』
建石　徹・高山茂明 1998「中峠式土器研究史」『下総考古学』15
玉川文化財研究所 2002『東京都西東京市　下野谷遺跡　第10次調査一東伏見三丁目250番地における（仮称）秋本マンション新築工事に伴う埋蔵文化財調査一』玉川文化財研究所
千葉県教育振興財団 2006『千葉東南部ニュータウン40一千葉市有吉南貝塚一』千葉県教育振興財団調査報告第604集
千葉県教育振興財団 2006『千葉東南部ニュータウン37一千葉市六通貝塚一』千葉県教育振興財団調査報告第572集
千葉県文化財センター 1977『千葉市中野僧御堂遺跡』千葉東金道路建設工事に伴う埋蔵文化財調査報告1
千葉県文化財センター 1978『千葉市荒屋敷貝塚一貝塚中央部発掘調査報告書一』
千葉県文化財センター 1982『千葉東南部ニュータウン10一小金沢貝塚一』
千葉県文化財センター 1986『千葉市中薙遺跡 一千葉東署建設に伴う埋蔵文化財発掘調査報告書一』
千葉県文化財センター 1990『松戸市野見塚遺跡・前原Ⅰ遺跡・根之神台遺跡・中内遺跡・中峠遺跡・新橋台Ⅰ遺跡・串崎新田東里所在野馬除土手』
千葉市教育委員会 2003『千葉市平和公園遺跡群Ⅰ』
千葉市教育委員会 2004『千葉市平和公園遺跡群Ⅱうならすず遺跡』
千葉市教育委員会 2007『千葉市芳賀輪遺跡』
千葉市教育振興財団 2009『千葉市和泉町遺跡群一（仮称）和泉の郷ゴルフ場建設

予定地内埋蔵文化財調査報告書─』
千葉市立加曽利貝塚博物館 1999『貝層の研究』貝塚博物館研究資料　第5集
地頭山遺跡発掘調査団 1981『地頭山遺跡』東久留米市埋蔵文化財報告第9集
テイケイトレード株式会社埋蔵文化財事業部 2005『東京都文京区　動坂遺跡　第3地点─（仮称）本駒込四丁目トランクルーム建設工事に伴う埋蔵文化財発掘調査報告書─』テイケイトレード株式会社埋蔵文化財事業部
天祖神社東遺跡調査団 1986『天祖神社東遺跡』東京都住宅局練馬区遺跡調査会
東京都練馬区 1997『八ヶ谷戸遺跡　第二次調査─陽和病院内における調査─』八ヶ谷戸遺跡調査会
東京都練馬区 2008『八ヶ谷戸遺跡　第三次調査─陽和病院内における調査─』共和開発株式会社
東京都練馬区 2011『北新井遺跡』共和開発株式会社
東京都埋蔵文化財センター調査報告第262集 2011『北区　西ヶ原貝塚─西ヶ原一丁目地区都市再生機構用地に係る埋蔵文化財発掘調査─』
動坂貝塚調査会 1978『文京区動坂遺跡』
東北新幹線中里遺跡調査会 1984『中里遺跡─発掘調査の概要Ⅰ─』
東北新幹線中里遺跡調査会 1985『中里遺跡─発掘調査の概要Ⅱ─』
東北新幹線中里遺跡調査会 1989『中里遺跡─遺物Ⅰ─』
流山市遺跡調査会 1983『千葉県流山市富士見台第Ⅱ遺跡』流山市遺跡調査会報告 Vol.3
西東京市教育委員会 2006『下野谷遺跡─西東京市東伏見六丁目地内における配水管新設工事に伴う第12次調査報告書─』
橋口尚武 1981「新山遺跡出土土器群の編年的位置付け─加曽利E式土器について─」『東久留米市埋蔵文化財調査報告第8集　新山遺跡』東久留米市教育委員会新山調査会
樋泉岳二 1999「東京湾地域における完新世の海洋環境変遷と縄文貝塚形成史」『国立歴史民族博物館研究報告』第81集
東久留米市教育委員会 1981『宮前・第一小学校』東久留米市埋蔵文化財調査報告第10集
東久留米市教育委員会 2002『第一小学校遺跡─東京都東久留米市第一小学校遺跡発掘調査報告書』東久留米市埋蔵文化財調査報告第28集
東久留米市埋蔵文化財調査団 2000『山浦遺跡　東京都東久留米市山浦遺跡　第Ⅰ,Ⅱ次発掘調査報告書』東久留米市埋蔵文化財報告第26集
東久留米市埋蔵文化財調査団 2008『新山遺跡Ⅶ』東久留米市埋蔵文化財調査報告

第 34 集
東久留米市立久留米中学校社会科部会 1971『小山台遺跡』東久留米市立久留米中学校社会科部会
船橋市教育委員会 1971『高根木戸―縄文時代中期集落址調査報告書―』
船橋市教育委員会 2008『千葉県船橋市 上ホシ遺跡』
船橋市教育委員会 2008『千葉県船橋市海老ヶ作北遺跡(3)』
船橋市教育委員会社会教育課 1970『海老ヶ作貝塚』
保谷市教育委員会 1999『東京都保谷市下野谷遺跡 第 8 次調査地区発掘調査報告書』
松戸市遺跡調査会 1998『八ケ崎遺跡―第 5 地点発掘調査報告書―』
松戸市遺跡調査会 2003『東出山遺跡―秋山土地区画整理事業に伴う埋蔵文化財発掘調査報告書』
松戸市遺跡調査会 2006『千葉県松戸市 八ケ崎遺跡―第 1・2 地点発掘調査報告書―』
松戸市遺跡調査会 2008『八ヶ崎遺跡―第 7 地点 発掘調査報告書―』
松戸市遺跡調査会 2009『根木内遺跡― 第 8 地点発掘調査報告書―』
松戸市教育委員会 1983『坂之台遺跡、東平賀遺跡 第 3 次調査』松戸市文化財調査小報 16
松戸市教育委員会 1984『中峠遺跡、根木内遺跡―昭和 58 年度北部遺跡群調査報告書―』松戸市文化財調査報告第 9 集
松戸市教育委員会 1987『松戸市紙敷地区遺跡跡群確認調査報告書―中内遺跡、坂之台遺跡、新橋台Ⅰ遺跡―』松戸市文化財調査小報 17
松戸市教育委員会 1997『根木内遺跡― 第 4 地点発掘調査報告書―』
松戸市溜ノ上遺跡調査会 1995『溜ノ上遺跡』
三宅米吉 1892「雑案数件」『東京人類学会報告』7―74、東京人類学会
八千代市遺跡調査会 2007『千葉県八千代市真木野向山遺跡―埋蔵文化財発掘調査報告書―』
山内清男 1940「勝坂式」『日本先史土器図譜Ⅷ』先史考古学
山武考古学研究所 2008『千葉県流山市富士見台第Ⅱ遺跡 D 地点』流山市埋蔵文化財調査報告 Vol.42
山谷文人 2000「縄文時代における干潟の利用と遺跡群―中里貝塚と周辺の貝塚とのかかわり―」『文化財研究紀要』13、東京都北区教育委員会生涯学習部、生涯学習推進課
八幡一郎 1973『貝の花貝塚』東京教育大学文学部史学方法論教室
八幡一郎・岡崎文喜 1972『海老ケ作貝塚：縄文時代中期集落址調査報告』船橋市教育委員会

六仙遺跡調査団 1980『東久留米市六仙遺跡』東久留米市埋蔵文化財報告第 6 集
六仙遺跡調査団 1997『六仙遺跡Ⅱ』東久留米市埋蔵文化財報告第 22 集
和島誠一 1960「考古学上よりみた千代田区」「付 3. 中里貝塚の発掘」『千代田区史』上
早稲田大学 1998『下野谷遺跡Ⅰ―縄文中期(1)―』早稲田大学校地埋蔵文化財整理室
早稲田大学 2000『下野谷遺跡Ⅱ―縄文中期(2)―』早稲田大学校地埋蔵文化財整理室
早稲田大学 2002『下野谷遺跡Ⅳ―縄文中期(3)―』下野谷遺跡整理室
早稲田大学 2003『下野谷遺跡Ⅴ―縄文中期(4)―』下野谷遺跡整理室

4 中里貝塚の形成をめぐる生業活動と地域性
―複合的生業構造と遺跡群の形成―

阿 部 芳 郎

1 定住型狩猟採集社会の生業複合

　定住的な居住活動が広く普及した縄文時代前期以降には、周年を1つの単位とした生業スケジュールが各地で確立し、そのため生業活動の中にも地域的特色がより一層顕著になる。

　こうした現象の要因は、道具や技術の発達にもまして、人的な労働力の組織化が重要な役割を果たしたに違いない。なぜならば縄文時代の主だった生産用具は早期の後半には大半が出そろっているにもかかわらず、以後の生業活動は複雑化が一層顕著になるからである。

　縄文時代の生業活動において、複数の資源を効率的に利用するための適応方法としては次の2つが考えられる。

　1つは、個別の生業活動に時差をもたせたタイムスケジュールをつくり労働時間を分割することである。

　狩猟採集社会では、こうした適応化は自然発生的に起こった可能性がある。しかし、限られた人数で同時に複数の生業に従事するには限りがある。そのために労働力の限界の範囲内で利用する資源を選択しなければならない制約が生じる。想定される有効な手段としては、季節ごとに利用資源を変えて複数の資源利用を効率的に組み合わせる生業体制である。これを生業の時差的適応と呼んでおく[1]。

　他の1つは個々の生業活動を担当する人間を一緒に生活を営む人々の全体の中で分担化することである。個別の対応を分担すれば、同時に複数の目的に対応することができる。しかし、こうした活動を可能とするためには、労働力を提供する母集団の規模[2]がある程度大きくなくては難しい。これを労働に対する集団のグループ化適応と呼ぶ。

　関東地方では、大きく見積もって、前期以降に集落の住居数が増加したり、または住居の床面積が大型化する現象が認められる。前期終末などに一時期的な遺跡数の激減が認められるが、全般としてみた場合、いくつかの端境期をは

さみながらも、こうした多様な活動への適応を可能とするような潜在的な労働力の増加が起こったと考えることができる。

しかし、前期以降の生業活動を考える際に、おそらく、この図式の一方のみが単純な形で作用することはないであろう。たとえばそれは、四季が明確化してきた完新世の自然環境のなかで、定住化を意図すれば必然的に起こりえたであろうし、狩猟採集社会の集落の人口が労働形態の発達のためだけに変動するとは考えにくいからである。

それにもかかわらず、これらの単純な行為系をモデル化しておくことは、少なくとも生業活動の多様化にかかわる複数の要因の因果関係を整理する場合に一定程度は役立つに違いない[3]。

2　中里貝塚の立地と形成過程

中里貝塚は武蔵野台地の東端部にある台地直下の東京低地に立地している（図1）。この地域は縄文時代前期の海進によって海が内陸部へと侵入する湾口付近であり、前期初頭には貝塚の形成が始まり、中期では台地上に動坂遺跡、七社神社裏貝塚、西ヶ原貝塚昌林寺地点貝塚などが形成され、さらに沖積面の岬状に突出した微高地部に中里貝塚が形成されている。

一方、東京低地をあいだにはさんだ東方の下総台地には、縄文時代中期から後期にかけて全国一の数と規模を誇る環状貝塚がベルト状に湾岸部に分布している。

両地域は巨視的にみれば東京湾に面した共通した生態系の中にあり、後背地の森林資源と東京湾の水産資源を利用した生業活動が活発に行われたと考えられるが、貝塚の数や規模などに地域的に異なる特徴が認められ、生業活動に地域性が指摘されている（阿部2000）。

(1) 貝層の堆積状況と季節性

樋泉岳二による中里貝塚におけるハマグリの採取季節は、初夏をピークとしており、晩秋から冬季における採貝活動はほとんど認められないという（東京都北区教育委員会2000）。

東京湾東岸に群集して分布する

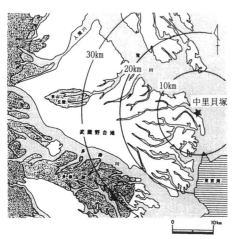

図1　中里貝塚の位置

中期から後期の大型貝塚では、初夏をピークとしつつも、ほぼ年間を通じた採貝活動が行われているので、中里貝塚の採貝活動は、下総台地に比べて時差的な適応が顕著であったと考えることができる。
　これは東京湾東岸の大型貝塚がいずれも干潟から離れた集落に形成されたムラ貝塚であることと深い関係があると思われる。すなわち、集落における日常的な食生活の中で量の多寡はあれ、通年にわたる自給的な採貝活動が行われたのである。
　これに対して、中里貝塚は居住活動を伴わない海辺の貝塚であるため、自給的な食料資源としての採貝活動は活動の中心ではなかった。先述したように貝殻成長線分析によると、ハマグリは初夏をピークとしていることが明らかにされたが、カキは成長線分析ができないものの、晩秋から冬季であった可能性が高いという（東京都北区教育委員会2000）。貝塚の広い範囲にわたって認められるハマグリとカキの互層構造は、年間にハマグリとカキを主体とした2回の採貝活動が繰り返し行われた痕跡と考えることができる根拠となる[4]。

(2) 加工施設と方法
　大量に採集された貝類は、貝層の残された砂浜の傍らに設けられた「木枠付土坑」と命名された施設で蒸しあげて、殻から身を取り出す作業が行われた（図2）。
　中里貝塚の特性は、これらの加工施設と、貝剥き作業のなかで残滓として生じた貝層が一体として発見された点にある。縄文時代には集石遺構と呼称される土坑の中で、焼礫を用いて食料を蒸し焼きにする方法が広く認められるが、木枠付土坑は、こうした技術を応用した施設と考えることができる。
　殻から取り出された貝肉は、さらにその場で干し貝として加工されたのであろう。干し貝は長期間の保管が可能な点と、乾燥によって濃縮された旨味成分を含む点で生の貝とは異なる食料資源上での特徴がある。また、生貝と比べてとくに消費期間を大幅に長期化できる点が食文化史上の特性として重要であろう。
　ところで、季節を違えて干貝として加工されたハマグリとカキは貝塚の前面に広がる水域の中でも、同じハマで採集できる貝ではない。とくに大型のハマグリは水深の深い砂地のハマであっただろうし、カキは泥干潟に相互に密着して形成されたカキ礁を形成していたことがわかっている。こうした事実から、ハマグリとカキのそれぞれの採貝活動は、異なるハマで採取されたものが、同じ加工場に持ち込まれたものであることは確実であろう。
　重要な点は、このようにして採集されたハマグリの貝殻成長線分析は、春から夏にほぼ限定されていることと、サイズ（年齢構成）に極めて高い規格性が

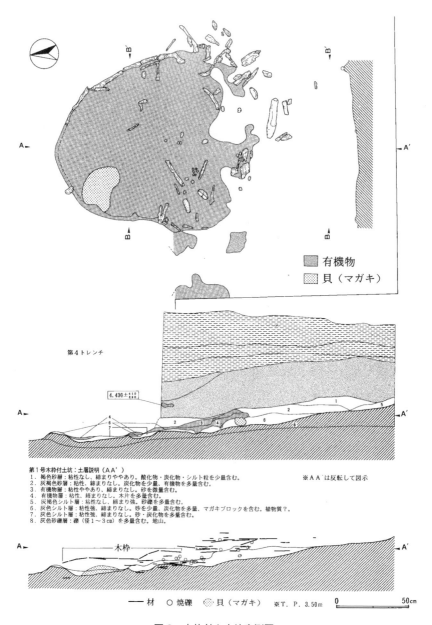

図2 木枠付き土坑実測図

指摘できることである。カキの採取季節が秋から冬と考えると、中里貝塚の規則的な貝層の堆積は、採貝活動の時差的な労働が規則正しく累積したことを良く物語っている。

砂泥底群集の貝類のなかでは、身が大きく大量に採取が可能で美味な貝は、ハマグリとカキである。カキはカキ礁であれば冬季であっても採取はそれほど困難ではないし、潜水を伴う可能性もある大型のハマグリ漁は、水温が上昇し、また昼間の干満の差が大きくなる春から夏が操業の時期としては合理的である。

そしてまた、干貝生産の労働上の特性としては、年間のなかで季節を違えて作業に時差を持たせることで、作業の効率を高めることにもなったであろう。

この季節的な活動の時間的な長さと労働の規模の大きさが巨大な中里貝塚を形成した要因なのである。

3 干貝の流通を必要とした社会

(1) 武蔵野台地の中期集落の分布と貝塚形成

中里貝塚の特徴は低地に立地するばかりでなく、地域社会の中で、その成立背景を考えるならば、奥東京湾に面した武蔵野台地の東端に位置しているという点に第一の特性がある。東京低地をはさんだ対岸には環状貝塚が密集する下総台地がある。武蔵野台地は神田川や石神井川、黒目川などを代表するように、西から東に流れる河川によって扇形に地形が区分されており、これらの河川は東京湾へと注ぐ。武蔵野台地を東西のいくつかの単位に区分するように流れるこれらの河川は、上流から河口までの長さが20～30kmあまりもあり、その流長は後述する下総台地とは大きく異なり、極めて長い。

ところで、中里貝塚の形成のピークは加曽利E1式期以降で、貝層の最上部からは後期初頭の称名寺式土器が出土しているので、後期初頭には貝層の形成は終了しているか、終息的な状況を迎えていることは確かである。

武蔵野台地の縄文時代集落は、この河川に沿って2kmから、近いものでは1kmほどの間隔で分布しており、その密度は縄文時代の中でも突出している。しかも、これらの遺跡の多くは多数の竪穴住居を残す集落遺跡である。

集落の形成時期は中期後葉の加曽利E1式期以降から同3式期が圧倒的に多く、反対に中期初頭の集落は著しく少ない。このことから、中期後葉には武蔵野台地には定住的な地域社会が形成され、ある程度の人口の増加を指摘することもできよう。これらの社会環境の変化が、複数の生業活動に対応するグループ化適応の基盤を形成したと考えられる。ここに集落内グループ化適応から地域内グループ化適応への変革を指摘することができる。

そして、中里貝塚で生産された干貝は、武蔵野台地を区分するように流れる河川を流通経路とすることによって、比較的簡単に30kmあまりも離れた内陸の集落まで流通させることが可能であったに違いない。

　中里貝塚の形成背景として、この武蔵野台地上の集落群の集中度の高さと、その形成期間の同時性は決して無関係ではあるまい。中里貝塚の規模を考える場合、加工された貝類は至近の位置に形成された七社神社裏貝塚や御殿前遺跡などの集落だけで消費されたとは到底考えられない。中里貝塚で推測される貝層の総量は下総台地側の環状貝塚のおよそ10数個分に相当すると復元されている（植月2001）。また河川流域に線状に並ぶ集落の立地条件は、集中した集落分布に資源を流通させる場合、好条件であったに違いない。

　流通した干貝は一定期間の保存が可能で、入手した貝肉は必要に応じて食材として利用されたのだ。採貝活動には明確な季節性がある反面で、一度ハマで干貝に加工することによって、消費期間を長期化できることが生の貝と干貝の根本的な違いである。貯蔵技術の発達は時差的な適応をより柔軟にすることを可能としたのである[5]。

(2) 中期の生業活動

　ところで、中里貝塚の形成背景を食資源の生産という視点から考える場合、近年の古人骨の安定同位体分析による食性復元を参考にしてみると、貝塚出土の人骨でも、彼らの食資源の大半がC_3植物とされるドングリなどの堅果類またはそれを食した草食獣であることが明らかにされている（米田1999）（図3）。中里貝塚がいかに大規模であるからといっても、貝ばかりを食べていた集団を想定するのは現実的ではない。武蔵野台地上の中期後葉の集落に目を向けてみると、ちょうどこの時期に大量の打製石斧を用いた生業が確立している。

　打製石斧は掘り棒の先端に装着された土堀具と考えられるものであり、その対象物は遺存体として検証されたものはないが、今村啓爾は自然薯などの根茎類の採取を想定している（今村1999）。これに加え、葛やユリの根などの地下茎類なども盛んに採集された

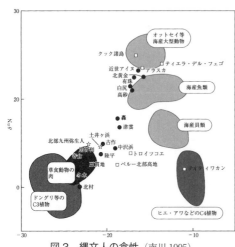

図3　縄文人の食性（南川1995）

に違いない。

打製石斧は多摩川の河原石や武蔵野礫層中の自然礫を素材とすることによって、大量に生産されている（図4）。今村は中部地方から関東西南部における中期の隆盛の基本的条件の1つにこれらの根茎類の利用を想定し、後期以降の急激な衰退は中期後半に起こる気候の寒冷化により、これらの生業構造が崩壊したものと考えた（今村前掲）。

根茎類は秋から冬にかけて地下茎に澱粉を蓄積し、その管理は種芋を撒布することによって容易に生産量を維持することができる。

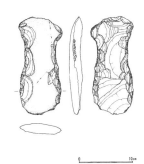

図4 中期の打製石斧

武蔵野台地の中期の人々の生業構造は、自然薯などの植物資源を主体として、もちろん一定程度の堅果類や陸上動物を対象とした狩猟も行われていたと考えるのが自然であるが、やはり遺跡に残された大量の打製石斧の在り方は、盛んな根茎類の利用を想起させる。また武蔵野台地のこの時期の集落には堅果類を蓄える貯蔵穴の数が著しく少ないことも根茎類に依存したことを証明する事実の1つである（今村前掲）。その場合、問題とされるのは地下茎に蓄積された澱粉の加工と貯蔵方法であろう。

武蔵野台地の中期のそれぞれの集落からは基本的に一定量の打製石斧が出土するので、根茎類の管理と採取は集落単位で計画された自給的な生業活動であったと考えるのが自然であろう。

その一方で、中里貝塚の干貝は1年間に2回、種類を違えてハマグリとカキがそれぞれに河口の集団からもたらされ、貝塚のない内陸の集落にも一定量の干貝が流通したのだ。内陸部に群集した多数の集落における干貝の需要が、結果として中里貝塚の規模を大型化させた根本的な要因であろう。

これは時差的な資源利用形態が基盤となって、さらに武蔵野台地上の集団のなかで、とくに中里貝塚の至近に位置する七社神社裏貝塚や御殿前遺跡などの集団が、武蔵野台地全体の枠組みの地域内グループ化適応によって、大規模な干貝の生産体制を確立したとみることができる。

それではこうした資源利用は、東京湾岸の縄文社会のなかでどのような特性として説明できるだろうか。比較の対象を東京湾東岸の下総台地に形成された貝塚群に求めてみよう。

4 貝食文化の地域性

(1) 東京湾東岸地域の貝食文化

　この地域は多数の貝塚が群集する地域として著名である。貝塚の分布する地域に目を向けると、下総台地と呼ばれる標高25m前後の低平な台地が広がり、ここを開析してできた河川によって形成された樹枝状の地形が特徴で、中期から後期の貝塚は環状または馬蹄形貝塚と呼ばれるムラ貝塚が特徴的である。

　堀越正行によれば、これらの貝塚は、東京湾にそそぐ小河川の流域に2kmほどの間隔で分布しているという（堀越1972）。武蔵野台地とこれらの地域とを比較すると、下総台地の河川は奥行が短く、海辺から5kmから10kmほどで、それは武蔵野台地に比べると著しく短い。これは下総台地にちょうど海岸線に平行するように分水嶺が南北に通るためである。

　それでも環状貝塚は海岸線に直面した台地上に立地するものは極めて少なく、数km程度内陸の谷奥に立地しているものが圧倒的に多い。この地域の中期の貝種を特徴づけるのは、ハマグリとキサゴである。キサゴは小型の巻貝であり、砂泥底に群集する貝類で、多量に発生した場所では、極めて簡易に採取することができる。また、ハマグリは殻高が4cmにも満たない小型の個体が主体をなしている。こうした貝類の様相は中里貝塚とは大きく異なる。

　そして、この地域のハマグリが著しく小さいのは、東京湾に沿うようにして2kmほどの間隔で数百年にわたり干潟を管理した集団が、極めてせまい干潟をテリトリーとしたために生じた捕獲圧が働いたものと考えることができる。

　これらの貝塚のハマグリは初夏から夏季に採取のピークをもち、量の多少はありながも、基本的には周年で採取されていたことが貝殻成長線分析から指摘されている（樋泉1999）。またこれら以外の貝ではアサリやシオフキ、カガミガイなどの砂泥底群集の多種類な貝類も採取されている。

　環状や馬蹄形といった貝塚の平面形態は、基本的には環状集落に付随して形成された貝塚であることから考えて、これらの貝類は集落を構成する個々の世帯などの集団単位が消費したと考えるのが自然である。

　おそらく東京湾東岸地帯の人々は、干潟の貝類を集落単位で自給的に採取していたのであろう。当然、その採貝活動は集落内の世帯や居住単位を最小の単位としたものであっただろう。採集の単位と消費の単位は、質的・量的にも同程度のものであったに違いない。

　生の貝は保存がきかない。そのため、貝の採取から消費されるまでの時間はせいぜい数日以内であったに違いない。もちろん、一定程度の干貝の生産も行われたことが想像できるが、それは他の集団への流通までを意識した中里貝塚

のような供給システムではなかっただろう。
　したがって、東京湾東岸地帯の中期の人々は、貝を必要とするそのたびごとに干潟へと採取に行ったのだろう。これが採貝活動に一定程度の集中をみせながらも、結果としてみれば一年を通じて貝が採集されたことの要因なのである。

(2) 武蔵野台地の貝食文化

　中里貝塚を見下ろす武蔵野台地の端部には、七社神社裏貝塚（勝坂3式～加曽利E1式期）、御殿前遺跡（加曽利E2式～同4式期）、西ヶ原貝塚昌林寺貝塚（加曽利E2式～同3式期）などが立地している。

　中里貝塚の形成初期の加曽利E1式期は七社神社裏貝塚の住居内貝層の内容が物語るように、ヤマトシジミと少量のハマグリとカキに限定されていた。ヤマトシジミは武蔵野台地の小河川から注ぎ込む淡水によって形成された汽水域に生息していたに違いない。七社神社裏貝塚では9割がこのヤマトシジミであり、残りの1割程度がハマグリとカキであった。眼前の海辺では大量に採取・加工されていた貝類の殻つきの状態での持ち込みが、禁欲的とまで言えるほど限定されていたのは、中里貝塚で生産された干貝の社会的な性格を示唆しているようである。あるいはまた、これらの集落が干貝を持ち込んでいた可能性は捨てきれないが、そうなるとヤマトシジミはムラで煮沸されたということであるから、干貝とは異なる貝類の消費形態が存在したことになる。いずれにしても、東京湾東岸地帯の人々とは大きく異なる貝肉の消費形態が存在したことは動かしえない事実であろう。

　また加曽利E2式から同3式では、西ヶ原貝塚の一角にあたる昌林寺貝塚の貝層では著しく小型のハマグリとカキが特徴とされ、その傾向は近年の調査でも再確認されている（東京都北区教育委員会2004）。貝層の規模は不明であるが、下面には住居跡が発見されているので、貝塚の規模もそれほど大きなものではなかったのかもしれない。これよりも後出の加曽利E3式～同4式期の御殿前遺跡では、20軒の竪穴住居が発見されているにもかかわらず、ごく少量の貝類がブロック状に発見されているだけにとどまっており、貝塚と呼べるような廃棄単位は現時点では発見されていない（東京都北区教育委員会1988）。

　武蔵野台地の中期の人々にとって、ムラにおける殻付貝類の消費は、より限定的なものであったらしい。さらにまた、それがちょうど中里貝塚の形成の最盛期に相当するのは偶然ではあるまい。

　下総台地とのあいだにみられるこうした採貝活動の違いとともに注目されるのは、武蔵野台地の人々は、これら海辺にごく近接したわずかな事例を別として、貝類を干貝として流通・消費する体制が確立していたことである。

これに対して、下総台地の人々は、生の殻付の貝類を自給的に採取して、おそらく土器を用いた煮沸によって調理したのであろう。これは同じ鹹水産貝類を利用した縄文人であっても、食料資源としての貝類の利用形態に大きな違いが存在したことを示す重要な事実である。

5 中里貝塚の終焉

中期後葉に繁栄をとげた武蔵野台地の地域社会は、中期終末になると遺跡数が減少し始め、後期前葉を境に遺跡数は激減する。こうした凋落的な現象はなぜ起こったのだろうか。

現時点において明らかにされている中里貝塚の貝層形成も、ほぼ、このような台地上の遺跡数の動態と一致した盛衰を示している。この事実は、中里貝塚の干貝を消費した集団の在り方を示す現象として注意すべきである。

定住化社会の生業形態のなかで貝塚そのものの性格や食文化史上の意義を考えるために、貝塚を残した集団の生業構造に注目してみよう。

(1) 武蔵野台地と下総台地の違い

後期における武蔵野台地の遺跡数の凋落に比べて、中期とほぼ変わらないか、一部では増加傾向さえ示すのは東京湾東岸地帯の遺跡群である。中期の海浜地域における過密ともいえる集落の集中化は、中期終末における居住地の分散・移動をあいだにはさんで、後期前葉につづき晩期初頭の時期にまで継続している集落は決して少なくはない。

武蔵野台地の中期集落の凋落は、気候の寒冷化による根茎類の依存低下によるものとされ、中期の下総台地の沿岸部の環状集落では、環状の住居群の内帯に多数の貯蔵穴群が設けられており、これらは堅果類を貯蔵した穴倉と考えられている（今村1989）。

しかし、注意しなければならないのは、下総台地でも中期後葉は、それ以前の時期に比べると、短冊形の打製石斧が増加している明確な傾向が認められることである。武蔵野台地とのあいだに顕著に認められる出土数の差は、石材に乏しい下総台地の事情であることも念頭に置くべきかもしれない。したがって、下総台地の人々は武蔵野台地の人々に比べれば依存の度合いは低かったかもしれないが、生業活動の一部門として前期に比べると積極的な根茎類の利用があったとみるべきであろう。

要するに、水産資源や森林資源を利用する技術と道具立てには双方の地域のあいだで、それほどの違いはなかったが、半面で遺跡や遺物に現れる顕著な違いは、彼らが生業部門の何を主体として位置づけたかという生業複合の地域的適応の違いと考えた方が合理的であろう。

中期終末に指摘される気候寒冷化が具体的にどのような影響を及ぼしたかは必ずしも明確ではないが、あったとすれば広範な地域で起こった自然現象のはずなので、下総台地の人々もこれらのダメージを等しく受けたに違いない。
　その結果が中期終末の加曽利E4式期から後期初頭の称名寺式期に起こる環状集落の解体、または遺跡数の減少であるとする根強い考えがある（鈴木2009、勅使河原2013）。しかし、近年の発掘調査事例によれば、中期終末の集落は、それまでの集落とは占地を変えて近隣に移動しているという事実が明らかにされてきており、これまでのようにこの時期に遺跡数の極端な減少や文化の停滞を大胆に説明することはできない。
　たとえば典型的な事例として千葉市加曽利貝塚では、北貝塚（中期後葉）から南貝塚（後期前葉～後期後葉）という変遷が示される一方で、中期終末から後期初頭の生活址が、加曽利西貝塚と呼ばれる史跡指定地の外側に広く広がることが明らかである（図5）（阿部2009）。この時期における寒冷化の影響としては遺跡数の減少ではなく、貝塚形成の一時期的な衰退が指摘できるかもしれないが、すでに述べたように、縄文人の食性分析の成果からみても貝類への依存低下が直接的に社会の崩壊を決定づける要因とは言いがたい。

図5　加曽利西貝塚の広がり（図中の黒丸）

樋泉岳二による千葉市六通貝塚の中期終末の貝層の分析によるならば、廃絶された土坑の覆土などには小規模な貝層が形成され、その形成時期はそれぞれに季節的なまとまりが異なっているという（樋泉 2007）。これは季節ごとに廃棄する場所を違えた結果であり、廃棄空間に固定性が低く、それ以前のような環状貝塚を形成する居住空間と廃棄空間の対応関係もなくなったことを意味しよう。
　わたしはむしろ貝層形成に変化は認められるものの、下総台地における遺跡の減少は武蔵野台地ほど顕著ではない点を重要視すべきと考える。
　一方で、武蔵野台地における打製石斧のような突出した多量の生産用具をもたない下総台地の内陸部の遺跡では多数の住居跡が発掘されていながら、磨石や石皿などを除いて打製石斧などの石器類が著しく少ない状況が指摘できる。これは打製石斧をはじめとした利器の需要が著しく低かったと考えるべき現象であろう。
　同じ時期の武蔵野台地の集落である東久留米市新山遺跡では30軒の住居跡が発見されており、ここからは645点の打製石斧が出土しているから、その差は歴然としている（東久留米市教育委員会 1981）。また下総台地の集落では中期終末から大型の円筒形貯蔵穴が検出されることが多いが新山遺跡では、形態の異なる浅い土坑が検出されているに過ぎない。武蔵野台地の中期終末では、それ以前の生業伝統が根強く継承されていることがわかる。
　下総台地の中期から後期は、武蔵野台地に近接した地域で一時期的に打製石斧が増加するものの、基本的には堅果類を主体とした生業活動によって支えられており、これに部分的に海浜部では魚介類の利用が加わったのである。したがって、貝塚に見かけのままの貝食のイメージを押し付けるのは危険であるし、中期の特定の遺跡の分析をもって、中期の繁栄だけを特徴として描き、後期への変遷に関しては停滞的な状況を想定することも、中期から後期の遺跡の動態を考えた場合、矛盾している。
　下総台地では中期終末に貝塚形成の不活発な時期があるものの、彼らは堅果類を主体とした生業活動によって集落の占地を変えることはあったが、人口の極端な減少を導くことはなく、後期へと変遷した。これが実態ではないだろうか。
　後期になり、堀之内式期に再び貝塚形成が活発化するのは、低地におけるアク抜き遺構の増加などに見るように、この時期に堅果類の安定的な利用形態が確立し、副次的な資源として貝類の利用が活発化したからではないだろうか。
　後期になると生活用具もそれまでと一変し、堅果類のアク抜きや熱処理加工

に利用された道具も、加曽利B1式期以降になると精製土器と粗製土器に明確に分化し、それまでの煮沸用土器の構成と組成率が大きく変容する現象が指摘できる（阿部1995）。

　中期末葉という時期を間にはさんで、多量の煮沸用土器を用いる植物質食料の効率的な利用技術が、後期の生業活動に一大転機をもたらしたのだ。そして、その効率性とは加工および貯蔵技術の変革として説明できるであろう。労働の時差的な適応は集団の複合的な労働編成の基幹的な要因であるが、一方で資源量の季節的変動に柔軟に対応するためには、貯蔵が欠かせない。この場合、採取に技術的専業性をさほど必要とせず、豊富な資源量が期待できる対象として堅果類が注目されたのであろう。しかし、とくに東日本のドングリ類はアク抜きに手間と時間がかかるトチなどを主体としているため、下ごしらえ的な作業に多くの手間が必要になる。そのための作業場として、いわゆる低地のアク抜き施設などが増加するのであろう。

(2) 後期の遺跡数と立地

　武蔵野台地と下総台地の後期の遺跡分布とを比較すると、中期におけるこうした生業構造の伝統が要因となり、それが結果的には大きな違いとなって表れていることが良く見て取れる。

　東京湾岸では、中期終末から後期初頭に一時期的に貝塚形成の不活発な時期があるが、後期前葉には復活するかのように中期後葉の分布傾向を引き継いでベルト状に後期の貝塚が分布している。これらの集落には、堅果類を蓄える貯蔵穴が設けられている。しかし、この貯蔵穴は中期のそれとは集落内での分布や土坑の規模や構造が異なっている点も重要だ。

　中期終末に出現する円筒形の深い貯蔵穴は、それまでの貯蔵穴が環状集落の住居の内側に配置される構成とは異なり、複数の住居のまとまりに対応するかのように設けられている状況が指摘できる。これは下総台地での貯蔵穴の管理形態の変化を示している。これらの土坑は台地上に設けられているため、内容物は不明であるが、逆に発見されにくいのは秋に採集した堅果類を一時的に保管することが目的であったため、絶えず必要な量が消費されていたからではないだろうか。また、こうした土坑中より東北地方南部の綱取1式系の土器の出土事例が多い事実も示唆的である。

　いち早くこうした資源利用形態を主体化させた下総台地の人々は、こうした生業基盤をもとにして以後も晩期中葉まで継続する長期的な地域社会を継続させることを可能としたのであろう。

6　貝食文化にみる地域性と縄文社会

　中里貝塚の形成は、武蔵野台地における打製石斧をもちいた根茎類の利用を基盤とした人々によって形成されたハマ貝塚であった。根茎類は秋から冬に澱粉を地下茎に蓄えるため、その採取季節は秋から冬、遅くとも初春と想定できる。

　一方、中里貝塚では貝殻成長線分析によってハマグリは初夏から夏を盛期として採取され、カキはハマグリとは別に貝層を形成しており、おそらく秋から初冬にかけての時期が推定できる。これは台地上の根茎類の利用と労働の時差的な適応が可能であった。ただし、カキは堅果類の採取時期と一部で競合する可能性もあるが、グループ化適応による専業化が機能したのである。

　中里貝塚の形成に直接的なかかわりをもったと考えられるのは、七社神社裏貝塚や御殿前遺跡など、中里貝塚の至近の台地上に立地した集落であったと考えられる[6]。

　これは武蔵野台地における地域内グループ化適応の在り方の1つであろう。

　中里貝塚での貝類の管理と選択的な利用と加工は、これらの集落の人々が武蔵野台地の地域社会の全体の中でのグループ化適応によって組織化されていたのであろう。こうした生業分担によって、武蔵野台地の人々は台地の奥地まで干貝としたハマグリとカキを流通させるネットワークを作り上げたのである。

　打製石斧とよばれる土堀具の多量化の示すものは、何よりもこれらの道具を用いた生業、すなわち根茎類への依存度の高さを示す証拠である。そのことは反面で、生態系の中に存在する多様な資源への働きかけが、比較的単純化されていたことをも意味する。

　道具の存在は絶対的とは言えないものの、たとえば中里貝塚の動物遺存体などを見ても、ハマグリとカキを除けば海洋資源に関しては魚介類を含めてみても、極めて少ない事実は、植物資源にしても、水産資源であっても資源への依存度が極めて限定的であったことを示す事実であろう。

　台地上に残された集落や竪穴住居の数などから、武蔵野台地における加曽利E式期の繁栄は、多くの研究者が認めることであろう。しかし、その繁栄を支えた生業の仕組は、比較的単純化された資源へ極度に依存するような構造的特色をもっていた。中里貝塚で大量に加工された貝類をもってしても、この停滞的状況を乗り切ることはできなかったのだ（図6）。中期後半に訪れるとされる寒冷化を中期文化の衰退の要因として掲げる意見は依然として根強いが、不確実な事象に結論を求めるよりも、むしろ考古学は人類社会の内的な要因に注視すべきであろう。また、寒冷化を要因とした場合、対岸の下総台地における中

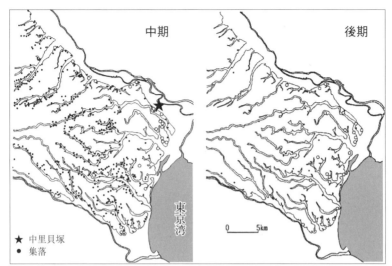

図6 武蔵野台地における集落分布の変遷
武蔵野台地の中期は東京低地や東京湾岸に貝塚が形成されるが、中里貝塚を除いては規模の小さいムラ貝塚である。中期終末以後集落数の減少は極めて顕著であり、中里貝塚もこれらの現象と連動して形成が終了する。

期終末から後期への継続性の説明がつかないことも無視すべきではない。

　縄文中期から後期へかけての時期、東京湾沿岸の地域社会には資源利用をめぐって大きな地域的な適応の違いがあったことを指摘した。中里貝塚はこの地域性を象徴するハマ貝塚として説明することができる。

　武蔵野台地の中で東京湾沿岸に居住した人々は、ハマグリとカキを管理し、それを特定の季節に限って浜辺で加工し、貝肉だけを内陸の集落へと流通させたのだ。

　七社神社裏貝塚（勝坂Ⅲ式～加曽利EⅠ式期）や西ヶ原貝塚昌林寺地点（加曽利EⅡ～Ⅲ式期）、御殿前遺跡（加曽利EⅢ式～Ⅳ式期）の人々などが流通を担ったのであろう。それは流通を目的とした採貝と加工作業に特化していたため、地点貝塚などのような個別集団に属するような単位を明確にせず、ハマグリとカキに特化した、極めて均質的な堆積構造のハマ貝塚を形成したのであろう。

　これに対して下総台地の人々は海浜部に近い場所にベルト状に集落群を形成し、個々の集落が独自に干潟で多種多様な魚介類を採取した。さらに堅果類や打製石斧を利用する複数の生業を並立させた生業構造が同一地点において廃棄活動を継続したために、貝塚には魚介類とともに多種多様な生活残滓が廃棄されたのである。

また、弓矢を用いた狩猟活動では、特定の遺跡が中心となった集団の狩猟組織が編成され、複数の集落の組織を一員として組み込んだグループ化した資源利用形態が存在した（阿部1987）。

　そして、もし仮に中期後半に気候寒冷化があったとするならば、武蔵野台地の人々の生業活動は、その規模を維持しながら柔軟に適応することができなかったということになろう。その要因としては多量の打製石斧の存在によって示されるような根茎類に極端に依存した、特定の部門が肥大化した生業複合が要因となったのだろう。副次的な漁労活動を日常的な食料資源に取り込むためには、海浜部から離れて台地の奥深くに立地した中期の集落は自給的な漁労には不向きな立地である。下総台地側の人々は、中期終末に一時期的な貝塚形成の不活発化が認められるものの、それが集落数の減少へとつながらなかったのは、複数の生業活動の中に占める漁労の比率がそれほど高くなかったことを暗示している。重要なのは見た目の残滓の多さではない。この点1つを取り上げてみても武蔵野台地と下総台地の差は歴然としている。

　武蔵野台地の後期の集落を特徴づけるのは、谷に面して展開する武蔵野公園低湿地遺跡などを典型例とした集落形態である。下総台地の人々が居住空間を一時期的に移動させただけで連続性をもって後期へ移行できたのは、後期に顕現する堅果類の加工と保存技術をすでに一定程度の割合で導入していたからであろう。これを環境変動に対する人類の適応形態の違いとして考えるか、別の要因に求めるかは、古環境解析のデータに拠るところが大きいが、考古学的な理解と必ずしも解釈や時間軸が一致しない点もあり、慎重な検討が必要である。

註

1) 小林達雄の縄文カレンダーなどがこれに相当する。今日的には個別の遺跡や地域の検討をもとにして各地の生態系の多様性や縄文人の資源利用の特質をモデル化する必要がある。
2) 集落が潜在的な労働力の基本単位となるであろうが、集落間の協業という形態ももちろん考えられる。この場合は、遺跡群内部での集落間関係の検討がその前提となるであろう。
3) この問題は生業の季節的適応性が主張される一方で、生業活動における組織化の問題が分業や協業という概念を結論的に用いている現状において、意味のある作業と考える。実態はこの2つのモデルの相互関係にあるといえるだろう。

4) カキとハマグリが上下に互層を形成する場合は、同一地点における反復的な廃棄行為が推測できる。同時に地点を異にして廃棄される場合もあり、中里貝塚での貝加工作業に変化があったことを予測させる地点もある。
5) 生業の季節的適応は有用資源の一次生産であり、貯蔵行為は一次生産における不安定な状況（資源の枯渇など）を回避するための手段としての意味をもつ。
6) 七社神社裏貝塚、御殿前遺跡周辺の集落の検出状況については立ち合い調査などを含めた状況を含めて北区教育委員会の中島広顕氏の御教示をいただいた。

引用・参考文献

阿部芳郎 1987「縄文時代中期における石鏃の集中保有化と集団狩猟編成」『貝塚博物館紀要』14、加曽利貝塚博物館
阿部芳郎 1995「縄文土器の器種構造と地域性」『駿台史学』102
阿部芳郎 1996a「水産資源の活用形態」『季刊考古学』55、雄山閣
阿部芳郎 1996b「台地上のムラ跡と海辺での活動」『北区史』通史編・原始古代、北区
阿部芳郎 2000「縄文時代の生業と中里貝塚の形成」『中里貝塚』北区埋蔵文化財調査報告第26集
阿部芳郎 2009「加曽利貝塚の形成過程と集落構造」『東京湾巨大貝塚の時代と社会』雄山閣
今村啓爾 1989「群集貯蔵穴と打製石斧」『考古学と民族誌』六興出版
今村啓爾 1999『縄文の実像を求めて』吉川弘文館
石井則孝ほか 1978『縄文貝塚の謎』新人物往来社
植月　学 2001「縄文時代における貝塚形成の多様性」『文化財研究紀要』14、東京都北区教育委員会
鈴木保彦 2009「関東・東海地方の縄文集落と縄文社会」『縄文集落の多様性』Ⅰ集落の変遷と地域性
勅使河原彰 2013「縄文文化の高揚」『講座日本の考古学』3、縄文時代（上）
東京都北区教育委員会 1988『御殿前遺跡』
東京都北区教育委員会 1999『中里貝塚』北区埋蔵文化財調査報告第26集
東京都北区教育委員会 2002『七社神社裏貝塚・西ヶ原貝塚Ⅲ・中里貝塚Ⅱ』
東京都北区教育委員会 2004『西ヶ原貝塚Ⅳ』
樋泉岳二 1999「加曽利貝塚における貝層の研究」『貝層の研究Ⅰ』千葉市加曽利加塚博物館

樋泉岳二 2007「貝殻成長線分析からみた縄文集落の形成」『考古学ジャーナル』563
東久留米市教育委員会 1981『新山遺跡』
堀越正行 1972「縄文時代の集落と共同組織」『駿台史学』31、駿台史学会
南川雅男 1995「古代人の食生態の復元」『新しい研究法は考古学に何をもたらしたのか』クバプロ
米田 穣 1999「炭素・窒素同位体に基づく食性復元」『向台貝塚資料図譜』

第Ⅴ章 座談会
中里貝塚から縄文社会を考える

北区飛鳥山博物館での座談会の様子

参加者
辻本崇夫　　樋泉岳二　　植月　学
中島広顕　　西澤　明　　司会：阿部芳郎

阿部芳郎氏

阿部　それでは中里貝塚の座談会をはじめます。ここでは中里貝塚とともに、近隣に立地している七社神社裏貝塚、そして環状を呈する大型貝塚として知られる西ヶ原貝塚なども含めて、遺跡相互の関係や、それを基にして描かれる縄文社会などについて議論したいと思います。

議論を進めるために、ここでは予め3つのテーマを用意しました。1つは中里貝塚の特徴について、環境と貝塚形成という観点から議論します。そして2つ目は台地上のムラ貝塚として縄文集落の一角に残された西ヶ原貝塚や七社神社裏貝塚と中里貝塚の比較をおこないます。最後に3つ目として、これらの知見を総合して、中里貝塚の形成背景について検討を深めたいと思います。時間の許す限りパネリストの方々の個々の研究視点からの御意見をいただければと思います。

中里貝塚の環境

阿部　それでは、第1番目のテーマについて、まず、中里貝塚の形成された自然環境について辻本さんから説明をお願い致します。それでは中里貝塚の景観の復元図をもとに遺跡周辺の環境について説明をお願いします（図1）。

辻本　海進という現象は、地球の温暖化により、海水面が上昇し、最大ピーク時では現在の栃木県南部の渡良瀬遊水地付近まで海水の影響があったことがわかっています（図2）。それは今から6,500年（未較正）ほど前の縄文時代前期の頃です。中里貝塚の形成された中期中葉の時期は、1度上昇した海面がやや引き始めた時期に相当します。ですから、中里貝塚の前面の低地はまだ海だったと考えて良いと思います。それが後期になると海が退き始めます。大きく見れば中里貝塚

辻本崇夫氏

228　第Ⅴ章　座談会　中里貝塚から縄文社会を考える

図1 中里貝塚復元図（イラスト／さかいひろこ）

の周辺でもそうした状況が起こっていたと思います。しかし、堀之内式の時期はまだ細かなデータが揃っているわけではありませんので詳しい状況はわかりませんが、中里貝塚はこうした海進のピークの後に、海岸線が退いていく中で干潟が嘴のように伸びて砂州が発達し、この部分に貝塚が形成されるようになるのだと思います。

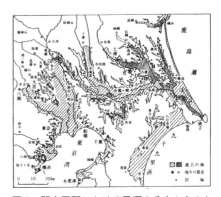

図2 関東平野における貝塚の分布からみた縄文海進時の陸と海の分布図
（小池一之・太田陽子編 1996
『変化する日本の海岸』古今書院より）

阿部 はい、それではこの図のなかでも描かれている、カキなどを採集している干潟と前面に広がる海とを区切るように発達する岬状の地形は、どのようにして形成されるのでしょうか。

中里貝塚の環境　229

辻本　海岸線は一直線に伸びるような景観を想像しがちですが、それほど単純ではありません。攻撃面のように荒い水流が直接あたる部分や、よどみを作る部分などがあります。おそらく湾曲している砂浜などが抉られる部分や、あらたに土砂が堆積する部分の発達などによって次第に入り江のような地形が形成されるのだと思います。

図3　現在のカキ礁の様子

阿部　そうすると、この岬状の地形は徐々に伸びてきたということですね。
辻本　そうです。波の影響がないくらい堆積が発達すると、今度はその表面には地衣類だとか松など、荒地に最初に入りこむ植物が生えてきます。景勝地として知られる三保の松原などは、こうした光景に類似しています。あそこは松をわざわざ植えたのではなく、松しか生えられないような環境なのです。
阿部　ありがとうございました。自然のカキ礁のある景観（図3）などは、こうした環境ということですか。
樋泉　そうです。
阿部　次に、動物遺存体からみたこの時期の特徴について植月さんからお願いします。
植月　古環境の資料というわけではありませんが、遺跡を中心とした話をします。最近東京湾の貝塚から出土した魚類のデータを集めていますが、中里貝塚が形成を終えたと考えられる後期前半の時期について見てみると、この時期にはアジやカタクチイワシなどの海水温が上昇した時期に増加するとされる魚類が目立つようになります。

　海進があったかどうかは各地域の地形とも関わっており、明確ではありませんが、縄文人の漁獲物の中では暖かい海の魚種が増えていることは確実です。また、ブリなど沖合いで獲れる魚も増えています。

　例えば、この時期に黒潮の影響が強まった可能性なども考えられますね。いずれにしても後期前葉の堀之内式期には積極的に海の資源を利用している状況がうかがえます。西ヶ原貝塚でも同様の傾向が確認されており、ハマグリの採集も活発です。

　こうした結果を加味すると、中里貝塚が形成を終えた時期にあって

も、北区周辺の東京低地から海が退いてしまって貝塚ができないような環境に変化したわけではない。つまり中里貝塚が形成を終えたのは、海が退いて貝類が採れなくなったという環境の変化が原因なのではないということが指摘できると思います。

阿部　次に話題を中里貝塚の貝に移してゆきたいと思います。これについては樋泉さんが実際に詳細な分析をしていますので、種類やサイズ、採取季節などを中心に説明をお願いします。

樋泉　図4〜6をご覧ください。まず、種類についてはカキとハマグリにほぼ限定されている点が特徴です。それ以外の貝はほとんど出てきません。

　ハマグリが多い点は中期の貝塚では一般的な傾向ですが、むしろそれ以外の貝がない、ということが中里貝塚の大きな特徴です。ですから、中里貝塚ではハマグリとカキ以外は要らない、持って来てはいけない、という明確なルールが存在したのだと思います。

　次に貝の大きさですが、ハマグリは殻高4cmから6cmほどの立派な大きさのものが主体です。そうした大きいものが多いということが特徴なのですが、より重要なのは小さいものがみられないという点で、3.5cmより小さいハマグリは採られていません。3.5cm以下の貝はまだ卵を産むことが出来ない個体なので、これを採ってしまうと資源が減少してやがては枯渇してしまいます。

　カキについては、貝殻が脆くて壊れやすく、また殻の形が不規則なので、正確な計測値を求めにくいのですが、やはり大きなものを選んで採取しているとみてよいと思います。

阿部　同じ東京湾のなかで、貝塚が多く分布している千葉県側の状況はどうでしょうか。

樋泉　千葉の貝塚では、有吉貝塚と加曽利貝塚の例を示しています。これらの貝塚は、中里貝塚と同じ中期ですが、大型のムラ貝塚です（図7）。中里貝塚では大型のサイズしか採っていませんが、この時期の東京湾東岸（千葉県側）は中里貝塚とは極端に異なり、3.5cm以下の小さなものでもたくさんとっています。

　このように、中期の時期の東京湾の西側と東側ではかなり異なる貝の採集活動があったことがわかります。また中里貝

樋泉岳二氏

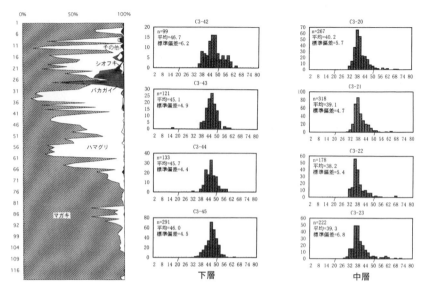

図4 中里貝塚の主な
　　食用貝類の変遷

図5 中里貝塚におけるハマグリの殻高分布

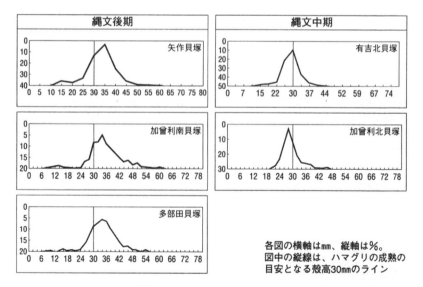

各図の横軸はmm、縦軸は%。
図中の縦線は、ハマグリの成熟の
目安となる殻高30mmのライン

図6 東京湾東岸（現在の千葉市域）の貝塚出土ハマグリ殻高分布

塚の状況は大きなものだけを採っていますが、台地上のムラ貝塚である西ヶ原貝塚では大きさにバラエティがあります。したがって、武蔵野台地の中でも状況に応じた貝の採集の方法があったのでしょう。やはり中里貝塚の在り方は、周辺の貝塚と比較しても随分と特異なものであるということができます。

阿部　ハマグリについては樋泉さんが成長線分析を精力的に実施されていますので、採集季節という観点からみた特徴について説明をお願い致します。

図7　千葉県加曽利貝塚の全体測量図

樋泉　中里貝塚の場合は、採集季節のなかで秋と冬がないという特徴が指摘できます。普通ムラ貝塚では、千葉県などでも基本的には春から夏に採集のピークがあるというのは一般的ですが、量の違いはあるにしても、基本的には年間を通じて採集しているという特徴があります。これに対して中里貝塚は、ほとんどが春から夏に集中している点が大きな特徴です。

阿部　それはハマグリですよね。中里貝塚の場合は、もうひとつカキの採集がありますが、カキについてはどうでしょうか。

樋泉　カキは成長線分析ができないので、この方法で採集季節の判定はできません。ただし、現在でもそうですが、カキは一般に秋から冬にかけてが採取のピークです。あくまでもこうした状況からの間接的な推測ですが、カキは秋から冬にかけて採集したのではないでしょうか。

植月　市川市のイゴ塚遺跡では、カキの貝層のみからエノキの種子が出土しています。石灰分が含まれているので、貝塚の中では遺存する種子だそうです。エノキが実をつけるのは秋もしくはそれに近い時期ですので、こうした状況証拠からカキの採取時期を秋と推定することができます。そうすると樋泉さんの指摘とも矛盾しないと思います。

阿部　中里貝塚で厚さが4mもある貝層がカキとハマグリの互層構造から構成されているので、こうした季節ごとの貝類の採集と加工作業がきちんとした生業スケジュールのなかに組込まれていて、そうした活動が数百年間も継続したことになるわけです。ところで貝塚の発掘調査の中、で

中里貝塚の環境　233

こうしたカキとハマグリの互層構造の貝層がわかってきたのは、いつごろからだったのでしょうか。

中島　1996（平成8）年の発掘では調査がはじまると直ぐに貝が出土しはじめましたが、はじめはハマグリが多いという印象でした。掘り進めてゆくとハマグリの貝層の中に破砕されたカキの層や灰の層などが挟まっていることがわかってきました。1.5m位まではそうでした。

　これは貝層の底面を出さなければいけないと思い、水が湧いてくる中で水中ポンプを用意して排水をしながら発掘を進めました。下部では今度はカキが多いなという印象がありましたが、ハマグリの貝層も間に挟まっている状況が確認できました。下部の貝層は灰色をしているのも印象的でした。

阿部　中里貝塚の調査がおこなわれたころ、わたしはこれまでの貝塚が環状や馬蹄形貝塚や斜面貝塚など貝塚の規模や平面的な形態を中心に分類がおこなわれてきたのに対して、貝塚の形成に関わる行為や貝塚の残された場所を中心にして新しい類型区分をしました。これがハマ貝塚とムラ貝塚という区分です。

　その後、低地部からの貝塚の発見も増えてきて、植月さんが指摘されたような低地性貝塚のような類型も現れました。これまでは貝塚といえば台地の上にばかり残されたと考えられてきたのですが、縄文人の活動の多様性のなかで、ハマ貝塚といった新しい類型の貝塚が見つかってきたのです。

　またハマ貝塚はすでに中里以外にも、昭和40年代には千葉市宝導寺台貝塚など前期の低地貝塚も発見されていましたが、その性格についてはほとんど議論されることはありませんでした。中里貝塚の発掘は、こうした過去の事例の再検討の場を提供したともいえるでしょう。

　それでは植月さん、低地性の貝塚は東京低地をはさんだ下総台地側と武蔵野台地側では、それぞれどのような特徴が指摘できるでしょうか。

植月　まず1つは、下総台地側では前期終末から中期初頭のちょうど海水準が低下して環境が変化する時期に低地の部分、正確には、沖積地ではなく台地と沖積面との間に

植月　学氏

相当する段丘面などに貝塚を残すようになります。このような貝塚はムラとは言えないまでも、短期的な居住を伴う性格の貝塚であろうと思います。千葉市周辺ではさきほど阿部さんが指摘したように宝導寺台貝塚や神門貝塚など、前期の時期に低地の浜辺に大きな貝塚が残されます。ところが、この時期には台地の上にはムラ貝塚が非常に少ないのです。この点が中里貝塚とは異なる点です。

　これは樋泉さんがかつて指摘されていましたが、前期後半から中期初頭の時期には、それ以後の居住活動とは大きく異なっていて、貝塚の形成過程も異なるのではないかと思います。

　後期では、貝の利用に特化した単純型と類型化できるタイプの貝塚が千葉県側でも出現してきます。それから、低地の貝塚とムラ貝塚とでは、消費された貝の種類が異なっている点も中里貝塚と台地上の貝塚との関係に類似していると思います。

　また、下総台地はそもそもムラ貝塚では小形の巻貝であるイボキサゴが大量に出土しますが、低地の貝塚にはほとんどみることができません。これも貝塚の性格の違いを示すものと思います。

阿部　貝種では地域的な違いはあるでしょうか。

植月　武蔵野台地側だと、ムラ貝塚の西ヶ原貝塚などでもイボキサゴはほとんどありません。これは東京湾の東西の環境差によるもので、おそらく干潟にはそれほど棲息していなかったのだと思います。そのかわりに中里貝塚が形成された中期ではムラ貝塚ではヤマトシジミ、ハマ貝塚では中里のハマグリとカキというように貝種に違いが認められるという点では共通しています。低地ではカキが目立つ点も東西で共通しています。

阿部　貝塚の規模という点ではどうでしょうか。

植月　規模の面で中里貝塚と下総台地側の低地性貝塚は大きく異なります。下総台地側の低地性貝塚は、おそらく集落に付随するもので、小規模な加工場や消費地、例えば、ムラに持ち帰る前にカキの殻を落としたり、途中で漁獲物の一部を消費するなどの要因でできたのではないかと思います。

阿部　ありがとうございました。下総台地側では低地の貝塚の形成が前期終末から中期初頭だということです。こうした貝塚の形成と自然環境との関わりはどうでしょうか。

辻本　縄文海進の最大ピークをどこに置くかということが重要ですが、その時期を前期前葉とすると、前期末葉は、それが落ち着いた時期に相当しますので、極端に海が退いたというような変化は認められないのではないかと思います。

植月　小杉正人さんによるケイソウ分析の成果では、前期末の時期に一度海面が下がるということが指摘されており、ちょうどこの時期に遺跡の減少と立地変化・低地性貝塚の形成が対応するのではないかと考えています。

阿部　もう少し細かい時間幅のなかで見ていくと、植月さんの指摘されたような現象もあるということでしょうか。

辻本　それはあると思います。ケイソウ分析は大きな環境変化の枠組みを作ることはできますが、例えば年間を通してみても同じ場所でケイソウの種類が変わることもありえます。ですから細かな時間幅での議論は難しい部分もあります。最近ではグリーンランドの氷床のボーリングコアの酸素同位体の分析から、地球規模での気候変動が分析されています。それによると、気候の変化はかなり複雑で、温暖化も細かな気温の上下変動を伴いながら徐々に進行しているということが明らかにされていますので、前期末葉がそうした細かな変動の時期に当たっている可能性はあるかもしれません（図8）。

阿部　それは細かくみると海水準や気温の変化は、ちょうど鋸の歯のように、ギザギザした凹凸をしめすもので、相対的に見ると上昇している、暖かくなっているということであって、寒の戻りなどのような微変動を

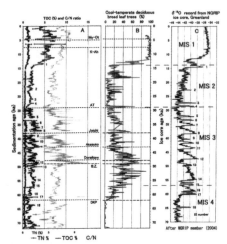

A. 野尻湖堆積物中のTOC、TNおよびC/N比。テフラ層は分析から除外。B. 野尻湖堆積物における冷温苛性の落葉広葉樹（コナラ亜属、ブナ属、クルミ-サワグルミ属、ニレ-ケヤキ属およびクマシデ属の和）と亜寒帯針葉樹（マツ属単維管束亜属、モミ属、トウヒ属、ツガ属およびカラマツ属の和）との総和に対する冷温苛性落葉広葉樹の比率。海洋酸素同位体ステージ（M二s）の境界年代はLR04（Lisieckland Raymo 2005）に従った。C　グリーンランド氷床コア（NGRIP）の酸素同位体比変動（North Greenland Ice Core Projectmembers, 2004）。IS番号はDansgaard et al. (1993) の亜氷期に対応させたもの。公文・田原（印刷中）より修正して引用。

図8　野尻湖堆積物中のTOC, TN, C/N比(A)および花粉組成(B)の経年的変動とグリーンランド氷床の酸素同位体比カーブ(C)との対比

（公文富士夫ほか2009「野尻湖堆積物に基づく中部日本の過去7.2万年間の詳細な古気候復元」『旧石器研究』5：3-10より）

伴うものであるということですね。

辻本　現在でも、今年は暖かいが昨年は寒かったなどというようなことがありますが、もっと細かくみた場合ですね。気候の変動は、こうした変化をしながら長い時間をかけて進んでいくというわけです。

ナゾの袋貝塚

阿部　さて、北区には低地の貝塚は中里貝塚だけでなく、袋貝塚または袋低地貝塚と呼ばれる貝塚があります。特に中里貝塚との違いについて中島さんお願いします。

中島　今は袋低地遺跡と呼ばれています。ここは1983（昭和58）年に調査されました。調査区からは後期の木製品が集中していました。また別地点では流路跡が見つかっています。貝塚はかなり深い部分で見つかっています。一方、北区の調査地点では浅い部分で貝層があり、ヤマトシジミにハマグリが伴います。崖下の低地に形成されており、中里と似ていると思いました。

　今残されている1933（昭和8）年の袋貝塚の写真とは、きっとこの地点だろうと思います。時期は中期終末から後期前葉です（36頁、図2参照）。

阿部　そうすると袋貝塚の形成された時期は、中里貝塚の形成の終末期から、それ以後ということですね。

中島　そうです。高台のすぐ上にはその時期の集落はありません。やや離れた場所には桐ヶ丘遺跡という遺跡がありますが、御殿前遺跡と中里貝塚の関係のようではありません。

中島広顕氏

植月　貝類組成はいかがでしょうか。

中島　ヤマトシジミが主体で、少ない量でしたがハマグリが含まれており、サイズも大きかったと思います。

植月　中里の時期には集落で消費される傾向にあったヤマトシジミを主体とする点で、中里貝塚の形成とはまた別の関係の中で形成された貝塚だということはいえるだろうと思います。

阿部　中里貝塚とは別のナゾが出てきたようですね。後期のハマ貝塚の問題としてここでは課題としておきたいと思います。

　次には、台地の上の遺跡との関係に検

討を移したいと思います。それでは西ヶ原貝塚の検討に移りましょう。

台地上の貝塚との関係―西ヶ原貝塚―

阿部 それでは西ヶ原貝塚に話を移します（142頁、図1参照）。まず、発掘調査の成果から確認したいと思います。これまでの調査では遺跡の南側には谷田川が流れており、遺跡はこの谷に面して形成されているといえます。その中で現在でも昌林寺というお寺のある場所には、戦前に昌林寺貝塚と呼ばれた貝塚がありました。

酒詰仲男の調査では2枚の貝層が確認されており、下の貝層は中期後半の加曽利E2～3式が出土し、上部貝層は堀之内2式から加曽利B式期のもので、時期の異なる貝層が上下に堆積していました。國學院大學の調査でも3枚の貝層が堆積しており、一番下の貝層は加曽利E式期だったことがわかっています（110頁、図2参照）。西澤さんは東京都の調査で貝塚の東側を広域に調査されましたが、中期の生活痕跡や遺物はどれくらい出土しているのでしょうか。

西澤 わたしが担当した地点では、中期終末の遺物が少量出土した他は、主に後期の堀之内2式期を中心とした遺構と遺物が検出されました。貝層は、酒詰仲男が記録した環状貝塚の範囲にほぼ当てはまるように、帯状に堆積していましたが、すべて後期のものでした（147頁、図5参照）。

阿部 それでは中島さんに、北区のこれまでの調査のなかで、西ヶ原貝塚の地形的な特徴の説明をお願いします。

中島 北区では、1985（昭和60）年にはじめて西ヶ原貝塚の調査をしています。以後現在に至るまで、点々と開発に伴う記録保存調査をしています。

開発によって発見された貝塚は、酒詰仲男さんの貝層範囲と一致しています。また貝層からはずれた遺跡の中央部分では立会い調査をしていますが、そこでは2m近くも黒色土が堆積している状況がわかりました。そして、この周辺の貝塚の中央付近の住宅は現在でも階段状に段々になっていますので、やはり旧地形は谷状の窪地があったのだと思います。

阿部 これまでの成果をまとめると、西ヶ原貝塚ははじめ中期後半の貝塚を伴うムラ

西澤　明氏

が西側の地点に限定されて形成され、後期前葉の堀之内式期になると、酒詰が指摘したように谷田川から入り込む小さな谷によって刻まれた窪地を囲んで、その周囲に環状の居住空間が形成されていたものと思われます。つまり、中期は環状の集落を形成していない。

　それから、これまでの貝層の調査では人骨が出土していますが、環状貝塚の周辺には後期の人骨がかなり広い範囲で出土しており、墓域の広がりも考えられるようになってきました。時期的には堀之内2式期の遺構や貝層が一番多いようです。

　戦前から指摘されていた台地上の大型貝塚である西ヶ原貝塚の実態が、だんだんとわかってきたわけです。また、貝塚のこうした環状の平面形態は本来下総台地側に認められる特徴でもあります。こうした貝塚は都内では類例は多いのでしょうか。

西澤　少ないですね。
阿部　それでは遺存体の特徴はどうでしょうか。
植月　七社神社裏貝塚は、シカやイノシシなどの獣骨以外ではコイやウグイなど淡水の魚が目立ちます。これらは谷田川側で捕獲したのでしょう。西ヶ原貝塚では、アジやクロダイ、スズキなどの海の魚が沢山出土しています。こうした獣類、魚類の出土が中里貝塚とは大きく異なる点です。

　いずれにしても、これらは中里貝塚にごく近い台地上に形成されていますので、中里貝塚を残した集団のムラと考えてよいのではないかと思います。

　それから動坂貝塚という谷田川の下流にある中期のムラ貝塚では、カキも多く出土しています。これは中里周辺のムラ貝塚ではあまり認められない現象ですので、あくまでも予測ですが、動坂の集団は中里貝塚の形成には直接は関与していない。とすると、やはり中里貝塚を形成したのは七社神社裏貝塚や西ヶ原貝塚などの本郷台上の集団であったのかもしれません。

　また阿部さんが指摘されているように、河川上流の内陸部の集団が中里貝塚の形成に関与している可能性が高いのですが、貝種やサイズの規制がかなり厳格に守られていることからすると、多数の集団が直接貝の採集に参加したということは想定しにくいでしょう。あくまでも消費者として、間接的に関わっていたと考えた方がうまく理解できると思います。

阿部　魚類はどこで採ったのでしょうか。
植月　西ヶ原貝塚では、アジやスズキ、クロダイなどがありますが、これらは谷田川を下って海に出る方法や、中里貝塚側の海でも採ることができ

たと推測されますが、多様な環境に棲息する魚を持ち込んでいることは確かです。

阿部　中里貝塚からは土器片を利用した網の錘が数点出土していますが、実際に魚自体の出土は皆無に近いと考えてよろしいでしょうか。

樋泉　そうですね。

阿部　ハマ貝塚とムラ貝塚の特徴の違いとその相互関係が整理できたと思います。

中里貝塚形成の背景にせまる

阿部　それでは、これまでの議論を踏まえて、最後に中里貝塚の形成背景について議論を進めたいと思います。

　ところで中里貝塚の発掘のなかで杭が見つかっており、それがカキの養殖に関係するのではないかということで話題を呼びました。これについては現在はどのように考えることができるでしょうか。

樋泉　これは報告書を作るときにも細かな観察をしました。現在では筏から水中に幼貝の付着したものを垂下して養殖をしますが、杭はこうした施設の一部なのではないか、またはカキが着生するように浜辺に打ち込んだ杭ではないか、ということで注目されたものです。

　調査の際には杭の周囲にも何か特殊な状況を確認できないか、注意深く観察しましたが、残念ながらカキ養殖を断定するにいたるまでの証拠を見つけ出すことはできませんでした。

　養殖というのは定義が難しいのですが、カキやハマグリのサイズの規格性などから、少なくとも資源の保全がおこなわれていたということは言えると思います。カキは大きなカキ礁を作ることもありますが、むしろ数m程度の大きさのカキ礁がパッチ状に干潟に分布する場合が多いのです。しかし、これを根こそぎ採ってしまうと、次の時期には取れなくなってしまいます。ですから、中里貝塚をつくった人々は、そうしたことはせずに、一部分を残しておくようにしたのだと思います。代々安定してカキを採るためには、そうした資源を保全することが必要です。

　「養殖」という言葉を、例えば現代の種苗生産のような「次の世代を意図的に作り出す」という意味まで含めて使うとすると、それを証明するのはなかなか難しいですね。

阿部　養殖の有無を判断するのは難しいが、資源管理はしていたということですね。それからカキはカキ礁から採ったということですね。

樋泉　それは間違いないと思います。カキ礁には、カキと一緒に棲息するウ

ネナシトマヤガイという貝があります。中里貝塚ではこの貝が沢山出てきます。食用にはならないと思われる貝です。

中島　貝塚の中から杭が出てそれを見て養殖の可能性を考えたのは、わたしでした。もちろんそれ以前には酒詰仲男が「棒付きカキ」と呼んだような養殖の可能性を指摘する意見はありました。

養殖の歴史を調べてみますと、室町時代には「ひび建式」といわれたように海岸線に竹を突きさして、ここに幼貝が着生してカキを育てるという方法です。筏から貝のタネを吊り下げて養殖をする垂下法は昭和30年以後に始められた方法のようです。「カキ落とす」という言葉はここから生まれたとも言われています。

杭が発見された当時は、そうしたひび建式の養殖を考えてみたのですが、それが新聞に大きく取り上げられたのです。しかし、現在では、むしろ樋泉さんが指摘されたように、資源の保全の中で管理されていたのではないか、と考えています。

樋泉　カキは何にでも着生しますので、わたしも養殖を完全に否定しているわけではありません。杭に明確なカキ礁ができているという証拠が見つからなかったので、証明ができなかったということで、可能性をまったく否定しているわけではありません。

阿部　わたしも発掘現場で出土している杭を見ました。期待していたのですが、残念ながら違うな、という感想をもちました。

それからカキとハマグリは一緒には棲息しないということですが、どのような環境を中里貝塚の周辺に想像すればよろしいでしょうか。

樋泉　カキとハマグリが同じ場所に大量に棲息するということはありません。中里貝塚が形成された当時の付近の海岸の景観を推測すると、おそらく砂州によってある程度外側から仕切られた入江のような場所があって、その内側に泥干潟が広がっていたのではないかと考えています。歩いて入ることができないような泥深い干潟です。そうした場所にカキ礁が形成されていたのだと思います。いっぽう、ハマグリはそうした場所には棲息できません。ハマグリはむしろ砂州の外側にひろがる砂質の干潟に棲息していたと考えられます。このように、カキとハマグリとでは採れる環境がまったく違うのです。

東京低地の当時の海岸地形を推定する場合、比較的真っ直ぐな海岸線を想定したくなるのですが、貝の棲息環境からみると、そうした単純な海岸だけでは中里貝塚の形成を説明することができません。ですから、地形的にもやや特殊な環境が形成されていたのかもしれません。た

だ、いま現在で同じような景観の海岸がどこかにあるかといわれると、ちょっと思いつかないですね。

阿部　中里貝塚がなぜできたのか、という問題に関しては、先ほどから議論してきた台地の上の遺跡との関係、つまり人間社会の側の問題と、いま議論をしているような自然環境側での特殊性が関係しているらしいこと。つまり、中里貝塚がなぜこの場所に残されたのかということは人間社会と自然環境のそうした条件が整っていたからだ、ということが指摘できると思います。

樋泉　そうですね。話をしながら思いましたが、中里のハマはカキ礁ができるようなハマと、そこから少し行けばハマグリが採れるハマがあるといったような、自然の中でも特殊な環境があったからこそあの場所に残されたのかもしれませんね。

阿部　東京湾東岸での状況はどうでしょうか。

樋泉　東京湾東岸の千葉県側はむしろ、市川から市原,木更津あたりまで比較的単純な干潟が続きます。そこにはハマグリとイボキサゴなどが棲息していたと考えられます。中期の干潟において、中里貝塚のような環境があったことを貝塚の在り方から想定することはできないと思います。

阿部　中里貝塚の形成されたハマと台地上のムラの実態がだんだんとわかってきたと思います。今日は動物考古学や古環境復元、さらには実際に発掘を担当された方々にお出でいただいております。それぞれの観点から中里貝塚の形成背景についてコメントをいただきたいと思います。

植月　阿部さん、樋泉さんが指摘されているように、中里は台地上の貝塚とはまったく貝の種類や規模が異なっており、台地上のほかの集落がその消費に関わっていたのだろうという推測が正しいと思います。これに対して千葉県側の状況は阿部さんが指摘しているように、それぞれの谷を下った干潟で、ムラ単位で主に自給自足的に貝類を採集して、消費したのだろうと思います。中里貝塚の場合は、自家消費だけではないから、あそこまで大規模化したのだろうと思います。

阿部　当然台地上の貝塚を残さない、他の集落が関係をもったということですね。

植月　そうです。例えば中里貝塚の貝を一つの集落で消費してしまうような、大規模な集落が台地上に存在していたとすれば別ですが、そうした遺跡は認められません。むしろ阿部さんが指摘されたように武蔵野台地に密集している多くの内陸部集落がその消費に関わったと考えなければ、これほどの規模の貝塚が形成されることの説明が出来ないと思います。

樋泉　図9は山谷文人さんが作成した図です。中期には西ヶ原と七社神社裏貝塚と文京区周辺に数か所の貝塚がありますが、それより南にはほとんど貝塚がありません。しかし、この地域の沿岸部では中期にも自然貝層が形成されていますから、貝が採れない環境ではない。したがって、むしろそれは人間社会の側に原因が求められると思います。

武蔵野台地側の中期の時期には、個々のムラの人々が積極的に自分たちで貝を採るということは

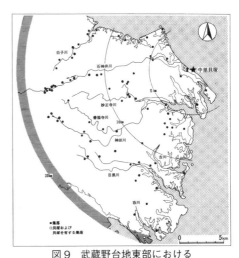

図9　武蔵野台地東部における
縄文時代中期〜後期初頭遺跡分布図
（山谷文人 2000「縄文時代における干潟の利用と遺跡群—中里貝塚と周辺の貝塚とのかかわり—」『文化財研究紀要』13、東京都北区教育委員会より）

ほとんどしていないと思われます。しかし、実際には中里貝塚からの流通によって手に入れた海産物を利用していたのでしょう。これは時代や地域による人々の資源利用の多様性を示すものだと思います。

辻本　4,500年前から4,000年のあいだ、続いた活動ですが、海を埋め立てるような大量な貝を捨てているので、この場所自体の景観もだんだん変わっていっているのだと思います。これだけの水産資源を利用している、そして中里貝塚には木枠付き土坑と呼ばれる貝加工施設が発見されています。

これは熱した礫を用いて貝を蒸しあげて殻を開けた証拠ですが、ここでは火が焚かれている。そしてその数は現在発見されている数よりも、もっとずっと多いはずです。そうすると季節的に限定された活動であったとしても、その燃料（薪）はどのようにして手に入れたのかという問題も出てきます。

花粉分析結果ではマツが増えています。燃料として樹木を伐採し、植生が荒廃した場合、そうした場所にマツが増える傾向があります。大規模な貝塚が形成されるという人為的な行為の結果として、環境がどのように変化したのかということも、今後調べるべき課題であろうと思います。

中里貝塚形成の背景にせまる　243

西澤　中里貝塚のような大きな貝塚を作った人たちのムラはどこかということが大きな問題になると思いますが、中期のムラは中央に広場をもち、墓地を形成しながら環状に住居がめぐるタイプが一つの拠点集落の姿と考えられています。西ヶ原貝塚でも昌林寺の周辺では中期の貝層が発見されていますが、こうした拠点的な集落の形態は確認できていません。中期は昌林寺付近の他、七社神社裏貝塚や御殿前遺跡などでも確認されていますので、今後はこうした周辺集落との関係を検討していくことが肝要であると思います。

中島　中里貝塚をつくった人々がどこにいたのかという問題ですが、御殿前遺跡はわたしが調査しましたが、この場所は坪井正五郎の時代から著名な遺跡で農事試験場内貝塚と呼ばれていた遺跡です。1万㎡ほどの面積を調査して、そこからは加曽利E式の時期の住居が20軒あまり検出されました。中里貝塚の形成時期は加曽利E式期が中心ですので、時期的にも対応します。しかし、貝はとても小さな貝ブロックが1つあっただけでした。

　ただこれまでの周辺の小規模な立会い調査などをあわせると、遺跡はまだかなり広域な広がりをもつことは確実です。広域に調査をしたわけではありませんが、場合によっては100軒を超えるくらいの集落が存在する可能性もあります。それが中里貝塚のある低地のすぐ上の台地にあるのです。おそらく周辺では中里貝塚と同じ時期の集落は御殿前遺跡しかないと思いますので、彼らが中里貝塚の形成に関わった人々なのではないかと思います。

阿部　ありがとうございました。中里貝塚を形成した人々のムラが、台地上の程近い位置にあったのだろうという興味深いご指摘でした。

　さて、それでは最後に、今回はさまざまな視点から中里貝塚とその社会について議論をつづけてきましたが、考古学というのは、現時点で確実な事実、理論的に妥当だと思える推測、あくまでも想像の域といったさまざまな部分があります。

　考古学はこれらを組み合わせて過去の歴史を解明してゆく学問ですが、最後に先生方の今後の中里貝塚における研究の課題についてコメントをいただきたいと思います。

植月　中里貝塚の形成の始まりと終わりの問題、それに対応する低地の環境の変化を明らかにしたいですね。まだ大きな遺跡の一部分しか調査をしていないわけですから。特に中里の形成が終了した後期から晩期の時期の環境なども知りたいです。これは細かい話ですが、後期のムラ貝塚か

らカキがほとんど消えてしまいます。しかし、弥生後期の遺跡からはカキが出土しますので、カキが採れる環境が一端なくなってしまうのか、あるいは人間の選択性の問題なのか、それとも後期にもまだ未発達の低地のカキ処理場があるのかという点も興味深い課題です。

樋泉　とても大きな貝塚なので貝塚の形成がいつ、どこから始まって、いつ、どこで終わるのかということがまだわかっていません。ですからこの巨大な貝塚のタテ・ヨコにトレンチを入れて貝層の堆積状況や年代を明らかにしたいですね。

辻本　それは大賛成です。また古環境の分析では時期のわかるサンプルをもっと多く採集する必要があります。環境の変化というものは、遠くで確かめられた事実をそのままに当てはめただけでは不十分な部分があります。また貝塚の形成の仕方も、移動しながら貝塚を残す場合などもあると思いますので、こうした貝塚形成の過程についても明らかにしなければなりません。

　２つ目はこれまでの分析データの再検討です。年代測定などを含めて今の技術で見直してみる必要があると思います。北区の分析調査には20年以上も前から関わってきましたが、その間に分析技術も改良されてきていますので、そうした資料の再分析の中に新たなヒントが見つかることも期待できると思います。

西澤　わたしのほうからは西ヶ原貝塚についてコメントさせていただきます。東京都で調査した部分については現在報告書をまとめている最中ですが、その調査範囲内に保存区を残しました（図10）。保存区は350㎡ほどの面積です。行政発掘の場合、どうしても時間や予算の関係で色々な制約が生じてしまう面があります。今は広場として整備されていますが、より充実した活用の場とすることが１つの課題であると思います。そのため、将来的には、保存区などを学術的な体制でじっくりと調査をしたいと思います。

　1953年の新聞記事の中には、当時、西ヶ原貝塚の一部が社会科教育のため乱掘され、すっかり荒廃してしまったという記事があります。西ヶ原貝塚は明治時代から著名な遺跡でしたが、その反面、埋蔵文化財を保護する体制の整備には時間が必要でした。今回の開

図10　西ヶ原貝塚広場

発地区の中に保存区を残すことによって、この場所が後世に西ヶ原貝塚を語り継ぐ、その礎になればとも思います。

中島　中里遺跡という遺跡があります。これは1983（昭和58）年に新幹線上野乗り入れ工事の時に発掘しました。実はここから当時の海岸線の跡とともに丸木舟や大量の縄文土器も出土しているのです。ですから崖下で縄文人が活動をしていたことは間違いがありません。それは中里貝塚の目と鼻の先の場所です。この場所の活動が貝塚の形成と関係するのか、また別の目的であったのか、興味深い問題です。

そして、ここから出土した加曽利E式土器にはオコゲが沢山付着しています。こうしたオコゲなどを理化学的に分析することによって、新しくわかる事実もありますので、これも今後の重要な研究だと思います。

保存と活用では2000（平成12）年に指定し、7億かけて買い取りました。その周辺にはまだ貝層が広くのこっています。指定地は現在公園として開放されており、一角に解説板を設けておりますが、現地でも貝層を直接見ていただき学習できるような施設なども作れればと思っています（105頁、図9～13）。

阿部　わたしは、中里貝塚から出土するような、大きなカキとハマグリを食べてみたいというのが1つ目の課題（笑）。

2つ目は貝塚のない遺跡との比較の必要性です。これにつきましてはすでに自論も発表していますが、貝塚の研究というと、どうしても貝塚を残す遺跡との関係に限定されてしまってきた傾向があります。それは重要な研究ですが、中里貝塚の成り立ちは、そうした視点だけでは解明できないものでした。今後もそうした観点からの研究が必要だと思います。

遺跡の活用という視点では、国史跡の中にはすばらしいガイダンス施設がある遺跡もありますが、中里貝塚の全域を保存するというのは現実的ではありません。しかし、残された場所で、その遺跡が何であったかを考える、またはそこから遺跡と遺跡、地域と地域の関係を考える、そうしたことは自由自在にできるわけです。ただ観光資源として遺跡を見学するのではなく、歴史を自分たちで考えるための場所としてみなさんに広く利用されることを願いたいと思います。

そしてまた、着々と進む多方面の研究の成果をこうした博物館でみなさんにお伝えすることが出来ればと思います。

それではこれで座談会を終わりにしたいと思います。どうも有り難うございました。

（2010年11月21日　北区飛鳥山博物館）

附編1　西ヶ原二丁目貝塚
（大蔵省印刷局滝野川工場敷地内）緊急発掘調査概報（再録）

明治大学文学部考古学研究室

・本報告書は、昭和43年1月22日〜1月28日までの期間、大蔵省印刷局滝野川工場の委嘱により、明治大学文学部考古学研究室がおこなった西ヶ原二丁目貝塚緊急発掘調査報告である。

・遺跡名は西ヶ原二丁目貝塚とする。

西ヶ原二丁目貝塚緊急発掘調査概報

発掘調査の経過

昭和43年1月9日、大蔵省印刷局滝野川工場構内の西端にある旧はがき工場のとりこわし作業現場において、建築基礎工事中、小貝塚を発見したむねの連絡があった。報をうけた文化財保護委員会では、早速、岡田茂弘技官を現地に派遣し、遺跡の現状視察をおこない、貝層の保存状態の良好な一地点を選んで、緊急発掘調査をすることにした。

調査の担当者として依頼をうけた明治大学考古学研究室では、直ちに、岡田技官と同道のうえ、現地における発掘地点の確認をおこない、工場関係者および工事担当者と打ち合わせて、調査地点の計画を練った。

結局、発掘する面積は10m×10mの範囲として、保存状態の良好な貝層を全面調査することを目的とした。

発掘調査に先立って、発掘調査の端緒となった地点の再検討をおこなったところ、貝層下には住居址の遺存することが確実となった。貝層中には、遺物は全く包含されておらず、貝層直上および貝層直下には、かなり多量な土器群が包含されていることが認められた。それまでに検出されていた土器片を検討してみると、それらはいずれも縄文時代中期に属する勝坂式土器と加曽利E式土器であることもわかった。

小規模ながら貝層が存在し、縄文時代中期の土器群を出土することや、貝層下には住居址の遺存することの確実なことから、あらためて発掘調査の必要性を感じたのである。

発掘調査は、昭和43年1月20日から1月28日までの期間でおこなわれることとなった。調査の全体的な指導は杉原荘介（明治大学考古学研究室主任教授）がとり、現場における直接の指導、指揮には戸沢充則（明治大学考古学研究室

講師）と小林三郎（明治大学考古学陳列館学芸員、同講師）があたった。
　尚、発掘調査の実施にあたっては、大蔵省印刷局滝野川工場関係各位の協力を得たことを明記して感謝の敬意を表しておきたい。

遺跡の地形および周辺の遺跡（第1図）
　遺跡は、東京都北区西ヶ原二丁目大蔵省印刷局滝野川工場敷地内にある。旧東京湾岸にのぞむ南北に長い台地の北端に位置する。現上野公園から道灌山を経て飛鳥山にいたる南北5kmに連なる台地であるが、この台地上には多くの先史時代遺跡が存在する。本郷弥生町遺跡、道灌山遺跡、西ヶ原昌林寺貝塚や飛鳥山遺跡などはその代表的なものであり、これから報告しようとする西ヶ原二丁目遺跡（印刷局）もその中の1つである。
　西ヶ原二丁目遺跡は、古くから農事試験場敷地内にあったため、その存在が報告されておらず、単に「農事試験場内貝塚」又は「七社神社境内内貝塚」として記されているにすぎない。
　西ヶ原付近には、古くから「農事試験場内」にある弥生時代遺跡がよく知られており、久ヶ原式土器をふくむ良好な遺跡であるが、一方、縄文時代に属す

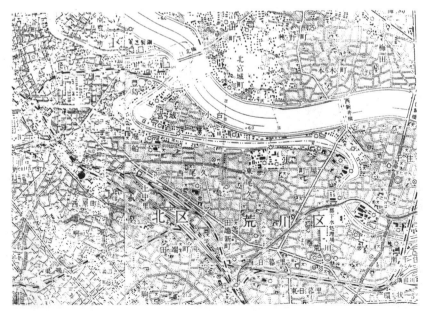

第1図　西ヶ原二丁目貝塚付近の地形（●印が貝塚）

る遺跡としては、西ヶ原昌林寺貝塚が知られているにすぎない。昌林寺貝塚は、縄文時代早期から後期にいたる各期にわたる遺構・遺物を包含しているが、縄文時代中期のものはかなり稀薄な状態であって、この空白を埋める意味からも、西ヶ原二丁目貝塚の存在は重要な位置を占めるものと考えて良い。

発掘調査

発掘調査は、滝野川工場内の北端、旧はがき工場敷地内にある当該貝塚の一部を対称として実施した。詳らかなことは明らかではないが、旧はがき工場建設の際の基礎工事として、起伏のあった土地の削平をおこない、遺跡のあったところは部分的に削りとられ、また部分的に土盛りがなされたようである。遺跡の上面には平均20cmほどの土が二次的にのせられていることが観察された。われわれの調査予定地は、二次的な盛土のあるところだったので、貝層の部分はきわめて良好な保存状況を示していた。しかし、現表土上には、土器片の散在するのがみられるので、他地点にあった貝塚の一部は、旧はがき工場建設の折に削りとられたのであろう。また、旧はがき工場建設の際の基礎工事で、縦横にコンクリートがうたれ、幅60cm、深さ1.6m位にまで達していたので貝塚は分断されており、われわれの調査の範囲は結局、コンクリート基礎での破壊を免れた部分にのみ限定された。

遺跡全体での所見では、西ヶ原二丁目貝塚は、小貝塚がそれぞれ分離して存在しており、今度の調査区域内では、合計3カ所の小貝塚がみられた。しかし、われわれの調査しえた貝塚のほかは、いずれも大半が破壊の災いに遭遇していたので、貝層の規模や出土土器についての明確な資料は得られなかった。

発掘調査は、最も遺存状況の良好な一地点を選んでおこなうこととし、東西10m、南北10mの発掘区を設定した。発掘区の中心部には今次建設工事のボーリングピットが穿たれていて、貝層の断面やその下底面についての予察はある程度可能であった。その結果を基として調査は進められることとなった。

遺　跡

貝層は南北3m、東西3mの範囲にあったが、ハマグリ、ヤマトシジミ、シオフキを主体とするものであった。貝層の厚さは20cmばかりの堆積であったが、貝層直下に間層をおいて住居址床面にほとんど接していた。

遺跡における層位的観察によると、既述のごとく現地表はかつての土木工事による覆土が平均30cmあって、破砕された弥生式土器の破片や、土師式土器破片が混入しており、他地点では弥生時代～土師時代へかけての遺構の存在も推察された。土器片がいずれも破砕された小片なので、土器型式の認定や器形

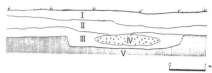

第2図　遺跡における断面図

の推定もできなかった。

覆土（第2図参照・第Ⅰ層）の直下には、破砕された貝殻をふくむ、いわゆる混貝土層（第2図・第Ⅱ層）があるが、この土層もプライマリーな堆積を示しているとは思われない。混貝土層直下には褐色土層（第2図・第Ⅲ層）が約20cmばかり一様に堆積していて、縄文式土器を包含している。この褐色土層は上半部が若干撹乱されているが、下半部はプライマリーな状態を示しており、この土層の中に貝層（第2図・第Ⅳ層）がふくまれていることになる。

住居址のあるローム層（第Ⅴ層）は、いわゆる地山と考えてよいが、ローム層は南から北へ向かってゆるやかな傾斜をみせている。遺跡の北側は小さな谷が入り込んでいて、連続する台地と一応、分離される形をとっていたために、地山ローム層が北側に向かって傾斜しているものと考えられる。

住居址について（第3図）

貝層下には1基の竪穴住居址が発見された。住居址はローム層を掘り込んで造られたもので、平面プランはほぼ円形を呈しており、直径3.5mをはかる。中央よりやや東によった所に炉址があり、焼土と灰がつまっていた。柱穴は3カ所に発見されたが、残る一カ所と推定される部分が撹乱をうけていて確認できなかった。住居址の周壁はほぼ垂直に切り込まれていて、深さ平均15cmを測る。床面も充分に踏みかためており、縄文時代中期の住居址としては典型例に属するものであろう。

なお、住居址の貝層の外側に、一体の人骨が発見された。頭蓋骨だけが完存しており、四肢骨は細粉となっていて状況は不明であった。この人骨は、住居址が廃棄後に意識的に埋置されたものと考え

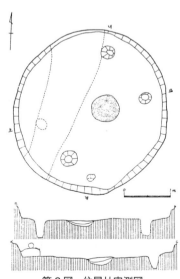

第3図　住居址実測図

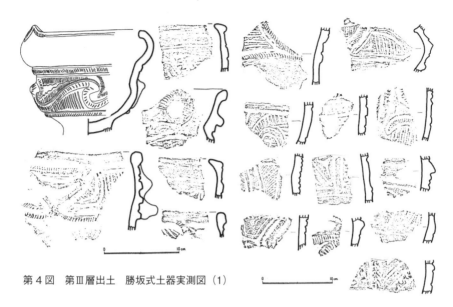

第4図 第Ⅲ層出土 勝坂式土器実測図（1）

第5図 第Ⅲ層出土 勝坂式土器実測図（2）

第6図 第Ⅲ層出土
加曽利EⅠ式土器実測図（1）

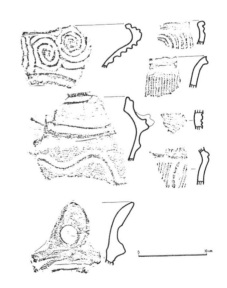

横浜市磯子区森町赤穂原遺跡出土

第7図 第Ⅲ層出土
加曽利EⅠ式土器実測図（2）

251

てよいが、人骨の性格な年代はなお不明とせざるを得ない。

出土遺物について

　土　器　土器群は一括して第Ⅲ層の褐色土層中に包含されており、一部は住居址床面に接して発見された。中心をなす土器群は、いずれも縄文時代中期に属するものであった。中でも多量に出土したのは「加曽利EⅠ式土器」であって、次いで「勝坂式土器」と呼ばれている土器群である。住居址床面から検出された土器は細片ながら加曽利EⅠ式土器と認知された。したがって、住居址の年代を加曽利EⅠ式土器の年代に当てはめることができる。

　第Ⅲ層褐色土層上部および第Ⅱ層混貝土層中には、加曽利EⅡ式と

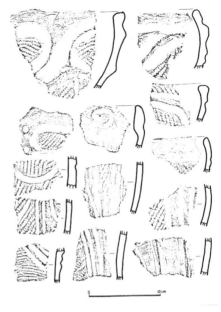

第8図　第Ⅱ・Ⅲ層出土
加曽利EⅡ式土器実測図

考えられる土器群が若干混入していた。尚、第Ⅱ層上部および第Ⅰ層中には、加曽利B式土器と考えられる土器や弥生式土器と考えられるものや土師式土器と考えられる土器群がごく少量発見されているが、加曽利B式土器と考えられるもの以外は、土器型式を判別できる資料はない。尚第Ⅲ層中には、ほぼ全器形を知ることのできる土器が1点あり（第4図参照）台付瓢形土器と称すべきものであって、縄文時代中期・勝坂式土器と考えてよい資料である。出土層位は第Ⅲ層下部、貝層外側であった。

　石　器（第9図）　石器の出土例は総数7個ある。磨製石斧がほとんどであって、第9図1・2は全体を磨いてつくったもの、3・4・5は片面に打裂痕がのこされているが、一方の刃部に近いところを、ていねいに磨いてつくったものである。第9図6は、黒曜石製の石鏃である。両面をていねいに加工してあり、両脚が広く張った型式で、つくりもよいが、先端部を欠失している。

　第9図7は石皿と呼ばれるものの破片である。面の粗い石を選んでつくったもので、表面がなめらかにすられていて、いわゆる石皿の形態を整えている。これらのほかに、すり石と呼ばれる円礫が若干あった。いずれも断片である。

　石器類はすべて、第Ⅲ層（褐色土層）中にあって、縄文時代中期前半の石器

群とみて大方のあやまりがないと考える。

土　錘（第9図・8）　第3層中から、土器片の周縁を磨いて円形とし、その二カ所に凹みをつけてつくった土錘が1個発見された。胎土中に金雲母粒がかなり多量に含まれているので、第Ⅲ層出土土器群の中にある土器から作っているとみてよい。やはり、縄文時代中期初頭の所産とみてよいであろう。

むすび

西ヶ原2丁目貝塚は、かなり古くから知られた貝塚でありながら、

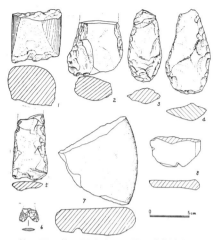

第9図　第Ⅲ層出土　石器・土錘実測図

その実体をつかむことができなかった。今回の緊急調査によってはからずも知りえ結果から判断すると、この貝塚は、縄文時代中期初頭の小貝塚群から構成される遺跡であることが判明した。しかも、時期的にみると、勝坂式土器・加曽利EⅠ式土器がその主体をなしており、発見された1基の住居址も、ほぼそれらの土器群の年代と一致するとみられるので、それほど長期間にわたっていとなまれた遺跡ではないこともわかった。この貝塚の周囲には昌林寺貝塚があって、すでに幾度かの調査を経ているが、昌林寺貝塚では縄文時代早期から後期までの各期にわたる遺構が重複して発見されているが、勝坂式土器・加曽利EⅠ式土器の顕著な類例がみられないことに注目すべきである。昌林寺貝塚ではみられない空白の時期を埋めるものとして西ヶ原2丁目貝塚の重要性がある。また、勝坂式土器の出土例は、関東南部での資料を追加し、あわせて加曽利EⅠ式土器との関連性を追求する意味からも、貴重な存在というべきであろう。

＜解説＞

西ヶ原2丁目貝塚は、かつて「農事試験場内貝塚」と呼ばれ、西ヶ原貝塚と貝種の比較から、ヤマトシジミを主体とする農事試験場貝塚が鹹水種を主体とする西ヶ原貝塚よりも新しい時期の貝塚と考えられたこともあった。この見解はまだ縄文土器の編年が確立する以前の議論で、貝種の変化（鹹水種から汽水・

淡水種への変化）が時代の新旧に対応すると考えられた時代であった。こうした所見からもわかるように、当時からヤマトシジミを主体とした貝塚であることが周知されていたのである。

　酒詰仲男による『日本貝塚地名表』（酒詰1959）によると、「西ヶ原農事試験場貝塚」は異称として「西ヶ原一里塚傍貝塚」「王子内閣印刷局内貝塚」とも呼ばれていたことがわかる。所在地としては「西ヶ原農事試験場内」と記されている。また関連する遺跡として「西ヶ原七社神社側貝塚」が別に記載され、所在地として七社神社（或は平塚神社）側」とされている。これらが実際は同一遺跡の別地点を指す名称であったのか、あるいは隣接する別貝塚であるかを今日確認することは難しいが、今日の七社神社裏貝塚とは「七社神社裏貝塚・大蔵省印刷局内貝塚・西ヶ原貝塚2丁目貝塚・七社神社境内貝塚と呼ばれていた貝塚が相当する」とされている（北区教育委員会2002）。また、近年では七社神社裏貝塚で、部分的な調査が実施されているが、近年にいたるまで複数回おこなわれた調査の成果も、ヤマトシジミを主体とした住居内地点貝塚であるという認識に変更の余地はないようだ。

　明治大学考古学研究室による発掘調査の成果は、この住居内地点貝塚が勝坂式から加曽利EⅠ式期の所産であることを明らかにした点で重要である。さらに、昌林寺貝塚との比較から、昌林寺貝塚が加曽利E式の後半の時期のものであることを指摘し、本貝塚と時期的に補完し合う関係にあることを指摘している点は、中里貝塚と台地上の集落の相互関係を考察する場合に重要な指摘である。なお、原報告はB5判の簡易印刷によるものであるが再録にあたり判型とレイアウトを変更した。また、本文献の再録にあたり、明治大学考古学研究室の協力があったことを明記しておく。　　　　　　　　　　　　　（阿部芳郎）

引用・参考文献
酒詰仲男 1959『日本貝塚地名表』土曜会
北区教育委員会 2002『七社神社裏貝塚・西ヶ原貝塚Ⅲ・中里貝塚Ⅱ』

附編 2　貝塚関連文献目録

安武由利子

　本編では、『都心部の遺跡―貝塚・古墳・江戸―』（東京都教育委員会 1985）所収の文献一覧およびその後に発表された諸文献から、本書にかかわる文献を中心に抜粋し、収録した。

E. S. Morse 1879：Shell Mounds of Omori. Memoirs of the science department, University of Tokio, Japan.（和文版は、エドワード・エス・モールス・矢田部良吉口訳・寺内章明筆記 1879『大森介墟古物篇』理科会枠、第一帙、上冊）
University of Tokyo 1884『Catalogue of Archeological Specimens』
白井光太郎 1886「中里村介塚」『人類学会報告』1―4
坪井正五郎 1886「東京近傍古跡指明図（第5版）」『東京人類学会報告』1―5
木村政五郎 1886「眞砂樓遺稿」『東京人類学会報告』1―7
坪井正五郎 1888「貝塚とは何で有るか」『東京人類学会雑誌』3―29
山崎直方 1889「河内國ニ石器時代ノ遺跡ヲ発見ス」『東京人類学会雑誌』4―40
坪井正五郎編 1889「日本考古学講義」『文』2―8
小金井良精 1890「本邦貝塚ヨリ出タル人骨ニ就テ」『東京人類学会雑誌』6―56
坪井正五郎 1891「小金井博士の貝塚人骨論を讀む」『東京人類学会雑誌』6―61
若林勝邦 1891「貝塚土偶ニ就テ」『東京人類学会雑誌』6―61
三宅米吉 1892「雑案數件」『東京人類学会雑誌』7―74
若林勝邦 1892「下総武蔵相模ニ於ケル貝塚ノ分布」『東京人類学会雑誌』7―73
下村三四吉 1893「小豆澤紀行」『東京人類学会雑誌』8―85
坪井正五郎 1893「西ヶ原貝塚探求報告（其一）」『東京人類学会雑誌』8―85
坪井正五郎 1893「西ヶ原貝塚探求報告（其二）」『東京人類学会雑誌』8―89
坪井正五郎 1893「西ヶ原貝塚探求報告（其三）」『東京人類学会雑誌』9―91
坪井正五郎 1893「西ヶ原貝塚探求報告（其四）」『東京人類学会雑誌』9―93
坪井正五郎 1894「西ヶ原貝塚探求報告（其五）」『東京人類学会雑誌』9―94
内山九三郎 1894「下沼部貝塚ヨリ胡桃ノ實出ヅ」『東京人類学会雑誌』9―96
山崎直方 1894「貝塚は何れの時代に造られしや」『東京人類学会雑誌』9―96・98
八木奘三郎・下村三四吉 1894「下総國香取郡阿玉台貝塚探求報告」『東京人類学会

雑誌』9―97
坪井正五郎 1894「西ヶ原貝塚探求報告（其六）」『東京人類学会雑誌』9―98
佐藤傳蔵・鳥居龍蔵 1894「武蔵北豊島郡中里村貝塚取調報告」『東京人類学会雑誌』9―98・99
坪井正五郎 1895「西ヶ原貝塚探求報告（其七）」『東京人類学会雑誌』10―106
坪井正五郎 1895・1896「コロボックル風俗考」『風俗画報』1～10
坪井正五郎 1896「異地方発見の類似土器」『東洋学芸雑誌』175
佐藤傳蔵・鳥居龍蔵 1896「武蔵國北豊島郡中里村貝塚取調報告」『東京人類学会雑誌』11―121
宮澤甚三郎 1896「人類学者の初陣」『東京人類学会雑誌』11―123
林　若吉 1896「予が得たる石器時代曲玉」『東京人類学会雑誌』11―126
田中正太郎・林　若吉編 1897『日本石器時代人民遺物発見地名表』第1版、東京帝国大学
坪井正五郎 1898「日本に於ける石器時代遺物発見地の種類」『東洋学芸雑誌』204
沼田頼輔 1898「把手の分類」『東京人類学会雑誌』13―146・147・149
野中完一編 1898『日本石器時代人民遺物発見地名表』第2版、東京帝国大学
坪井正五郎 1899「コロボックルの宗教的遺物」『東洋学芸雑誌』16―209
野中完一 1899「瓶廼舎雑記（其一）」『東京人類学会雑誌』14―157
坪井正五郎 1899「日本石器時代の網代形編み物」『東京人類学会雑誌』14―161
八木奘三郎 1899「貴族と貝塚調査」『東京人類学会雑誌』15―165
八木奘三郎 1899「西ヶ原貝塚に関する新事実」『東京人類学会雑誌』15―165
蒋田鎗次郎 1901「鹿角製装飾品」（共同備忘録第十五回）『東京人類学会雑誌』16―181
野中完一編 1901『日本石器時代人民遺物発見地名表』第3版、東京帝国大学
蒋田鎗次郎 1902「弥生式土器と共に貝を発見せし事に就て」『東京人類学会雑誌』17―192
坪井正五郎 1904「石器時代遺跡の存在を告ぐる地名」『歴史地理』6―10
中沢澄男・八木奘三郎 1906『日本考古学』
東京人類学会 1913『人類学雑誌（坪井正五郎追悼特集）』28―10
江見水蔭 1915「貝塚に就て」『人類学雑誌』30―2
吉田文俊 1917「東京湾附近に於ける有史以前の日本人遺跡」『人類学雑誌』32―6
喜田貞吉 1917「江戸以前の江戸」『歴史地理』29―5
黒板勝美 1917「西ヶ原貝塚の調査」『歴史地理』29―6
柴田常恵 1917『日本石器時代人民遺物発見地名表』第4版、東京帝国大学

江見水蔭（忠功）1918『三千年前』実業之日本社
村高擔風 1918「豊島の里」『武蔵野』1—2
鳥居龍蔵 1918『有史以前の日本』磯部甲陽堂
大野雲外 1919「武蔵野に於ける先住民の遺したる土偶」『武蔵野』2—1
大野雲外 1920「武蔵野の古物遺跡研究史」『武蔵野』3—3
鳥居龍蔵 1920「武蔵野の有史以前」『武蔵野』3—3
鳥居龍蔵 1921「有史以前に於ける東京湾」『武蔵野』4—4
石野　瑛 1923「先史時代前期に於ける武蔵・相模」『武相研究』6
直良（村本）信夫 1924「貝類学的に観たる石器時代の東京湾附近」『考古学雑誌』14—13
大里雄吉 1924「東京市及び其附近に於ける石器時代遺物新発見地名表」『歴史地理』43—2
武蔵野会 1924「史蹟名勝天然記念物建議案」『武蔵野』7—1
有坂鉊蔵 1924「過去半世紀の土中」『土中の日本―中央史壇』9—4
東京市 1924『東京市史稿市街篇』1
鳥居龍蔵 1925『武蔵野及其有史以前』
東木龍七 1926「貝塚分布の地形学的考察」『人類学雑誌』41—11
東木龍七 1926「地形と貝塚分布より見たる関東低地の旧海岸線」『地理学評論』2—7・8・9
山口高等学校 1926『山口高等学校歴史教室陳列目録』
鳥居龍蔵 1927「不忍池に就いて」『上代の東京と其周囲』磯部甲陽堂
大野雲外 1928「東京市内附近に存在せし遺跡と遺物」『武蔵野』11—1・4
帝室博物館 1928「帝室博物館年報」（昭和2・1乃至12月）
杉山寿栄男編 1928『日本原始工芸概説』工芸美術研究会
杉山寿栄男編 1928『日本原始工芸』工芸美術研究会
八幡一郎・中谷治宇治郎編 1928『日本石器時代遺物発見地名表』第5版、東京帝国大学
有坂鉊蔵 1929「史前学雑誌の発行を喜ぶにつけて過去五十年の思ひ出」『史前学雑誌』1—1
甲野　勇 1929「東京府下西ヶ原発見の遺物」『史前学雑誌』1—1
八幡一郎 1929「先史時代遺跡」『考古学講座』19、雄山閣
有坂鉊蔵 1930「大森貝塚記念碑建設に就て」『史前学雑誌』2—1
関口竹次 1930「東京府下岩淵町袋窪田の弥生式土器及び縄紋式土器」『史前学雑誌』2—1

平野　実・桜井泰仁編 1930『岩淵町郷土誌』(1979、歴史図書社より再刊)
八幡一郎 1930『土器・石器』古今書院
八幡一郎・中谷治宇二郎編 1930『日本石器時代遺物発見地名表』第5版追補1、東京帝国大学
大野延太郎 1931「東京市附近の遺跡と遺物」『土中の文化』春陽堂
大野延太郎 1931「骨器の形式分類」『土中の文化』春陽堂
大野延太郎 1931「土版、岩版の形式分類」『土中の文化』春陽堂
大野延太郎 1931「石鋸に就て」『土中の文化』春陽堂
服部清五郎 1933「西ヶ原貝塚いづこ」『武蔵野』20—3
簡野　啓 1933「貝塚雑記」『史前学雑誌』5—5
鈴木　尚 1934「東京市王子区上十條清水坂貝塚」『人類学雑誌』49—5
土岐仲男 1934「東京市道灌山石器時代遺物包含層発掘報告」『史前学雑誌』6—4
池上啓介 1934「関東地方貝塚出土の朱塗り土器に就て」『史前学雑誌』6—5
森本六爾 1934「弥生式土器」『ドルメン』3—1
鈴木　尚 1934「貝塚出土ハマグリの形態の年代的変化に就いて」『人類学雑誌』49—6
小川五郎・澄田正一 1934「打製石斧文化相—山口高等学校歴史教室所蔵品解説二—」『ドルメン』3—11
鈴木　尚 1935「東京湾を繞ぐる主要貝塚に於けるハマグリの形態変化による石器時代の編年学的研究」『史前学雑誌』7—2
有坂鉊蔵 1935「弥生式土器発見の頃の思出」『ドルメン』4—6
池上啓介 1935「山字紋ある土版」『ドルメン』4—6
八木静山 1935「明治考古学史」『ドルメン』4—6
八幡一郎 1935「日本石器時代文化」『日本民族』岩波書店
池上啓介 1936「土版岩版発見地名」『史前学雑誌』8—5
大場磐雄 1936「大東京湮滅遺跡雑記」『ミネルヴァ』1—6・7
甲野　勇 1936「東京市内の土版」『ミネルヴァ』1—6
甲野　勇 1936「東京市内の石器時代遺物」『ミネルヴァ』1—6
甲野　勇 1936「東京市内の貝塚」『ミネルヴァ』1—6・7
八幡一郎 1936「石器時代の大東京」『ミネルヴァ』1—6
篠崎四郎 1936「飛鳥山古代遺跡秘聞」『ミネルヴァ』2—2
三森定男 1938「古式土器に関する考察」『考古学論叢』9
酒詰仲男編 1938「学界点描」『貝塚』2
坪井良平編 1938「学界点描」『貝塚』3・4

江坂輝彌・白崎高保・芹沢長介 1939「伊豆・相模・武蔵・早期縄紋式土器出土遺跡地名表」『人類学雑誌』54―7
長谷部言人 1939「明治廿六年以前に採集された貝塚人骨」『人類学雑誌』54―12
大山　柏 1939「史前人工遺物分類（第二綱）骨角器」『史前学雑誌』11―4・5・6
酒詰仲男編 1939「学界点描」『貝塚』7
坪井良平編 1939「学界点描」『貝塚』11
樋口清之 1939「日本先史時代の身体装飾品」上、『人類先史学講座』13
酒詰仲男 1939「貝塚遺跡による古代聚落の研究（第2回報告抄録）」『財団法人服部報公会研究抄録』7
樋口清之 1940「垂玉考」『考古学雑誌』30―6
斎藤弘吉 1940「大山史前学研究所々蔵日本新石器時代家犬遺骨に関する報告並に内地史前家犬の分類」『史前学雑誌』18―4
江坂輝彌 1940「旧東京市内先史時代遺跡調査概報」『考古学』11―5
酒詰仲男編 1940「用語解説―花積下層式」『貝塚』16
酒詰仲男 1940「人類学雑誌第1号に出て来る貝塚遺跡名」『貝塚』21
酒詰仲男 1941「貝輪」『人類学雑誌』56―5
八幡一郎・和島誠一 1941「武蔵野台地の遺跡と遺物」『武蔵野』科学主義工業社
八幡一郎 1942「関東地方先史硬玉製品目録」『人類学雑誌』57―11
松谷貞義 1942「西ヶ原貝塚発見の奇形土偶」『考古学雑誌』32―12
直良信夫 1942「史前遺跡出土の獣骨」10『古代文化』13―6
江坂輝彌 1942「先史時代各期に於ける東京湾沿岸の海岸線に就いて」『地歴』11
中谷治宇二郎・梅原末治校 1943『校訂日本石器時代提要』養徳社
鋳方貞亮 1945『日本古代家畜史』
酒詰仲男 1948「石器時代の東京湾のハイガイ」『人類学雑誌』60―2
酒詰仲男 1948『貝塚の話』彰考書院
西岡秀雄 1949『寒暖の歴史―日本気候七百年周期説―』好学社
江坂輝彌 1950「講座・縄文式文化について（一）」『歴史評論』23
たかはししんいち・まつしまえいいち・みやもりしげる 1950『日本の国ができるまで』日本評論社
酒詰仲男 1951「地形上より見たる貝塚―殊に関東地方の貝塚について」『考古学雑誌』37―1
江坂輝彌 1951「講座・縄文式文化について（七）」『歴史評論』29
酒詰仲男 1951「東京都西ヶ原昌林寺附近（飛鳥中学校附近）貝塚概報」『飛鳥の友』1
川崎房五郎 1951「先史時代」『北区史』北区

大田区役所 1951「石器時代」『大田区史』大田区
酒詰仲男 1952「編年上より見た貝塚（概説）―特に関東地方の貝塚について―」日本人類学会編『日本民族』
本郷学園社会科学研究クラブ 1952「西ヶ原昌林寺貝塚概報」『かけら』5
甲野　勇 1953「縄文土器の発見とその研究史」『縄文土器のはなし』世界社
樋口清之 1953『東京都北区西ヶ原町 322 番地 昌林寺貝塚 調査報告に関する件』
桜井清彦 1955「先史時代」『新修荒川区史』上、荒川区
岡本　勇 1955「縄文文化」『日本考古学講座』2、河出書房
岡崎　敬・金関　恕 1955「弥生文化」『日本考古学講座』2、河出書房
東京国立博物館 1956『収蔵品目録（考古 土俗 法隆寺献納宝物）』
吉田　格 1956「関東地方の縄文時代文化概観」『日本考古学講座 縄文文化』3、河出書房
江坂輝彌 1957「前期縄文文化に対する一考察―羽状縄文土器の展開―」『史想』7
江坂輝彌 1957「いわゆる硬玉製大珠について」『銅鐸』13
野口義麿 1959『日本の土偶』紀伊国屋書店
酒詰仲男 1959『日本貝塚地名表』日本科学社
吉田　格 1960「東京都飛鳥山公園内弥生式竪穴住居址調査概報」『武蔵野』39―1・2・3
平井尚志編 1960「考古通信」『貝塚』97
和島誠一 1960「付 3. 中里貝塚の発掘」『千代田区史』上、千代田区
清水潤三 1960「原始時代」『港区史』上、港区
可児弘明 1961「東京東部における低地帯と集落の発達（上・下）」『考古学雑誌』47―1・2
吉田　格 1961「東京都北区飛鳥山公園内関山式竪穴住居址発掘報告」『武蔵野』40―3・4
吉田　格 1961「東京都板橋区赤塚城址貝塚調査報告」『武蔵野』41―1
樋口清之 1961「目黒の原始時代」『目黒区史』目黒区
酒詰仲男 1961『日本縄文石器時代食料総説』土曜会
渡辺直経 1962「東京都方南町・西田町・飛鳥山公園内遺跡の炉および竈の焼土の帯磁方向から推定される年代について」『歴史科学』19
宇野信四郎 1963「東京都北区飛鳥山遺跡」『日本考古学年報』10
鎌木義昌 1965「縄文文化の概観」『日本の考古学　縄文時代』河出書房
宇野信四郎 1967「東京都北区飛鳥山遺跡の調査報告」『古代』49・50
岩崎卓也 1967「原始時代のころ」『文京区史』1、文京区

酒詰仲男 1967『貝塚に学ぶ』学生社
明治大学文学部考古学研究室 1968『西ヶ原二丁目貝塚（大蔵省印刷局滝野川工場敷地内）緊急発掘調査概報』
藤森栄一 1969『石器と土器の話』学生社
渡辺　誠 1969「縄文時代の植物質食料採集活動について」『古代学』15—4
宇野信四郎 1971「東京都北区飛鳥山遺跡調査報告」『日本考古学年報』19
可児弘明 1971「原始時代のころ」『新修北区史』北区
江坂輝彌 1973「縄文人の生活と土器」『古代史発掘 縄文土器と貝塚』2、講談社
渡辺　誠 1973『縄文時代の漁業』雄山閣
斎藤　忠 1974『日本考古学史』吉川弘文館
大場磐雄 1975『楽石雑筆』（上）、雄山閣
永峯光一 1976「荒川沿岸地区における考古学的調査」『東京都埋蔵文化財調査報告』第3集、東京都
後藤和民 1977「モースと貝塚研究」『考古学研究（大森貝塚100年記念特集）』24—3・4
佐原　真 1977「大森貝塚百周年」『考古学研究（大森貝塚100年記念特集）』24—3・4
江坂輝彌 1978「日本の貝塚研究100年」『考古学ジャーナル』144、ニュー・サイエンス社
後藤和民 1978「貝塚のとらえかた」『考古学ジャーナル』144、ニュー・サイエンス社
動坂貝塚調査会 1978『文京区動坂遺跡』
戸沢充則 1978「日本考古学とその背景」『日本考古学を学ぶ(1)』有斐閣
石井則孝・金子浩昌・後藤和民・藤村東男・堀越正行 1978『シンポジウム・縄文貝塚の謎』人物往来社
鈴木公雄 1979「貝塚における貝の総量について（上・下）」『考古学ジャーナル』170・171、ニュー・サイエンス社
東京大学文学部 1979『向ケ丘貝塚―東京大学構内弥生二丁目遺跡の発掘調査報告―』
関　俊彦編 1980『大田区史（資料編）考古Ⅱ』大田区
永峯光一・坂詰秀一 1981『江戸以前』東京新聞出版局
岡本　勇 1981「原始・古代」『豊島区史 通史編 一』豊島区
港区伊皿子貝塚遺跡調査会 1981『伊皿子貝塚遺跡』
小野田正樹 1982「海進・海退（Ⅱ）」『縄文文化の研究　縄文人とその環境』1、雄山閣
中島広顕 1983「(仮) 北区農研跡地遺跡の調査」『東京の遺跡』2、東京考古談話会
安藤文一 1983「翡翠大珠」『縄文文化の研究　縄文人の精神文化』9、雄山閣

E. S. モース（近藤義郎・佐原　真編訳）1983『大森貝塚』岩波文庫
堀越正行 1983「貝塚―関東地方―」『日本歴史地図 原始・古代編（上）』・『考古遺跡遺物地名表 原始・古代』柏書房
早川　泉 1984「中里遺跡と丸木舟」『東京の遺跡』5、東京考古談話会
東北新幹線中里遺跡調査会 1984『中里遺跡・発掘調査の概要Ⅰ』
永峯光一 1984「坪井正五郎論」『縄文文化の研究、縄文時代研究史』10、雄山閣
林　謙作 1984「鳥居龍蔵論」『縄文文化の研究　縄文時代研究史』10、雄山閣
戸沢充則編 1984『遺跡が語る東京の3万年』柏書房
永峯光一・村松　篤 1985「北区袋遺跡の調査」『東京都遺跡調査・研究発表会』Ⅹ
東京都教育委員会 1985『都心部の遺跡―貝塚・古墳・江戸―』
東北新幹線中里遺跡調査会 1985『中里遺跡・発掘調査の概要Ⅱ』
東北新幹線赤羽地区遺跡調査会 1986『赤羽台・袋低地・舟渡―東北新幹線建設工事に伴う遺跡発掘調査概要』
西ヶ原貝塚遺跡調査団 1986『西ヶ原貝塚』
東北新幹線中里遺跡調査会 1987『中里遺跡1・2』
坂詰秀一 1987『日本の古代遺跡32　東京23区』保育社
鈴木敏昭 1987「荒川流域の原始遺跡」『荒川 人文Ⅰ 荒川総合調査報告書2』埼玉県
東京都北区教育委員会 1988『御殿前遺跡』
荒川区 1989『荒川区史』上巻
鈴木公雄 1989『貝塚の考古学』東京大学出版会
戸沢充則編 1989『縄文人と貝塚』六興出版
久保純子 1989「東京低地における縄文海進以降の地形の変遷」『学術研究』38、早稲田大学教育学部
東北新幹線中里遺跡調査会 1989『中里遺跡3・4・5・6』
阿部芳郎 1990「西ヶ原貝塚小泉ビル地点出土の堀之内1式土器について―堀之内1式終末段階の検討序説―」『文化財研究紀要』4、東京都北区教育委員会
後藤和民 1991「関東における貝塚と考古学」『関東の考古学』学生社
東京都北区教育委員会 1992『中里遺跡 仮称・第二特別養護老人ホーム地点』
東北新幹線赤羽地区遺跡調査会 1992『袋低地遺跡―考古編―』
東京都北区教育委員会 1993『中里遺跡 東日本旅客鉄道株式会社東京地域本社ビル地点』
東京都北区教育委員会 1994『西ヶ原貝塚Ⅱ・東谷戸遺跡』
東京都北区史編纂委員会 1994『北区史（資料編 考古1）』
東京都北区教育委員会 1995『袋低地遺跡・道合遺跡』

大坪庄吾 1995『東京の貝塚と古墳を歩く』大月書店
東京都北区史編纂調査会 1996『北区史（通史編 原始古代）』
東京都北区教育委員会 1997『飛鳥山遺跡Ⅱ』
小林三郎・中島広顕・保阪太一 1997「北区中里貝塚」『東京都遺跡調査研究発表会』22 発表要旨、東京都教育委員会・武蔵野文化協会考古学部会
東京都北区教育委員会 1997『中里貝塚 発掘調査概報』
中島広顕 1997「中里貝塚の貝処理場とカキ養殖」『考古学ジャーナル』420、ニュー・サイエンス社
保阪太一 1997「中里貝塚の調査」『文化財研究紀要』10、東京都北区教育委員会
中島広顕・保阪太一 1998「9　東京都北区中里貝塚」『日本考古学年報』49、日本考古学協会
東京都北区教育委員会 1998『袋低地遺跡Ⅱ』
都内重要遺跡等調査団 1998『都内重要遺跡等調査報告書　北区西ヶ原貝塚 港区丸山貝塚 三宅村大里遺跡 町田市相原窯跡』
北区飛鳥山博物館 1999『貝塚と縄文人のくらし』展示図録
山谷文人 2000「縄文時代における干潟の利用と遺跡群―中里貝塚と周辺の貝塚とのかかわり―」『文化財研究紀要』13、東京都北区教育委員会
山谷文人 2000「中里貝塚の調査概要」『文化財研究紀要』13、東京都北区教育委員会
東京都北区教育委員会 2000『中里貝塚』
東京都北区教育委員会 2000『中里峡上遺跡Ⅱ・田端西台通遺跡Ⅳ・田端不動坂遺跡Ⅳ・田端町遺跡Ⅱ』
東京都北区教育委員会 2000『国指定史跡 中里貝塚 2』
植月　学 2001「縄文時代における貝塚形成の多様性」『文化財研究紀要』14、東京都北区教育委員会
東京都埋蔵文化財センター 2001『袋低地遺跡―赤羽北地区都市施設整備再開発事業にともなう調査―』
斎藤　忠監修・中山清隆編 2001『江見水蔭『地中探検記』の世界 解説・研究編』雄山閣
東京都北区教育委員会 2002『七社神社裏貝塚・西ヶ原貝塚Ⅲ・中里貝塚Ⅱ』
阿部芳郎 2002『縄文のくらしを掘る』岩波書店
坂上直嗣・植月　学 2003「西ヶ原貝塚発掘調査の成果」『文化財研究紀要』16、東京都北区教育委員会
東京都北区教育委員会 2004『西ヶ原貝塚Ⅳ』
阿部芳郎 2005「貝食文化と貝塚形成」『地域と文化の考古学Ⅰ』明治大学文学部考

古学研究室編、六一書房
東京都北区教育委員会 2005『区内遺跡発掘調査報告』
西野雅人 2005「東京湾東岸の大型貝塚を支えた生産居住様式」『地域と文化の考古学Ⅰ』明治大学文学部考古学研究室編、六一書房
松島義章 2006『貝が語る縄文海進―南関東＋2℃の世界』有隣堂
坂詰秀一 2007「貝塚研究の展望」『考古学ジャーナル（特集 縄文貝塚と社会 大森貝塚発掘130周年記念)』563、ニュー・サイエンス社
阿部芳郎 2007「貝塚から縄文社会を読み解く」『考古学ジャーナル（特集 縄文貝塚と社会 大森貝塚発掘130周年記念)』563、ニュー・サイエンス社
樋泉岳二 2007「貝殻成長線から見た縄文集落の形成」『考古学ジャーナル（特集 縄文貝塚と社会 大森貝塚発掘130周年記念)』563、ニュー・サイエンス社
黒住耐二 2007「微小貝が解き明かす先史地表面の環境」『考古学ジャーナル（特集 縄文貝塚と社会 大森貝塚発掘130周年記念)』563、ニュー・サイエンス社
西野雅人 2007「大型貝塚の群集する地域社会」『考古学ジャーナル（特集 縄文貝塚と社会 大森貝塚発掘130周年記念)』563、ニュー・サイエンス社
阿部芳郎 2008「縄文社会と貝塚」『季刊考古学（特集 縄文のムラと貝塚)』105、雄山閣
西野雅人 2008「中期の環状貝塚と集落」『季刊考古学（特集 縄文のムラと貝塚)』105、雄山閣
堀越正行 2009「貝塚を発掘した人々とその研究」『明治大学日本先史文化研究所 先史文化研究の新視点Ⅰ 東京湾巨大貝塚の時代と社会』雄山閣
松井 章 2009「西アフリカ セネガル シヌ・サルーム貝塚群」『考古学研究』56―3
北区飛鳥山博物館 2010『中里貝塚国史跡指定10周年記念 奥東京湾の貝塚文化―中里貝塚とその時代―展示図録』
東京都埋蔵文化財センター 2010『道合遺跡』
領塚正浩・松丸信治・小川貴司 2010「小川栄一が記録した戦前の千葉・東京の貝塚」『市立市川考古博物館館報』37、市立市川考古博物館
東京都埋蔵文化財センター 2011「北区西ヶ原貝塚―西ケ原一丁目地区都市再生機構用地に係る埋蔵文化財発掘調査―」
東京都北区教育委員会 2012『中里貝塚範囲確認調査報告書』
北区飛鳥山博物館 2012『発掘調査最前線―速報！北区の遺跡―展展示図録』
北区飛鳥山博物館 2012『未知しらべ道しるべ 北区文化財ガイドブック』

あとがき

　2007年に品川歴史館で『日本考古学は品川から始まった―大森貝塚と東京の貝塚―』という特別展が開催され、当時歴史館館長をされていた坂詰秀一先生よりお誘いを受け、特別記念シンポジウム「東京の貝塚を考える」にかかわらせていただいた。それは早々に『東京の貝塚を考える』という単行本として2008年に雄山閣から出版された。

　その後、私の研究所では2009年に東京湾東岸の縄文貝塚を中心とした研究叢書『東京湾巨大貝塚の時代と社会』を刊行し、東京湾東岸の貝塚のもつ地域的特性についてまとめた。

　そして2010年には北区飛鳥山博物館で中里貝塚国史跡指定10周年記念として「奥東京湾の貝塚文化―中里貝塚とその時代―」という秋期企画展が開催され、会期中に「中里貝塚と縄文社会」と題したシンポジウムを共同で開催した。こうして矢継早に東京湾岸の貝塚研究にかかわる機会を得たのは、多忙ではあったが、幸運なことであった。

　これまで千葉県の貝塚に慣れ親しんできた私個人にとっても、学生時代以来、西ヶ原貝塚や中里貝塚の調査経験があり、同じ貝塚でもずいぶんと異なるという感触は学生時代からもっており、将来的には縄文貝塚の多様性について比較してみたいと考えていた。

　本書ではあわただしくも、いくつかの幸運な偶然が重なり中里貝塚を多面的に考える機会をもつことができた。もとより東京湾岸の貝塚には、奥東京湾を含めて本書では触れえなかったさまざまな個性や重要性を持つ貝塚が存在することは十分に理解しているつもりであるが、今日的な観点から貝塚の性格を考える場合、貝塚の遺物や遺構のみの分析では十分とはいえない段階に達していることは本書を一読されれば理解されるであろう。

　つまり、貝塚とはそれを取り巻く社会的な環境によって、たとえ同じ生態系であっても随分と異なる性格をもつということだ。こうした主張は精緻な動物考古学や環境復元の成果を基にしなければ説得力を持ちえない。その意味ではモースによる大森貝塚の発掘を嚆矢とした貝塚研究にも一定の発展の歩みを確認することができる。先史社会の中で個々の貝塚の形成背景について検討を進めることが貝塚研究の当面の重要課題であろう。

本書は、こうした貝塚研究の歩みをたどることと、国史跡中里貝塚の調査や整備にかかわりもった人たちが、その後の研究の進展を踏まえた新しい独自の研究成果をまとめた一書である。

　最後にシンポジウムに参加していただいたパネリストの方々や、関連する事項についてご執筆をお願いした方々に深く御礼申し上げたい。そして本書が中里貝塚の重要性を周知する一書として役立てば望外の喜びである。

　刊行に際しては、いつもながら雄山閣の桑門智亜紀氏の手を煩わせた。御礼申し上げたい。

2014 年 7 月 30 日
阿部芳郎

執筆者紹介（掲載順）

阿部芳郎（あべ　よしろう）1959年生
明治大学文学部教授　明治大学日本先史文化研究所所長
主要著作論文「縄文時代の生業と中里貝塚の形成」『中里貝塚』2000　「貝食文化と貝塚形成」『地域と文化の考古学』Ⅰ、2005　「大森貝塚の調査と大森ムラの実像」『東京の貝塚を考える』雄山閣、2008　「加曽利貝塚の形成過程と集落構造」『東京湾巨大貝塚の時代と社会』雄山閣、2009

安武由利子（やすたけ　ゆりこ）1982年生
北区飛鳥山博物館調査員
主要著作論文「博物館における考古資料の展示と活用」『北区飛鳥山博物館研究報告』11、2009　「横穴式石室に敷かれた貝殻―赤羽台3号墳出土貝殻の自然科学分析―」『北区飛鳥山博物館研究報告』15、2013

牛山英昭（うしやま　ひであき）1967年生
北区飛鳥山博物館学芸員
主要著作論文「弥生時代鉄釧の一例―東京都北区七社神社前遺跡出土資料―」『考古学雑誌』81―2、1996　「石神井川を渡り岩淵へ―東京都北区十条久保遺跡検出の道路址―」『中世のみちを探る』高志書院、2004

中島広顕（なかじま　ひろあき）1958年生
北区飛鳥山博物館学芸員
主要著作論文「御殿前遺跡　武蔵国豊島郡衙」『日本古代の郡衙遺跡』雄山閣、2009　「武蔵国豊島郡と大嶋郷」『東京低地と古代大嶋郷』名著出版、2012

古泉　弘（こいずみ　ひろし）1947年生
江戸遺跡研究会世話人代表　元東京都教育庁文化課学芸員
主要著作論文『事典 江戸の暮らしの考古学』（編著）吉川弘文館、2014　『地下からあらわれた江戸』教育出版、2002　『江戸を掘る』柏書房、1983

佐々木由香（ささき　ゆか）1974 年生
株式会社パレオ・ラボ統括部長　　早稲田大学文学学術院非常勤講師
主要著作論文「縄文人の植物利用―新しい研究法からみえてきたこと―」『歴博フォーラム ここまでわかった！ 縄文人の植物利用』2013　「東京都下宅部遺跡の大型植物遺体からみた縄文時代後半期の植物資源利用」『植生史研究』15―1、2007（共著）「縄文から弥生変動期の自然環境の変化と植物利用」『季刊東北学』19、2009 など

坂上直嗣（さかがみ　なおつぐ）1976 年生
大成エンジニアリング株式会社統括調査員
主要著作論文「縄文時代と弥生時代の大集落跡―東京都渋谷区鶯谷遺跡―」『季刊考古学』109、2009

須賀博子（すが　ひろこ）1970 年生
松戸市教育委員会非常勤職員
主要著作論文「西ヶ原貝塚昌林寺地点発掘調査報告」『北区史資料編考古1』東京都北区、1994　「縄文時代後晩期の貝の花貝塚の性格と地域社会」『縄文時代』22、縄文時代文化研究会、2011

西澤　明（にしざわ　あきら）1963 年生
東京都スポーツ文化事業団東京都埋蔵文化財センター主任調査研究員
主要著作論文「環状墓群」『縄文時代の考古学9　死と弔い―葬制―』同成社、2009「縄文人と死、そして墓」『日本葬制史』吉川弘文館、2012

植月　学（うえつき　まなぶ）1971 年生
山梨県立博物館学芸員
主要著作論文「海生魚類」『縄文時代の考古学4　人と動物の関わりあい―食料資源と生業圏―』同成社、2010　「縄文時代晩期骨塚における動物遺体の形成過程」『動物考古学』27、2010

奈良忠寿（なら　ただよし）1975 年生
自由学園最高学部教員
主要著作論文「荒屋敷貝塚出土の縄文時代中期土器について」『貝塚博物館紀要』26、1999　『東久留米のあけぼの』東久留米市教育委員会、1999（共著）「集落内における諸活動の復元に向けて―自由学園南遺跡第 52 号住居跡の遺構間接合の検討から―」『セツルメント研究』6、2007　「縄文集落における石器集中部の形成過程と産地」『移動と流通の縄文社会史』雄山閣、2010（共著）

渡邊笑子（わたなべ　えみこ）1990 年生
明治大学日本先史文化研究所研究協力者

樋泉岳二（といずみ　たけじ）1961 年生
早稲田大学非常勤講師
主要著作論文「貝塚の時代―縄文の漁労文化」『ＮＨＫスペシャル　日本人はるかな旅　第 3 巻　森が育てた海の王国』日本放送出版協会、2001　「三内丸山遺跡における自然環境と食生活」『食べ物の考古学』学生社、2007　「漁撈活動の変遷」『人と動物の日本史 1　動物の考古学』吉川弘文館、2008　「動物資源利用からみた縄文後期における東京湾東岸の地域社会」『動物考古学』30、2013　「漁撈の対象」『講座日本の考古学 4　縄文時代（下）』青木書店、2014

辻本崇夫（つじもと　たかお）1956 年生
パリノ・サーヴェイ株式会社文化財主任研究員
主要著作論文「細石器文化の遺構」『駿台史学』60、1984　「礫群の形成過程復原とその意味」『古代文化』39―7、1987　「土浦市上高津貝塚周辺の後期更新世から完新世の古植生」『土浦市立博物館紀要』4、1992（共著）「考古学と自然科学の境界領域」『可視化情報学会誌』53、1994　「最終氷期の環境と先住民の足跡」『北区史通史編　原始古代』東京都北区、1996　「多摩川の自然と遺跡」『人、黄泉の世界』橘文化財研究所、2002（共著）

| 2014年8月25日　初版発行 | 《検印省略》 |

明治大学日本先史文化研究所　先史文化研究の新視点Ⅳ

ハマ貝塚と縄文社会
―国史跡中里貝塚の実像を探る―

編　者	阿部芳郎
発行者	宮田哲男
発行所	株式会社　雄山閣

　　　　〒102-0071　東京都千代田区富士見2-6-9
　　　　TEL 03-3262-3231　FAX 03-3262-6938
　　　　振替 00130-5-1685
　　　　http://www.yuzankaku.co.jp

|印刷所|株式会社ティーケー出版印刷|
|製本所|協栄製本株式会社|

Ⓒ YOSHIRO ABE 2014　　　Printed in Japan　ISBN978-4-639-02324-1　C3021
　　　　　　　　　　　　　　　　　　　　N.D.C. 210　269p　21cm